泗沘時代의 百濟考古學

● 지은이

이남석_李南奭

　공주대학교 사학과 교수, 박물관장

　저서

『百濟石室墳硏究』

『百濟墓制의 硏究』

『백제의 고분문화』

『百濟文化의 理解』

『熊津時代의 百濟考古學』

泗沘時代의
百濟考古學

초판인쇄일	2014년 2월 27일	
초판발행일	2014년 2월 28일	
지 은 이	이남석	
발 행 인	김선경	
책 임 편 집	김윤희, 김소라	
발 행 처	도서출판 서경문화사	
	주소 : 서울시 종로구 이화장길 70-14(동숭동) 105호	
	전화 : 743-8203, 8205 / 팩스 : 743-8210	
	메일 : sk8203@chol.com	
인　　　쇄	바른글인쇄	
제　　　책	반도제책사	
등 록 번 호	제 300-1994-41호	
ISBN	978-89-6062-122-0　　93900	

ⓒ이남석, 2014

泗沘時代의 百濟考古學

이남석 지음

책 머 리 에

　　　무덤을 도구로 백제인의 삶을 살펴보겠다고 나선지 어언 30여년이다. 무덤을 파고 살피면서 '석실분 연구'나 '백제묘제의 연구' '백제의 고분문화'라는 제하의 글을 비롯하여 작은 주제로 다수의 글을 만들었지만 허전함은 여전하다. 아마도 무덤만으로 백제의 모습을 살피기에 부족함이 많았기 때문일 것이다. 10여년전 '웅진시대의 백제고고학'이란 글도 결국은 무덤을 통해서 알게 된 웅진시대 백제의 면모를 무덤 이외의 것과 함께 살펴봄으로써 허전함을 달래보겠다는 의도로 작성한 것이다. 모두가 백제라는 옛날이야기를 실감나게 떠벌리겠다는 바램이었지만 두서없이 서두른 마음이었기에 부끄럽기 그지없다.

　　　그럼에도 다시 '사비시대의 백제고고학'이란 제하에 9개 단원의 글을 엮어 보았다. 무덤을 공부하면서 틈틈이 관련된 주변정황을 살피고 느낀 것을 정리하였던 것인데, 여전히 부족함이 많은 것 같다. 여기에선 백제가 왜 사비로 천도하였는가를 시작으로 도성인 사비의 경관과 그 역사성, 그리고 사비시대의 고분문화와 주거건축, 불교유적으로 사지 등의 고고학적 의미 추구, 나아가 백제 왕릉으로서 능산리 고분군의 정황과 개별 무덤의 피장자는 누구인가, 익산의 쌍릉과 백제 유적의 존재의미, 관모·관식을 통한 지방통제 양상의 추정과 함께 사비시대 백제문화의 특성을 정리하여 보았는데 부족함 투성이라고 느껴진다.

　　　게재된 글들은 새롭게 작성한 것도 있지만 대부분은 기왕에 발표하였던 것을 수정, 보완한 것이기에 논지의 일관성이 갖추어졌는가에 의문도 없지 않다. 개별 논고들은 백제의 사비시대라는 시간범위에 한정될 수 있는 것이지만 주제는 각기 다른 것들이다. 서로 다른 주제를 하나로 묶어 정리하면서 이를 통해 사비시대 백제사 이해에 다소마나 도움이 될 것을 기대하지만 오히려 혼란만 가중시킨 것이 아닌가 염려된다. 다만 한국 고대사회의 정합성을 담보하기 위해서 보다 많은 견해의 축적이 필요한 현실에 일조하였다고 자위하고 싶다. 문헌사학이든 고고학이든 간에 백제사 탐구에 다양한 노력이 경주되었음을 부인하기는 어렵다. 그럼에도 백제사의 이해는 아직 개설적 이해의 기반마저 마련되지 않았음이 현실이다. 습관적으로 자료 부족을 탓하였지만 이마저 더 이상 피난처가 될 수는 없다. 고고학 자료의 축적이 크게 향상되었음을 주목하여야할 것이고, 나아가 결코 해소될 수 없는 문헌기록의 영성함을 더 이상 핑계 삼을 수는 없기 때문이다. 남겨지고 갖추어진 자료의 범주에서 합목적적 방법을 통해 백제의 실상 복원이 결코 불가능한 것만은 아닐 것이다. 본서에 엮은 글들은 고고학 자료는 특수성보다 보편성이 담보된다는 전제하에 이를 통해서 백제의 사비시대 보편적 정황을 살펴보고자 노력하였다.

늘상, 본인의 무능함과 게으름으로 작은 결과를 만들면서 여전히 많은 이들의 도움을 받을 수밖에 없었다. 몇 편의 새로운 글을 작성함에 있어 관련 자료를 모으고 정리하는데 공주대학교 박물관의 이현숙 학예사를 비롯한 연구원들의 도움을 받았고, 결과들을 정리하고 묶는데 대학원생 장영미 양의 도움도 적지 않았다. 더불어 경제성은 고사하고 관련 연구자들마저 크게 주목하지 않을 글임에도 기꺼이 출판에 나서준 서경문화사의 김선경 사장에게는 항상 마음으로만 감사할 따름이다. 무엇보다 큰 힘은 항상 학문에 매진할 수 있도록 함께 하는 건강한 가족이란 것을 새삼 느끼면서 모두에게 감사할 따름이다.

2014. 2. 20

熊津邊에서　著者 識

차 례

I 사비시대 백제문화의 특성

泗沘時代 百濟文化의 特性

1. 百濟文化의 現住所

문화가 인간행위의 총합을 의미한다면 백제문화는 백제 사람들의 삶에서 우러나온 정취가 스며있는 유·무형의 유산일 것이다. 백제는 한강유역에서 시작하여 700여년간 흥망성쇠를 거듭하다가 금강유역에서 국가의 운명을 다한 고대국가이다. 비록 한반도 서남쪽에 자리하였지만 지정학적 조건에 힘입어 문화강국의 면모를 유감없이 발휘하였고, 동아시아 고대문화 형성에 밑그림 역할을 수행하기도 하였다. 더불어 이후에는 한국 고유문화 발전의 토대가 되기도 하였다.

한국문화의 특성을 자연과 어우러진 순수함에서 찾는다면 그 고향은 백제문화일 것이다. 한국 고대 삼국사회의 형성과 그에서 비롯된 각각의 문화도 나름의 특성을 갖추고 있다. 그중에서도 백제문화는 미의식에서 가장 자연친화적이면서 우아하고, 인간미가 강조된 것, 또한 도인적 기질의 귀공자적 성격 등으로 운위된다. 백제문화에 대한 이러한 표현은 우리의 문화나 예술 감각적 정서와 크게 다르지 않다.

백제문화의 우수성은 그들이 남긴 흔적의 면면에 깊게 배어져 있다. 중국의 선진문화를 적극적으로 받아들였는가 하면, 나름대로 소화·융합하여 자기 것으로 훌륭하게 재창조하기도 한다. 물론 주변에 널리 전파함으로서 동아시아 고대문화의 창달 및 매개자의 역할도 훌륭하게 수행하였다. 따라서 백제는 동아시아 고대문화 발전의 중추적 역할을 담당한 국가로 평가될 수 있다. 문화발전을 위해 선진문화를 적극적으로 수용하고, 선진문화의 소화와 재창조에 비범한 역량을 발휘하는 백제 나름의 고유한 문화 감각도 갖추고 있었다. 특히 선진문화를 수용하여 자기문화로 성숙·발전시키고 이를 다시금 주변 확산을 통해 문화적 상생을 도모하는 기지가 남달랐다고 볼 수 있다. 이는 고대국가로서 문화역량을 통해 국가생존을 도모하는 전략을 가진 것이고, 드물게 높은 개방성과 국제성, 그리고 상생의 지혜를 갖춘 것으로 평가할 수 있다.

그러나 백제는 패망국이기에, 현실적으로 그 실상을 구제적으로 체험·인지하기에는 한계가 많다. 한국의 고대문화 발전에 기여한 역할이나 위상이 결코 범상치 않았음에도 직접 체감할 수 있는 역사적 실상은 오히려 짙은 베일에 가려져 있을 뿐이다. 패망국이기에 그들의 문화자산은 승전국에 의해 철저하게 유린될 수밖에 없었고, 그마저 지하 깊숙이 매몰된 처절한 운명이었기 때문이다. 남겨진 역사 실상도 승전국의 손에 철저하게 재단되어 그들의 구미에 맞게 재구성되었기 때문에 패망국이 진실보다는 굴절과 왜곡된 사실만이 남겨졌을 뿐이다.

다시 말하지만 백제는 패망국이다. 그렇기 때문에 아무리 뛰어난 문화역량을 갖추었고 찬란한 문화유산을 간직하였더라도 그 진면목이 철저하게 유린될 수밖에 없다는 것이 역사적 현실이다. 더욱이 백제는 1,400여년전 먼 옛날의 고대국가이다. 우리의 고대사회 실상은 부분적으로 전하지만 그마저 승전국 신라에 의해 정리된 것일 뿐이다. 패망국인 고구려·백제의 자기 변명보다 승전국 신라의 자기 과장 속에서 삼국사회가 이해될 수밖에 없는 환경이 잉태되었다. 때문에 우리의 삼국시대 세계관은 신라가 중심이 되고 고구려·백제는 부수적 존재로 인식될 수밖에 없었다.

경주의 신라문화 터전인 황룡사지 한가운데에는 넓은 탑터가 덩그러니 남아 있다. 그 절터의 크기나 남아 있는 건물지의 모양새로 미루어 볼 때, 본래의 사찰이 가히 웅대하였을 것으로 짐작된다. 지금은 휑한 흔적만 드러낸 채 스산한 바람만 스치지만, 널려 있는 주춧돌 하나하나에서 여전히 옛 영화를 느끼기에 충분하다. 황룡사는 신라 고대문화의 기념비적 건축물이다. 절터로는 가장 큰 규모일 뿐만 아니라 9층탑이나 장육존상을 안치한 금당의 존재는 불교내용만이 아니라 신라 고대문화의 정수가 집대성된 것으로 보아도 손색이 없다. 특히 9층탑은 신라의 국가 이상을 담은 건축물로서 그 규모와 내용은 상상을 초월한다. 건물의 규모나 내용도 굉대한 것이지만 이를 만들 수 있었다는 기술적 배경, 나아가 그 문화력 또한 결코 과소평가될 수 없는 것이다.

그런데 신라가 자랑하는 이 9층탑은 규모나 신비감 외에도 백제의 장인 아비지를 떠올리게 한다. 백제에서 온 아비지는 사랑하는 아내를 그리워하다가 연못에 투신한 설화의 주인공으로, 황룡사라는 대사찰 건축의 주역이다. 이 설화는 황룡사 9층탑처럼 정교한 건축물 조성이 백제인의 손을 빌어 이룩될 수밖에 없었던 당시의 시대적 환경을 적나라하게 보여주는 것이다. 황룡사와 같은 신라의 기념비적 건축물의 건립이 백제인, 나아가 백제의 기술력으로 인해 가능하였음을 상징하는 황룡사의 존재는 신라의 문화유산을 넘어 삼국시대 백제인의 문화역량과 그들의 역할이 어느 정도였는가를 단적으로 보여주는 것이다.

이처럼 백제인의 문화 역량이 유감없이 발휘된 흔적들은 그들의 강역은 물론 동아시아 도처에서 발견된다. 패망국이기에 철저하게 유린되고 매몰되었음에도 간간히 발견된 문화유산의 실체들은 가히 명품 중에 명품이다. 한성 도읍시절의 정치·사회 실상을 웅변하는 금동관모와 금동신발, 환두대도와 같은 위세품은 그들의 문화역량이 어느 정도인가를 가늠케 하는 척도이다. 최근의 풍납토성에서 출토된 유물 등은 백제문화가 일찍부터 국제성을 겸비하였고, 성장을 위한 다원적 기반을 갖추고 있음을 알 수 있다. 나아가 금강유역에서 전개된 백제문화는 한강유역에서 마련된 다양성에 기초하여 보다 진일보되기에 이제 한국 고대문화의 정수로 분류할 수 있는 수준에 이른다. 무령왕릉에 나타난 국제성, 서산마애불의 정겹고 신비스런 미소에 집약된 백제인의 정서, 그리고 미륵사 탑과 정림사 탑을 통해본 그들의 창조성, 능사출토 금동대향로에 집약된 백제문화의 우수성 등은 오히려 단적인 사례에 불과한 것들이다.

그러나 이처럼 우수한 백제문화의 현주소도 단기간에 이루어진 것이 아니다. 백제라는 고대국가의 오랜 역사과정에서 남겨진 산물인 것이다. 사실, 백제는 기원전후한 시기에는 한강유역에 자리하였던 삼한의 소국에 불과하였다. 그러나 지정학적 입지조건에 민첩하게 적응하고, 나름의 발전전략을 구사하여 남보다 앞선 발전가도를 마련한 것이다. 그들은 변화무쌍한 국내외 정세에 능동적으로 대처하며, 나름의 국가 생존전략을 훌륭하게 구사한 결과 나름의 국가발전을 이룩하고, 그 과정에서 독창적 문화기반도 구축한 것이다. 다만 475년 고구려의 한성침공은 왕의 패사만이 아니라 도읍의 철저한 파괴를 가져왔고, 오랫동안 구축된 한강유역의 사회·문화적 기반의 철저한 붕괴로 이어졌다. 그러나 웅진천도를 기회로 국가적 위기는 상생 속에 온존된 지방사회의 역할로 인해 어느 정도 극복되면서 새로운 금강유역 시대를 개막한 것이다. 금강유역시대의 개막은 이전보다 진일보한 웅진·사비시대의 백제문화가 재창조된 것을 의미하는 것이기도 하다.

백제는 세 지역에 도읍한 경험이 있는 고대국가이다. 도읍사실을 기초로 한성기, 웅진기, 사비기로 시대가 구분됨도 일반적이다. 이러한 구분은 도읍천도라는 사건을 기준한 편의상의 시대구분이지만 정치·사회·문화상을 고려할 경우 타당성이 인정된다. 백제는 한성도읍기인 3세기말경에 국가체제를 갖추면서, 4세기 중엽에 이르면 한반도 남부지역을 그들의 영향이나 통제범위로 편제하기에 이른다. 그러나 475년의 고구려 한성침공은 4세기 중엽 이후에 갖추어진 한반도 남부지역의 백제적 질서체계의 와해를 가져왔다. 그리고 웅진천도와 웅진 도읍기 초반의 천도세력을 중심으로 전개되는 정치적 혼란도 무령왕의 등장을 기회로 왕권을 중심한 통치체제가 정립되면서 안정기에 돌입한다. 그 이후에는 국가의 발전기반이 되는 중앙집권적 전제왕권을 전제한 통치체제가 마련되었다. 왕권강화를 토대로 진행된 사비천도는 이전의 정치·사회적 혼란에 종언을 고하고 새로운 시대의 전개를 의미하는 것으로, 이즈음 백제의 정치·사회·문화적 성숙도는 고대국가로서는 백미라고 평가될 수 있다.

2. 熊津·泗沘文化의 孕胎- 多樣性 基盤의 構築

『三國史記』의 기원 18년 백제의 건국 사실은 기록적 실상일 뿐이다. 문화상을 토대로 한강유역의 고대국가 백제의 확인은 적어도 3세기 후반 경에나 가능하다. 이는 백제가 삼한 소국의 범주에 머물다가 3세기 후반 경에 고대국가로 발돋움하였고, 그 실상이 물질 문화면에 반영되어 오늘에 전하는 것으로 볼 수 있다. 나아가 3세기 후반 경에 백제가 고대 국가적 체제를 갖추게 된 것도 기왕에 한강유역을 중심으로 전개된 국가 발전력과 함께 3세기 후반, 북쪽의 군현사회의 변화와 무관할 수 없는 것이기도 하다.

중국 최초의 통일정부 진한제국은 2세기 후반 경에 이르러 쇠망으로 접어들고, 3세기에 이르면 중국사회가 다시금 삼국의 혼란·분열기에 접어들며, 군현에 대한 통제력도 이완되어 결국은 군현자체가 소멸되기에 이른다. 군현의 소멸은 기왕의 기미정책 체제하에 안주하던 삼한사회의 이합집산을 가져왔을 것이다. 이를 기회로 지정학적 우위에 있던 백제는 대방과의 상관관계 속에서 세력을 구축하는가 하면, 대 중국교섭의 우위권 확보, 이를 통한 문물매개의 주도, 나아가 정치적 통제까지 진행하여 한반도 남부는 물론 倭지역까지 그들의 영향권에 넣게 된다. 백제의 고대국가로서 위상확립은 고이왕대에 시작되어 근초고왕대에 이르러 결실된다. 이는 시기적으로 3세기 말경에서 적어도 4세기 중엽까지의 시간범위로 잡을 수 있어 국제질서의 변화와 관련 있음을 알 수 있다.

동북아시아 특히 한반도와 일본열도에서 이루어진 고대문화의 전개상은 4세기대의 경우 변화·변천이 가장 역동적으로 전개된 시기로 구분할 수 있다. 이전과는 다른 고총고분이 등장하는가 하면, 철체무기의 확대라던가 기마문화의 보급이 크게 나타난다. 나아가 이를 토대로 각각의 지방사회는 서로 권역을 구분할 수 있을 만큼의 차별화가 나타나기 시작한다. 그런데 이러한 변화의 배경은 군현세력 소멸과 함께 북쪽에서 고구려, 남쪽에서 백제가 고대국가로 크게 부상한다는 사실 외에 별다른 정황을 찾기가 어렵다. 따라서 4세기대 동북아시아 국제질시 변화의 중심에 백제가 있었다고 보는데 문제가 없을 것이다. 특히 3세기말경에서 4세기 전반 무렵 백제는 고대국가체제의 정립과 대중국 교섭 독점권을 확립하고, 이를 기회로 그들의 영향력이 한반도 남부지역은 물론 일본열도까지 확대함으로써 이 지역의 정치·사회·문화의 중심국으로 자리하였다고 볼 수 있다.

백제의 한성 도읍시기 국가체제는 중앙과 지방의 이원적 구조 속에 운영된 것으로 여겨진다. 때문에 문화기반도 오히려 중앙을 매개로 지방문화의 발전이 도모되는 이원적 면모가 발견된다. 이는 당시 백제 중앙의 지방통제 방식과 밀접한 관련이 있을 것이다. 한성 도읍시기 백제의 지방통제는 일원적 지방통제보다는 부 체제, 담로체제로 부르듯이 중앙과 지방간의 느슨한 관계가 유지된다. 실체를 구체화할 수 있는 기록은 없지만 물질문화의 범주에서 보면 지방사회는 중앙의 정치력이 깊게 스며있음에도 불구하고 사회·문화적인 독자성이 상당정도 유지되고 있음에서 그러하다. 이는 한성도읍 후기인 4세기 후반에서 웅진으로 천도하는 5세기 후반까지로 편년되는 백제 지방사회의 중요유적, 특히 분묘유적에서 중앙에서 사여된 위세품이 풍부하게 출토되지만 오히려 묘제환경 등의 여타의 속성은 지방 고유의 전통에서 벗어나지 않고 있음에서 추정할 수 있다.

한성 도읍기 백제의 문화실상을 추정할 수 있는 유적은 많다. 그중에서도 전통성이 강한 것으로 평가되는 분묘유적의 경우 중앙과 지방사회의 문화속성이 가장 적나라하게 반영되어 있음은 물론이다. 예컨대 도읍지인 한성지역은 봉토묘 계통의 묘제가 성행하고, 이어 횡혈식 석실묘가 유입되어 그들의 중심 묘제로 사용된다. 반면에 지방사회는 한성과 지근거리에 위치하는 화성의 마하리 유적과 충남의 북부지역인 천안의 용원리 유적과 화성리 유적, 그리고 아산 지역의 유적에 포함된 무덤의 묘제는 토광묘로 확인되었다. 또한 충남 서해안 지역을 비롯하여 전북의 서해안 지역 등에는 분구묘라고 불리는 묘제가 널리 성행하는가 하면, 충남의 내륙지역과 전북의 내륙 지역은 오히려 석축묘인 석곽묘가 성행한다. 그러면서 남쪽의 영산강 유역은 분구묘지만 매장부에 옹관을 사용하는 특이한 묘제가 사용된다. 더불어 그 남쪽 지역에는 오히려 석곽묘가 사용되고 있어 중앙과 지방, 나아가 각각의 지방사회는 나름의 고유묘제가 고집되고 있음을 알 수 있다.

이처럼 각 지방 묘제의 독자성에도 불구하고 중앙과 지방은 서로 밀접한 관계를 유지하고 있다. 이는 정치력과 무관할 수 없는 고총고분의 등장을 비롯하여 위세품이 포함된 유물의 갖춤새, 그리고 새로운 묘제의 파급과정 등에서 확인된다. 4~5세기대 백제 고분문화의 특성은 묘제의 지역차에도 불구하고 고총고분을 조성한다는 공통적 특징을 가지는 것은 널리 알려진 사실이다. 여기에 중앙과 지방, 그리고 지방간에 묘제의 차이가 있음에도 무덤의 부장품에서 중앙과 지방의 상관관계를 추정할 수 있는 위세품이 발견된다. 이들 위세품은 지방에서 생산될 수 없는 귀중품으로 각 지방사회는 이를 매개로 정치적으로 중앙과 연계되었다고 보는데 문제가 없다. 더불어 백제의 도읍지역에 일찍이 등장한 횡혈식 석실묘는 그들의 주묘제로 사용되고, 이어 지방사회에 선택적으로 수용되는데 수용의 양상은 지방사회가 이를 모방 축조하는 수준이다. 때문에 지방사회에 수용된 횡혈식 석실묘의 묘제환경에는 나름의 지역적 고유전통이 그대로 반영되어 지방문화의 독자성이 여전히 건재하다는 것을 과시한다. 결국 이러한 모습은 한성 도읍기 백제의 중앙과 지방간의 관계가 어떠하였는가를 단적으로 보여주면서 이를 기회로 각각의 문화기반이 어떻게 정립되는가를 추정할 수 있기도 하다. 즉 중앙은 물론 지방사회에서도 선진문화의 수용과 창조가 어떻게 이루어지는가를 보여줌과 동시에 한성 도읍기 백제문화의 재분배 과정에 대한 단상도 추정할 수 있다는 것이다.

주목되는 것은 지방사회 수장무덤에서 다양하게 출토되는 중국제 자기들이다. 백제에서 출토된 중국제 자기는 중국 서진대의 錢文土器를 비롯하여 동진의 청자나 흑자, 그리고 이후 남조시기의 각종 청자나 백자 등이 있다. 이들은 고구려와 함께 동북아시아에서는 유일하게 백제에만 풍부하게 남겨진 것으로, 백제가 이를 수입하여 사용하거나 위세품으로 재분배 되었음을 상징적으로 보여주는 것들이다. 이를 통해 백제의 선진문물에 대한 남다른 욕구를 확인할 수 있을 뿐만 아니라, 자기를 모방한 토기가 폭넓게 존재하는 것으로 미루어 선진문화의 수용과 소화를 통한 재창조의 욕구도 남달랐다는 것을 알 수 있다. 나아가 백제문화의 선진성은 이처럼 선진문화에 대한 욕구와 발 빠른 수입·분배, 나아가 재창조의 과정에서 비롯되었다는 것도 알 수 있다.

백제는 섭취한 선진문화를 결코 그들만의 것으로 독점 향유하지 않고, 이를 널리 보급하는데 주저하지 않았다. 그러나 문화역량이나 선진문물의 授受關係 정립은 정치적 역관계를 배제한 상황에서 전개할 수 없는 것이다. 때문에 백제의 선진문화가 주변으로 파급되는 환경도 위세품의 사여라는 정치적 환경에서 이루어졌다고 볼 수 있다. 위세품으로 여겨지는 각종 금은세공품이 포함된 무덤은 지방사회에서 폭넓게 발굴된다. 그중에서 금동관모, 금동신발, 환두대도 등의 위세품은 지방에서는 생산될 수 없는 고급품으로 이는 당연히 중앙에서 사여된 것들이다. 즉 이들은 정치적 권위를 나타내는 상징품의 收受를 통해 중앙과 지방은 주종관계가 형성되었을 것이다. 결국 이러한 위세품의 존재는 고급스런 중앙문화가 지방에 파급되는 동기 및 과정을 알게 한다. 또한 이를 기회로 지방사회의 문화가 중앙과 상생하여 발전할 수 기회를 갖게 되었다는 것도 알 수 있다.

한성 도읍기 지방사회가 중앙의 문화를 수용하는 모습을 단적으로 알려주는 것이 횡혈식 석실묘란 묘제의 확산 모습이다. 고대묘제로서 횡혈식 석실묘는 선진묘제에 속하는 것이다. 본디 동아시아는 오랫동안 수혈식 석곽묘나 토광에 목관·곽을 갖춘 묘제가 전통적으로 사용되었다. 그러다가 중국의 한나라 때에 출입시설을 갖춘 횡혈식 묘제가 등장하고, 이것이 점차 동북아시아로 확산되면서 주묘제로 자리 잡게 된다. 물론 새로운 묘제의 파급은 사회의 발전 정도에 따라 차이를 나타내는 특징도 있다. 동북아시아의 횡혈식 묘제는 중원지역에서 비롯되지만, 東進하여 한반도 서북한 지역에 자리한 이후에 확산을 거듭한다. 특히 한반도 남부지역은 4세기 중후반경 백제에서 가장 먼저 등장한다. 이는 아마도 4세기 중후반 무렵에 백제가 대동강 유역에 진출하였기에 선진의 횡혈식 묘제가 일찍이 유입된 것으로 판단할 수 있다.

그러나 이처럼 백제의 도읍지인 한성에 횡혈식 석실묘가 일찍이 등장하여 사용되기 시작하였음에도 지방사회는 여전히 각각의 독자성을 지닌 고유 전통묘제가 널리 사용되었다. 오히려 지방의 고유묘제들은 그들의 고유한 묘제특성을 유지한 채 고총고분으로 발전하는 양상도 발견된다. 그러한 와중에 간헐적·산발적으로 지방사회에 횡혈식 석실묘의 존재가 나타나는 것이 주목된다. 다만 지방사회에 등장한 횡혈식 석실묘는 횡혈식이란 고유특성 외에 기왕의 지방 토착묘제 속성을 그대로 답습하는 특징이 있다. 이는 횡혈식 묘제에 대한 개괄적 인지 속에서 이를 모방 축조하는 정도를 벗어나지 않았음을 단적으로 보여주는 것으로, 이를 통해 지방사회에서 중앙의 선진문화가 어떻게 수용·소화되는가를 추정할 수 있다.

결국 백제의 한성 도읍기 문화실상은 선진적인 중앙문화의 형성과 발전, 그에 부수된 지방문화의 대응 발전으로 인해 백제문화의 다양성이 구축된 시기라고 볼 수 있다. 백제는 4세기에 이르러 대중국 교섭의 독점권을 확립하고, 이를 통해 선진문화의 포괄적 수용과 소화를 거쳐 고유의 백제문화를 창조한다. 또한 선진문화 역량으로 무장한 백제는 재분배자로서 재창조된 선진문화를 주변으로 확산시킨다. 물론 재분배자의 역할은 비단 문화만이 아니라 주변의 제 세력을 재편하여 그들의 정치적 우월성을 확보할 수 있는 기회를 주는 것이기도 하다. 위세품 사여환경은 이를 대변하는 것이다. 나아가 한성 도읍기 백제문화의 중앙과 지방과의 상관성을 상징적으로 보여주는 것이다. 종합하면, 백제는 중앙문화의 재분배속에서 그들 특유의 정치·사회 환경을 정립한다. 그러면서도 지방문화의 고유한 독자성을 유지하는 특징을 보이는데, 이를 통해 백제의 지방사회가 발전된 중앙문화의 수용 속에 자기발전을 도모하는 모습도 엿볼 수 있다.

3. 熊津·泗沘文化의 形成 – 發展基盤의 構築

백제의 한성 도읍기 문화실상은 선진문화 수용과 재창조 그리고 재분배 과정을 통한 지방문화의 발전, 즉 중앙과 지방문화 발전의 상생모습으로 추정할 수 있다. 물론 이는 한성 도읍 시기의 백제 사회질서가 중앙과 지방으로 이원화되었음과, 그에 수반된 문화특성도 중앙과 지방의 이원적 속성을 유지하고 있음을 암시하는 것이다. 그러나 이러한 환경은 웅진으로 천도하면서 커다란 변화를 맞이할 수밖에 없게 된다.

백제의 웅진 천도는 475년 고구려의 한성침공에 의해 비롯된다. 고구려 장수왕은 3만의 정예병을 이끌고 질풍노도처럼 백제 한성을 공략한다. 백제는 고구려의 대규모 공격 앞에 지방의 근왕병 모집, 구원군 차출에 나서며 방어에 부심한다. 그러나 고구려의 기습공격 앞에 별다른 전투를 전개하지 못한 채, 백제는 일주일여의 기간에 도성함락과 개로왕이 피살되는 참담한 패배를 겪는다. 장수왕은 도성을 철저하게 파괴하고, 나아가 왕족과 귀족 그리고 도성민을 포함한 8천여명을 포로로 잡아 평양으로 돌아갔다. 이로서 백제의 도읍 한성은 완전 폐허화된 유령의 도시로 남게 된 것이다.

　475년 고구려의 기습공격은 백제로 하여금 마땅한 대응전략을 구사하기 어려웠을 것이다. 그러나 무엇보다도 고구려군에 대응할 수 있는 군사력의 확보가 급선무였을 것이다. 때문에 개로왕은 문주를 남쪽으로 보내서 구원군을 모집토록 조처하였고, 성문을 잠그고 농성에 들어간 것도 그와 무관치 않다고 여겨진다. 그러나 고구려의 공격이 전광석화처럼 신속하였기에 문주가 구원군을 거느리고 한성에 도착하였을 때는 이미 고구려의 군사작전이 종결된 후였다.

　한성에 집결한 구원군은 왕실의 명맥을 잇기 위해 문주로 하여금 왕위를 계승케 하였다. 그러나 지방에 기반을 두고 있는 구원군이 한성에 오래 머물 수는 없었을 것이다. 때문에 그들은 한성에서 철군이 필요하였을 것이다. 한성은 고구려의 공격으로 인해서 도읍으로 기능하기에는 인적·물적 자원이 전무한 형편이었으므로 이에 구원군들은 철군과 병행하여 정치적 역관계 속에서 새로운 도읍지를 웅진으로 설정하고 천도를 단행한 것이다.

　황급한 상황에서 웅진으로 천도한 백제는 그 초기의 정황이 정변의 연속이었다. 천도 후 문주왕은 왕권 회복에 나름의 노력을 기울이나 해구에 의해 피살된다. 해구가 어린 삼근왕을 왕위에 올리나 곧바로 동성왕으로 교체되는 등의 정황은 웅진천도 초기의 백제 정치 환경이 얼마나 혼란스럽고 복잡하였는가를 보여주는 단적인 사례이다. 여기에 23년간 재위한 동성왕마저 백가에게 피살된 사실은 정치적 불안이 얼마나 심각하고 지속적이었는지를 보여주는 것이기도 하다.

그러나 무령왕의 백가 제거는 이제 백제사회가 정치적 안정을 이룩하고 나아가 지루한 정쟁이 마무리되었음을 알려주는 것이다. 특히 웅진천도 초기의 정쟁에 참여한 주역들이 구원군이었던 지방세력들이란 점, 무령왕의 즉위와 함께 권력투쟁이 종결되는 것에서 백제가 정치·사회적 일원화가 이루어졌음을 짐작할 수 있다. 나아가 무령왕 즉위를 기회로 중앙은 물론 지방사회까지 완벽하게 장악한 전제왕권의 성립을 알 수 있다. 여기에 백제는 정치·사회적 일원화를 토대로 문화가 일원적으로 발전할 수 있는 기틀이 마련되었음도 알 수 있다.

사실, 웅진천도 후 중앙사회의 문화기반 재건은 더딜 수밖에 없었을 것이다. 천도지 웅진은 기존의 토착세력이 주변에 포진된 새로운 도읍지였기에 부분적으로 한성에서 이식된 문화기반 외에는 모든 것이 미흡한 상황이었기 때문이다. 여기에 천도 후 지루하게 전개된 정쟁도 사회·문화의 발전기반을 구축할 수 없게 된 동기였을 것이다. 때문에 천도 초기의 백제사회는 모든 부분에서 침체를 겪을 수밖에 없었을 것이다. 다만 한성 도읍기에 이미 중앙을 매개하여 지방과의 상생발전이 도모된 바가 있었다. 따라서 지방사회의 문화역량 또한 중앙에 견주어 큰 손색이 없던 상황이었다. 특히 고구려의 한성침공에도 지방사회는 여전히 건재하였기에 비록 한성의 함락과 중앙사회가 붕괴되었다 하더라도 지방사회는 온존된 상황이었다.

한성의 함락과 함께 중앙사회의 잔존된 문화역량의 웅진 이동도 어느정도 가능하였을 것이다. 이는 웅진천도 초기의 문화속성 상당정도가 한성말기의 것을 거의 답습하고 있음에서 짐작할 수 있다. 여기에 천도와 더불어 지방세력의 대거 중앙 진출은 지방에 온존된 문화역량의 중앙 이식도 추정되며, 이는 웅진도읍 초기의 도읍지 웅진과 지방과의 대동소이한 문화양상도 존재하는 것에서 그러하다. 그러나 웅진은 황급한 천도로 택정된 도시로 기반시설이 매우 취약한 상황이었다. 물론 웅진성인 왕성이 있고, 성 내에 왕궁을 비롯한 각종의 시설이 남아 있지만, 한성도읍기의 위용과는 거리가 있는 것은 당시의 시대상을 대변하는 것이다.

웅진도읍 후반경의 백제 문화는 질량면에서 혁신적인 변화가 나타난다. 앞서 언급된 것처럼 무령왕의 등장을 계기로 촉발되었음은 물론이다. 무령 왕은 웅진천도 초기에 야기된 정치적 혼란이 극복하였다. 그에게는 정치혼 란 극복과 더불어 보다 큰 과제로 흩어진 민심의 수습과 국력중흥, 나아가 새로운 사회에 부응한 문화기반의 구축이란 커다란 숙제가 남아 있었다. 왕위 등극 후 전개된 일련의 민생정치나 국력중흥의 시책은 그러한 숙제의 해결과 무관치 않은 것이다. 특히 대중국 교섭에 적극적으로 나서고 이를 통해 선진문화를 수입함에 있어 문화기반의 정립과 나아가 신문화의 창조 에 적극적으로 나서고 있음도 알 수 있다. 이처럼 무령왕이 왕권강화를 바 탕으로 전개한 국력중흥과 문화역량 강화 등의 작업결과는 백제가 이제 다 시 강국이 되었음을 호언장담하는 것에서 그 정도를 예측할 수 있다. 물론 새롭게 구축된 백제문화의 실상은 한성시대와는 전혀 다른 새로운 면모를 갖춘 것이기도 하다.

웅진도읍기의 백제문화는 이전의 이원성이 강하였던 것을 중앙을 중심 으로 일원적으로 통일된 문화로 정립한 것을 가장 큰 특징으로 꼽을 수 있 다. 기왕의 지방사회는 선진적 중앙문화를 수용하지만, 여전히 고유한 토 착의 전통적 속성이 강인하게 남아 있었다. 그런데 웅진천도 후 무령왕의 등장을 기회로 정립된 새로운 문화상은 보다 세련된 성격을 드러내며 지방 사회로 확산되기에 이른다. 그 속성은 기왕에 지방사회에 강인하게 잔존하 던 지방 고유의 성격이 완전히 자취를 감추고 중앙의 것으로 통일되는 양상 인데, 이것이 백제문화의 정수로 정착되는 것이다. 이와 관련한 가장 대표 적 사례로 고분문화를 들 수 있다.

앞서 살핀 것과 같이 한성도읍기의 백제 고분문화는 지방사회의 경우 그들 각각의 고유 전통에 입각한 다양한 묘제가 사용되었다. 비록 횡혈식 석실묘와 같은 중앙사회에 새롭게 등장한 선진묘제를 수용하지만 그들의 고유전통에 입각한 범주에서 수용되는 것이 대부분이었던 것이다. 그런데 웅진도읍 후반기인 6세기 초중반경에 이르면 그토록 강인하게 존속하던 지방의 토착 고유묘제는 완벽하게 자취를 감춘다. 반면에 일찍부터 중앙에서 주묘제로 자리 잡고 성행하였던 횡혈식 석실묘는 지방사회에 새로운 묘제로 넓게 채용되고, 결국 이 묘제가 전국적으로 확산되어 묘제가 통일되는 현상이 발생한다. 즉 기왕의 토착적 전통묘제인 지방사회의 묘제가 중앙묘제로 대체되는 것인데 정치·사회적 배경은 무령왕 즉위 무렵 형성된 질서 재편과 무관치 않다고 여겨진다. 이러한 변화상은 백제문화 전개의 정형을 보여주는 것이기도 하다.

웅진 도읍기 백제문화의 실상을 가장 극명하게 보여주는 것이 무령왕릉이다. 무령왕릉은 횡혈식 구조의 전축분으로 만들어진 무령왕과 왕비의 것이다. 여기에는 약 3,000여점의 부장품이 남겨져 있었는데 110여종의 유물로 구분된다. 이 무덤의 존재는 웅진 도읍기 백제문화의 시대상은 물론 거기에 반영된 혁신성, 유물 갖춤새에서 발견되는 개방성과 국제성, 그리고 유물 속에 깃든 탁월한 기술력까지 감지할 수 있게 한다. 전축분이란 묘제의 선택과 관식 및 환두대도로 미루어 추정할 수 있는 강력한 왕권의 실체, 중국제의 도자기나 일본산의 관재가 보여주는 문화교류의 실상과 국제성의 면모도 가늠케 한다. 특히 부장품으로 존재하는 각종 금·은세공품은 오랜 혼란에도 그들의 문화역량이 여전히 건재하다는 것과 함께 보다 진일보한 문화역량을 그대로 보여주고 있기도 하다.

그러나 백제는 무령왕의 등장과 함께 강력한 집권력을 담보로 새로운 문화진흥의 기회를 갖게 되지만, 도읍지 웅진은 이를 수용하기에 많은 한계를 드러낸다. 백제는 중앙집권화에 필요한 질서체계의 구축이 필요할 뿐만 아니라, 일원적으로 통일된 지방사회를 효율적으로 통제할 기반구축도 필요하였다. 하지만 도읍지 웅진의 부적합성이 크게 드러나 새로운 도읍지의 마련이 요구될 수밖에 없었다. 그러한 요구는 결국 성왕 때에 새로운 도읍지 사비로 천도를 촉발하게 된 것이다.

결국 백제의 웅진천도는 고구려 침공이란 위기상황에서 비롯된 것이나 한성 도읍기 백제 문화의 주체였던 중앙세력의 붕괴를 가져왔고, 연이은 구원군 중심의 웅진천도는 그들 간의 치열한 권력투쟁을 야기했다. 그러나 무령왕의 등장으로 권력투쟁의 종결만이 아니라 일원화된 사회체제의 구축과 함께 새로운 백제문화 발전의 터전이 마련되기에 이른다. 정치·사회 통합은 곧바로 문화상에도 반영되어, 강력한 왕권 하에 다양성을 배경으로 한 새로운 문화기반이 구축되었다. 따라서 웅진·사비기의 백제문화는 이를 토대로 창조성과 개방성, 국제성을 함유하며 만개하게 된 것이다.

4. 熊津·泗沘文化의 展開-古代文化의 꽃

웅진시대의 혼란극복은 백제문화의 새로운 도약을 가져왔다. 한성 도읍기의 중앙과 지방간 상생을 토대로 다양성이 겸비된 백제문화는 웅진도읍기의 혼란 극복과 강력한 집권력을 갖추면서 일원적 사회질서 구축에 부응, 보다 세련되고 우아하면서도 전국적으로 통일된 문화상을 정립하게 되었다. 웅진도읍 초기의 백제문화는 한성 도읍기에 성숙된 문화역량의 이식 결과에 불과하였지만, 웅진도읍 후기의 사회변화에 부응하여 창출된 백제문화는 이전과는 질적으로 한 단계 높아진 보다 고도의 정제된 문화라고 할 수 있다. 이것이 바로 웅진·사비시대의 백제문화이며, 그 실상은 여러 부분에서 검토될 수 있을 것이다. 특히 불교문화의 성행과 함께 건축과 공예 등의 눈부신 발전은 그 토대가 되는 사회의 발전·변화와 불가분의 관계에 있다. 그러나 그 실상은 오히려 유적·유물이라는 한정된 물적 자료로 살필 수밖에 없다는 아쉬움이 있다.

웅진·사비기 백제사회에서 가장 주목되는 것은 불교문화의 성행이다. 기실 백제사회의 불교 흔적은 서기 384년의 공인으로 감지되나, 실제로 한성 도읍시기의 불교 활동을 구체화할 수 있는 자료는 거의 없다. 오히려 백제의 불교는 웅진천도 후, 그것도 혼란이 수습된 웅진도읍기 후반 경에 승려의 활동이나 사찰 건립 사실을 통해 추적될 뿐이다. 다만 불교현황 흔적으로 석굴사원이 언급되기도 하지만 구체적이지 않다. 오히려 무령왕이나 성왕의 재위시대로 판단되는 흥륜사라는 사찰의 존재인식, 그리고 527년에 창건된 대통사를 토대로 불교활동의 면모가 살펴질 뿐이다.

웅진도읍시기의 불교활동의 영세성과는 반대로 사비천도 이후의 백제불교는 대단한 전성기를 맞이하였음이 기록이나 물질자료를 통해 확인된다. 물론 이를 토대로 사회·문화의 발전 동력으로 불교가 지대한 공헌을 하였음을 추정하기 어렵지 않다. 이로 보면 백제불교는 한성도읍기인 4세기 후반에 국가적 공인이 이루어졌음에도 활성화는 오히려 웅진말기나 사비 도읍기에 구체화된다는 것을 알 수 있다. 이는 고등종교로서 불교 속성과도 관련되겠지만, 다른 한편으로 한성 도읍기 백제의 파란만장한 정치·사회적 환경과도 무관할 수 없을 것이다. 웅진천도 후 혼란이 극복된 무령왕대에 이루어진 강력한 왕권의 확립, 일원적인 사회통제 시스템이 구축된 환경을 바탕으로 불교가 크게 번창하기 시작하는 것은 고대사회에서 불교의 역할에 시사하는 바가 크다고 보아진다.

삼국시대 불교문화의 성행은 백제에서 가장 두드러진 현상이다. 불교활동만이 아니라 상징성이 강한 사찰 등의 불교건축은 고도의 문화수준이 유감없이 발휘된 채 가장 풍부하게 흔적을 남기고 있다. 백제인의 다정다감한 정서가 실감나게 반영된 서산마애불, 그 본존불의 미소에 스며있는 백제인의 여유는 그 깊이를 헤아리기 어렵다. 사비 도성을 한없는 풍경소리로 뒤덮었을 수많은 사찰이라던가, 사찰 안의 우뚝 솟은 목탑의 아름다움은 가히 장관을 이루었을 것이다. 여기에 목탑에 만족할 수 없어 새로 창안한 석탑의 멋스러움도 말로 표현하기 어려운 백제문화의 정수들이다. 나아가 불교문화의 성행과 발전이 비단 백제에만 국한된 것은 아니다. 백제는 이웃의 신라는 물론이고 바다 건너 일본열도까지 그들이 발전시킨 불교문화를 전파하였다. 신라의 황룡사가 백제불교와 무관할 수 없고, 일본의 불교문화의 정수 아스카 문화가 백제의 불교문화에서 태동된 것이기에 그러하다.

불교문화는 이처럼 백제문화의 중심에 있고, 그 영향력은 모든 분야에 걸쳐 크게 나타난다. 그중에서도 불사 건축은 가장 돋보이는 유산으로 이를 통한 백제 건축문화의 우수성이 남달랐음을 추정하기 어렵지 않다. 사실 백제의 건축이나 토목기술은 이미 한성 도읍기에 크게 발전하였음이 풍납토성 및 몽촌토성의 존재, 성내의 각종시설에서 드러난 건물양식 및 기와등의 유물에서 충분히 짐작된다. 나아가 웅진천도 후 공산성내 왕궁지 건축이라든가 정지산의 특수 건축물은 이전보다 훨씬 발전되고 세련된 것으로 평가된다. 특히 축성술이나 석재 가공술, 그리고 궁궐 및 사원 건축에 사용된 각종 건축부재로 기와 및 벽돌 등의 제작기술은 백제인의 건축문화 수준이 남달랐음을 단적으로 보여준다. 축성술에 나타난 부엽기법, 판축기법, 가공석재의 결구법을 비롯하여 대벽건물이라던가 기와건물의 축조 등은 고대 건축문화로서는 첨단적인 것이기 때문이다. 거기에다가 백제인의 석재 가공에 발휘된 기술적 우수성은 타의 추종을 불허한 듯하다.

고고학 자료의 형성과 관련이 있겠지만 백제유적은 석재 가공물이 주류를 이루고 있다. 그중에서도 크게 주목되는 것은 석탑이다. 우리나라 삼국시대의 석탑으로는 익산의 미륵사지 석탑과 부여의 정림사지 석탑이 전한다. 미륵사지 석탑과 정림사지 석탑은 우리나라 최초의 석탑으로 백제에만 잔존한다. 본디 불탑은 목탑이었고 백제 각각의 사찰에도 대체로 목탑이 갖추어져 있다. 그런데 불탑은 개별 환경에 따라 재료의 변화가 나타나는데 중국대륙은 전탑이 보편적으로 사용되고 일본열도는 여전히 목탑이 성행하지만, 우리나라는 목탑 대신 석탑이 불탑의 주류를 이루는데 그것이 백제에서 비롯된 것이다. 이는 백제인의 문화감각의 유연성과 함께 창의성이 남달랐다는 것을 상징적으로 보여준다고 할 수 있다. 백제인의 문화적 선진성과 함께 기술역량도 과소평가할 수 없는 수준이었음을 극명하게 보여주는 것이기도 한다.

미륵사지에는 중앙에 1기의 목탑과 동서 방향에 각각 1기의 석탑이 있어 3기의 불탑이 있다. 이중 서탑의 경우 일부는 붕괴되었지만 석탑으로서 위용을 간직하고 있다. 특히 석재로 목조건물의 각 부재를 정확하게 표현하여 균형 잡힌 아름답고 섬세한 불탑임을 알게 한다. 여기에 정림사지 석탑은 한국석탑의 기본형답게 목조탑의 각 부재를 약화시켜 표현하여 5층 석탑으로 균형과 정제미를 갖춘 탑파예술의 정수로 평가하기도 한다. 이것이 백제인의 고도로 발전된 석조건축술의 단면인 것이다.

백제인의 문화의 변용과 적응력은 고분건축에서도 추적된다. 고대사회에서 사후세계에 대한 인식이 남달랐고 무덤은 그 구현체로서 건축 및 부장환경에 총력을 기울인다. 그러면서 사회 환경이 민첩하게 반영되어 무덤에는 위계성이나 시기성이 분명하게 나타나기에 특정시기 문화실상을 탐색하는데 매우 유용한 자료로 이용된다. 백제의 고분문화는 다양성 속에서 출발하였지만 일찍이 횡혈식 석실묘제를 채용하고 이를 기회로 주변국에 석실묘제 파급의 주체가 된다. 그러면서 백제 석실묘제는 시대와 환경변화에 따라 지속적 변화·개량이 진행된다. 특히 웅진 도읍기에 일시적으로 중국의 전축분묘제가 도입되나 곧바로 백제 특유의 석실묘제로 개량·확대 보급되기도 한다. 무덤건축에 나타나는 석재 가공술, 석재 결구기법을 비롯하여 구조의 정형성 등은 무덤건축에 반영된 백제인의 기술적 역량을 충분히 가늠케 한다. 부분적이지만 무덤벽화에 드러난 그들의 미의식 또한 만만치 않았음을 보여줘 주목되는 것이다.

백제인의 미의식이나 예술 감각의 우수성은 각종 공예품에 함축적으로 나타난다. 백제의 금·은 세공술은 이미 한성 도읍기에 절정에 달하였고, 이후 웅진시대를 거쳐 사비시대에 이르면 동아시아에서 가장 우수한 기술적 역량을 발휘한 것으로 평가된다. 한성 도읍기에 지방의 수장들에게 사여한 금동관모라던가 금동제 신발, 그리고 각종의 환두대도는 내용면에서 기술적 우위가 단연 돋보이는 것들이다. 이미 한성 도읍기에 백제의 금은세공술은 기초적 역량이 풍부하였음을 단적으로 보여준다. 웅진 도읍기 무령왕릉 출토의 각종 금·은세공품은 기술적 우수성을 넘어 예술 감각에 이르기까지 완벽을 구사한 것으로 보고 있다. 마음껏 구사한 누금기법 등의 세공술, 두침과 족좌, 그리고 대합에 그려진 그림들은 최고의 경지로 평가하기에 부족함이 없다. 나아가 사비도읍기 금은세공술의 절정은 능사출토 금동대향로에서 찾을 수 있는데 그 역량은 신의 경지라고 평가할 수 있는 것이다.

금동대향로는 백제문화, 백제 예술의 결정체이다. 향로에 감도는 신비함은 차치하더라도 균형감과 정교함, 그리고 각각의 구성 부위에 숨겨진 장인의 숨결은 기왕에 정립된 백제문화의 역량이 그대로 함축되었다고 보아도 무방하다. 향로제작 기술에 적용된 주조기법은 무령왕릉출토 多利作왕비 팔찌에서 그 정교함이 발견되기에 구태여 언급할 필요가 없다. 금동대향로의 제작은 백제의 공예문화, 특히 금은세공술이라던가 미의식 발로의 집약이다. 하단에 향로를 받치는 트림하는 용이라든가 중간의 연화문양 그리고 상단의 봉황은 이미 외리에서 발견된 벽돌에 그 형상이 구체화된 바 있다. 산경문전을 비롯하여 봉황문전, 용문전 및 연화문전이 그것인데 용문전에 웅크리고 있는 용을 승천시키면 그대로 향로의 용이 된다. 연화문전의 연꽃을 오므리면 향로 몸체의 연봉이 되고, 허공을 나는 봉황은 연화문전에도 자리하고 있다. 향로 몸체의 곳곳에 산신이 머무는 정경이 산경문과 무관할 수 없겠지만 五樂土나 신선의 유유자적함에 백제인의 여유로운 문화정서가 느껴진다.

백제인의 문화발전 결과는 생활문화에도 그대로 반영되어 있다. 자료적 한계가 있지만 토기나 기와생산 등의 요업기술도 상당하였던 것으로 보인다. 백제의 요업은 질그릇이 생활 필수품이었기에 일찍부터 사회저변에 깊게 자리하였던 분야이다. 아마도 삼한시기부터 비롯된 토기생산의 다양성, 우수성과 무관할 수 없을 것이다. 그러나 중국과의 활발한 교류에서 새로운 제품이 유입되고, 이를 통한 요업의 발전도 크게 이루어졌을 것이다. 이미 4세기 초엽에 중국에서 유입된 자기가 등장하고, 이후에는 중국의 흑자를 비롯한 청자 등이 널리 유포되면서 이를 모방한 제품생산이 발견된다. 백제 특유의 흑색마연토기의 존재는 요업기술의 발전을 지나 새로운 창안품도 발견되는데, 사비 도읍기의 회색 규격토기의 존재는 요업을 비롯한 백제의 공예문화가 한 단계 상향되었음을 보여준다.

한편 기와는 건축 재료로 지붕을 덮는 부재이다. 그런데 기와사용은 건축문화의 기술력을 가늠하는 지표일 뿐만 아니라 기와 자체가 건물을 꾸미는 장식성이 있어 예술 감각을 느끼게 한다. 더불어 기와사용이 왕궁이나 사찰과 같은 특수건물에 국한되기에 그 존재만으로도 문화수준이 측정되기도 한다. 백제의 기와생산은 이미 한성 도읍시기에 비롯되어 그 선진성을 나타낸다. 여기에 웅진도읍 이후는 확대생산 뿐만 아니라 보다 세련되고 정제된 제품생산이 이루어진다. 특히 평기와만이 아닌 막새기와나 치미 생산도 본격적으로 전개되고 내용도 풍부해진다. 막새기와나 치미 등의 생산은 건축물의 장식에 미적요소를 강화하는 것으로 볼 수 있다. 여기에 막새기와에 베풀어진 문양은 연꽃무늬를 비롯한 다양한 것들이 채용된다. 특히 연꽃문양은 그 상징성이 돋보일 뿐만 아니라 변용의 폭도 무궁하여 백제인의 미의식이 풍부하였음을 살필 수 있게 한다.

이처럼 웅진·사비기 백제문화의 우수성과 탁월함은 불교문화와 건축, 금속공예는 물론 요업 등의 토도·공예문화에서 폭넓게 인지된다. 비록 물질문화에 반영된 것이나 그들의 문화역량은 동아시아에서 단연 돋보이는 수준으로 봄에 문제가 없기도 하다. 다만 패망국이기에 그 실상을 구체적으로 전하는 직접적 기록이 없다는 한계는 있다. 그러나 목간과 간헐적으로 발견되는 금석문은 그들의 문화역량이 매우 고차원이었음을 알게 한다. 사택지적비에 나타난 유려한 문체와 심오한 의미는 그들의 문학적 세계의 깊이를 추정함과 더불어 이를 통한 웅진·사비기 백제의 진면을 결코 고대국가에 한정할 수는 없다는 것도 암시한다.

5. 泗沘時代 百濟文化의 特性

한국문화 특히 한국 美의 특징은 線에 있다고 보며, 선으로 표현되는 유연함은 부드럽고 여유가 있는 것을 특징으로 꼽는다. 나아가 선으로 구성된 공간은 진취성과 역동성도 강조되지만 유연함이 두드러지고, 그것은 한국적 자연에서 비롯된 것으로 보고, 그것이 한국인의 미의식으로 봄이 일반적이다. 꾸밈이 적고 가식이 없는 자연 그대로의 미, 이러한 감각이 한국의 미적 감각이고 우리의 정서라는 것이다. 그런데 이러한 정서는 백제의 미 의식, 즉 백제의 문화속성에서 그대로 확인된다. 우리는 한국고대문화의 원천인 삼국시대의 미의식을 각각의 특성에 맞게 정의한다. 고구려 미의식이 동적이고 긴장감이 감도는 것이라면, 신라는 고요와 신비감이 깃든 것이 그들의 미의식이라는 것에 반해서 백제는 완만하며 부드럽고, 여유 있는 미의식을 강조한다.

이처럼 백제문화는 가장 한국적 속성을 갖춘 것이고 따라서 백제문화는 우리문화의 뿌리라는 것도 알 수 있다. 자연의 미를 찬미하는 한국의 미를 백제의 미의식에서 찾을 수 있음에서 가장 백제적인 것이 한국적인 것임을 알려준다. 우리가 찬미하는 한국 미의 속성이 백제의 미, 나아가 백제문화에 함축되어 있음은 결국 백제문화가 가장 한국적 멋이 깃든 문화라는 것을 대변하는 것이다.

백제는 기원전후 무렵 한강유역에 자리한 이후 거의 700여년의 흥망성쇠 역사를 경험한 고대국가이다. 따라서 그들의 문화역량도 역사경험에 따른 변화를 토대로 성립된 것임은 물론이다. 특히 백제의 웅진·사비시대는 오랜 한성 도읍기를 거치면서 축적된 역량이, 고구려 침공에 의한 도성 함락이란 총체적 난국 등으로 소실될 위기에 봉착한다. 그러나 웅진천도 후 혼란된 정국의 수습, 강력한 왕권의 확립 등의 국력중흥을 기회로 이전보다 질적으로 향상된 문화역량을 다시 갖추게 되었고, 이로서 창출된 것이 웅진·사비시대의 백제문화이다. 따라서 웅진·사비시대의 백제문화는 한강유역에서 정립된 것이 금강유역에서 재정립되어 보다 세련되고 발전된 형태로 정착된 고도로 정제·발전된 문화 결집체라고 볼 수 있다.

백제문화 성격으로 가장 돋보이는 것이 국제성과 개방성이다. 백제는 한반도 서남부의 개방적인 지리적 환경에 입지하였기에 대외교류를 적극적으로 전개할 수 있었고, 이를 기회로 중국의 선진문화를 폭넓게 수용한다. 특히 3세기 말에 서진을 통한 선진문화 수용을 시작으로 4세기대 동진과의 교류를 통해 문화수용의 범위를 질적인 것만이 아니라 양적으로도 크게 확대할 수 있는 계기를 이룩한다. 그 결과 불교의 공인이나 각종 문물을 수용하게 되었으니 백제의 국제교류에 대한 적극성을 단적으로 보여준다. 나아가 이러한 노력은 웅진천도 이후에도 계속된다. 특히 천도 후 혼란한 정국과 고구려의 방해에도 불구하고 중국과 교류를 지속코자하는 노력은 백제의 선진문화 수용에 대한 적극성을 유감없이 보여주는 것이기도 하다. 이러한 모습은 사비시대에도 변함없다.

백제의 국제교류에 대한 적극성은 대중국 교류에 국한된 것이 아니다. 수용된 선진문화의 자기소화를 거쳐 이를 다시 신라나 가야, 그리고 왜에 전수하여 동아시아의 각국의 다양한 문화 창출에 기여하는 것이다. 신라문화 저변에 스며있는 백제적 요소라든가, 가야문화와 백제문화간의 불가분의 관계, 일본열도 고대문화에 기여한 초기정황과 함께 아스카문화 성립에 백제문화의 절대적 기여는 널리 알려진 사실이다. 이러한 사실은 백제문화의 국제성을 단적으로 보여주는 사례로서 그들은 수용한 선진문화를 독점하기보다 주변사회와 공유함으로서 상생을 도모하니 그들의 진취성과 개방성이 전제된 멋진 국제 감각이 감지된다.

또한 백제문화는 중앙과 지방 그리고 국가간의 상생적 성격도 주목할 만하다. 백제의 국가건립은 기원 전후한 시기로 보지만, 오히려 삼한중의 마한지역 소국의 범주에 오랫동안 머물렀음은 주지된 사실이다. 나아가 백제의 성장은 다른 환경의 소국을 통합, 고대국가로 성장하였다는 것도 일반적 인식이다. 문헌기록에서 백제는 고대국가로 성장하였음에도 주변의 소국을 정복하였다거나 국가 운영 중에 반란을 일으켰다는 흔적도 보이지 않는다. 오히려 고대국가로서 어느 정도 집권력을 갖추지만 지방사회를 그들의 전통적 기반에 안주할 수 있는 환경이 조성되어 있음이 발견된다. 이는 백제가 그만큼 국가형성과정에 순리적이고 합리적인 상호융합의 질서체계를 갖추면서 유연한 통제책을 갖춘 것과 무관할 수 없을 것이다. 위세품을 통한 지방통제가 그 단적인 예일 것이며, 그러한 상호 호혜적 관계정립은 한성 도읍기의 정치·사회적 특징일 것이다. 융합과 상생의 사회 환경에서 생성된 문화상이야 말로 다양성을 토대로 수준 높은 지경에 이르렀을 것이다. 물론 그러한 상생, 통합의 환경에서 웅진·사비기가 도래된 것이다.

웅진 도읍기 백제사회의 정황은 초기혼란 극복과 함께 새로운 국가체제의 구축이란 명제가 부여되었고, 이는 무령왕의 즉위를 기회로 왕권강화와 함께 지방에 대한 일원적 통제책도 마련된다. 이제 기왕의 담로제를 통한 상생적 관계유지보다는 방·군·성제를 통한 일원적 통합이 진행되어 기왕에 상생적 관계를 토대로 성장한 상호간의 문화 환경이 일원화된 보다 진일보한 문화 환경이 조성되는 것이다. 상생 속에 다양성을 발휘하며 발전을 거듭한 백제문화는 일원화됨으로서 새로운 문화 창조의 기회를 얻게 되었고, 이를 통해 고대문화의 정수 웅진·사비문화가 만개한 것이다.

마지막으로 백제문화는 창조성이 두드러지는데, 이는 백제문화가 동아시아 문화의 핵심으로 자리할 수 있는 여건이기도 하다. 백제의 문화기반의 복합성은 매우 크다. 건국 주체세력은 북에서 유이하여 남하한 집단이고, 이들은 한강유역에 정착하면서 그 지역의 토착문화를, 그리고 국가 성장과정에 마한지역의 다양한 고유문화를 포괄하여 기반으로 삼았기 때문이다. 이는 백제의 기반문화가 다양성이 담보되었음을 보여주는 것이고, 나아가 이후 국가성장이 가속화되면서 중국의 선진문화 수용에 적극적으로 나서게 된다. 그러한 정황은 국가 멸망 직전까지 일관되게 이루어진다.

백제는 개방적인 지리특성에 기인하여 국제적 감각을 갖추었으며, 그들의 문화는 다양한 전통의 기반 위에 입각한 것이다. 이는 백제로 하여금 왕성한 문화 창조력을 겸비할 수 있는 기회를 제공하였을 것인데, 백제는 이를 바탕으로 선진문화의 수용과 이를 전통문화에 접목하여 고유의 독창적 문화를 발전시키는 수단을 발휘한 것이다. 중국문화의 수용을 통해 왕성한 그들의 선진문화에 대한 욕구를 충족시키면서 외래문화의 직접 수용보다는 자신의 독자적 미의식을 발휘하여 독특한 백제문화를 재창출하였다는 것이다.

백제의 건축과 조각, 특히 금은 세공품에 스며있는 부드러움과 유연함은 한국적 美의 전통인 자연환경을 그대로 함축한 미의식이다. 백제 와당에 표현된 연화문의 부드러움은 가장 한국적 속성을 간직한 것으로 평가된다. 꾸밈이 없지만 세련되고, 과장되지 않은 겸손의 단아한 아름다움이 백제문화의 창조적 특징이다. 찬란한 금동대향로도 완벽에 가까운 세공술과 함께 구도나 표현의 완성도는 극에 달하였지만 전혀 과장이나 어색함이 없다. 공간과 부위구성의 완벽함이 절정에 도달했고, 섬세한 문양은 살아있는 것과 다름없다. 그러면서도 사상성이나 상징성을 풍부하게 담고 있다. 그러나 그 바탕은 중국처럼 선진지역에서 수용된 문화에 있었고, 거기에 보다 새롭고 정제된 백제적 요소를 가미하였다는 것은 백제문화에 반영된 백제인의 문화역량, 즉 창조성을 느낄 수 있게 한다.

II 고고자료로 본 백제의 사비천도

考古資料로 본 百濟의 泗沘遷都

1. 序言

한국 고대사회에서 遷都라는 사건은 우선 고구려가 초기에 환도성에서 국내성으로 이주한 것과 평양성으로 천도한 것을 사례로 꼽을 수 있다. 신라의 경우 문무왕대에 경주에서 달구벌로 천도할 기획 정도가 있었지만 실행되지 못하였다. 백제는 두 번의 천도, 즉 웅진과 사비로의 천도가 실행되었다. 이러한 현황은 천도라는 역사적 사건의 희소성을 감지케 하면서 천도자체가 역사적 사건으로 보편성을 부여하기 어렵다는 것을 알 수 있다.

다시 말해 천도는 오히려 특수한 것이기에 상당한 복합성이 있고, 역사적 사건으로 일반화하기 어려운 요소임을 알 수 있다. 그럼에도 백제는 도읍을 자주 옮긴 국가로 지적된다. 백제는 한강유역에 정착하였던 초기에 河北에서 河南, 위례에서 한산으로 移都하였다. 특히 475년에는 한성에서 웅진, 그리고 538년에 사비로 천도가 실행됨으로써 고대국가로서는 천도경험에 있어 상당한 비교 우위가 있다는 것을 알 수 있다. 특히 웅진과 사비로의 천도는 전자가 대외 군사적 환경에 기인한 것이라면, 후자는 대내 정치·사회 환경의 변화와 관련되어 상호 상반된 배경을 지니고 있다. 따라서 이를 통한 천도의 속성 이해는 물론 동 시기의 백제사회의 역동성을 엿볼 수 있게 한다.

고대사회에서 천도의 중요성을[1] 새삼 강조하지 않더라도 그 자체는 역사적 사건으로 분명한 성격을 드러낸다. 특히 백제처럼 천도가 자주 발생할 경우 이는 국가의 변화·변천이 매우 역동적으로 전개되었음을 보여주는 것으로 이해할 수 있다. 때문에 그 해명은 고대국가 백제의 정치·사회 변천을 보다 구체적으로 이해할 수 있는 첩경이 될 수 있을 것이다. 다만 천도라는 사건의 역사적 의미가 적지 않음에도 관련 기록이 매우 단편적이라는 한계가 있다. 특히 배경이나 과정·결과를 웅변하는 직접적 기록은 거의 없다. 때문에 그 주체나 배경 그리고 과정을 상황적 논리만으로 이해할 수밖에 없기에 그로써 야기되는 문제점이 적지 않다.

따라서 상대적으로 문헌기록이 영세한 백제사 해명에 고고학의 기여는 클 수밖에 없다. 물론 백제만이 아니라 『三國史記』 등의 영세한 문헌자료에 기초하여 이루어지는 한국고대사 복원은 고고학을 통해서 생활문화만이 아니라 정치·사회상의 복원이 크게 이루어지고 있다. 다만 고고학 자료가 천도와 같은 추상성 강한 정치적 사건의 복원에 얼마나 유용할 것인가는 다소 의문이 없지 않다. 그러나 기왕에 고고학을 통한 백제의 정치·사회 환경의 폭넓은 이해가 적지 않기에, 문헌기록이 단편적으로 남아있는 천도 실상을 물적 자료를 토대로 보다 확대 이해하는 것도 나름의 방법이라 생각된다.

기왕의 사비천도에 대한 다양한 시각에는 그 배경이나 과정, 그리고 결과에 대한 구체적 접근에 미진한 부분이 적지 않다고 판단된다. 물론 관련 사료의 결핍이란 태생적 한계가 그 이유일 수 있음은 자주 언급되는 사실이다. 그러나 천도란 사건의 기본적 속성에 대한 인식 차는 물론이고

---

1) 金瑛河, 2004, 「古代 遷都의 역사적 의미」 『韓國古代史研究』 36, 한국고대사연구회.

웅진도읍 전야의 백제사 인식 차이에서 비롯되는 것이기도 하다. 그런데 특정한 역사 사건에 대해 다양한 시각에서의 접근은 동시기 역사의 풍부한 이해를 담보하는 것이다. 따라서 기왕의 백제 사비천도에 대한 시각을 검토하고, 나아가 천도와 같은 역사적 사건은 기본적으로 왕권의 확립과 강화가 전제되어야 한다는 관점, 백제의 웅진도읍기 왕권 확립에 따른 체제정비와 국력안정을 바탕으로 사비천도가 이룩되었다는 관점에서 사비천도 문제를 재인식하여 보고자 한다.

2. 遷都背景의 認識

천도는 국가의 중심지를 옮기는 사건이다. 그것은 대외적으로 군사적 요인에 의한 것일 수도 있고, 대내적으로 정치·사회적 요인에 의해 나타나는 것일 수 있다. 어떤 경우든 천도에 따른 영향이 결코 적지 않다는 것은 주지된 사실이다. 물론 고대사회에서 천도는 대체로 대·내외적인 원인에서 비롯된다. 대외적인 것은 군사적 측면에서 원인을 찾아야 하고, 대내적인 것은 정치적 측면이 강조되면서 발전을 위한 전략적 차원이거나 세력 간의 갈등에서 비롯되는 것이 대부분이다. 우리의 도읍천도 역사는 전자의 경우 백제의 웅진 천도가 대표적 사례이고, 후자는 고구려 장수왕의 평양천도라던가 백제 성왕의 사비천도, 그리고 신라 신문왕의 달구벌 천도 계획을 그 예로 들 수 있을 것이다. 특히 후자의 경우는 국가체제 변화의 수렴이라든가 정치체제의 정비와 정치세력의 교체 등 정치적 측면이 강조되는 것[2] 이기도 하다.

---

2) 金瑛河, 2004, 앞의 글.

백제의 도읍 이동은 이미 한성 定都 후에 온조왕의 하북에서 하남으로의 이동, 그리고 근초고왕의 위례에서 한산으로의 移都한 사실이[3] 알려져 있다. 그리고 개로왕 때 고구려의 침략에 의한 475년의 웅진천도, 웅진정도 60여년 후의 사비천도가 전하고 있다[4]. 하북에서 하남으로의 이동은 초기 국가 정착과정에서 이룩된 사건이다. 그리고 위례성에서 한산으로 도읍을 옮긴 것은 근초고왕의 북진에 의한 고구려와의 상쟁과정에서 보다 군사적 방어가 유리한 거점으로 이도한 것으로 해석하는 것이 일반적이다. 물론 이러한 도읍의 천도는 백제의 초기적 정황이면서 한성이란 지역에 국한되어 이루어진 것이기에 그 의미를 크게 추구하기는 어렵다. 반면에 웅진과 사비천도는 이전의 천도에 비하면 역사적 의미가 적지 않다. 웅진천도는 대외적 원인에 의해, 사비천도는 대내적 원인에서 비롯되어 각각 나름의 역사배경을 가지고 있기 때문이다.

웅진천도는 고구려 장수왕의 한성침공에 의해 비롯된 것이다. 그러나 그 과정 및 주체에 대한 이해는 지나치게 관념석 범주에 머물러 있었다. 예컨대 고구려 침입에 따른 피난의 결과가 웅진천도라던가, 천도지 웅진의 선정이 고구려 방어란 군사적 요인에 기인한 것이라는 인식 등이 그것이다[5]. 그러나 관련 사료의 검토는 물론 고고학 자료의 존재특성에 비추어 볼 때, 백제의 웅진천도가 고구려 침략에 따른 피난으로만 보기 어렵다. 나아가 왕실의 자의적 판단과 주도로 이루어졌다고 보기도 어렵다. 오히려 백

---

3) 河北에서 河南으로의 遷都는『三國史記』卷第二十三 百濟本紀 第一 溫祚王 十四年 "春正月 遷都…"의 기록, 그리고 한산으로의 移都는『三國史記』卷第二十四 百濟本紀 第二 近肖古王 二十六年 "…移都漢山"이 그것이다.

4) 웅진천도는『三國史記』卷 第 二十六 百濟本紀 第四 文周王 "… 移都於熊津"의 기록, 그리고 사비로의 천도는『三國史記』卷第 二十六 百濟本紀 第四 聖王 十六年 "春 移都於泗沘 國號南扶餘"로 확인된다.

5) 盧重國, 1988,『百濟政治史研究』, 一潮閣.

001 백제의 두번째 도읍지 웅진(지금의 공주 전경)

제의 웅진천도는 고구려의 한성침공이란 황급한 상황에서 구원군으로 참
여한 지방세력 간의 역관계 속에서 이루어진 것으로 보아야 한다는 점에서
[6] 웅진천도의 복합성은 주목할 만하다. 이는 공주 수촌리 유적의 존재확인
을 기회로[7] 웅진천도의 주체가 이 유적의 주인공이라는 보다 적극적 해석
을[8] 고려할 경우, 백제의 웅진천도 배경도 보다 합리적으로 설명되는 것을
알 수 있다. 이로 보면 백제 웅진천도의 경우 직접적 원인은 대외적 측면,
즉 고구려의 남침이란 요인에서 찾을 수 있겠지만 천도의 실행 과정, 즉 새
로운 도읍지의 선정이라든가 천도 주체간의 상관성 및 이후의 환경은 상당
한 정치적 배경이 잠재되어 있다고 볼 수 있다.

6)   李南奭, 1997,「熊津地域 百濟遺蹟의 存在意味」『百濟文化』26, 公州大百濟文化研究所.
7)   이훈, 2003,「공주 수촌리 유적」『百濟文化』32, 百濟文化研究所.
8)   김수태, 2004,「백제의 천도」『韓國古代史研究』36, 韓國古代史研究會.
     강종원, 2005,「수촌리 고분군 조영세력 검토」『百濟研究』42, 忠南大百濟研究所.

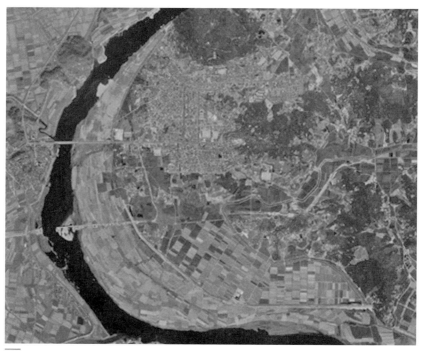

002 백제의 세번째 도읍지 사비(지금의 부여 전경)

　이처럼 백제의 웅진천도는 대외의 군사적 압력에 의해 이루어진 경우임에도 불구하고 복잡한 대내적 정치 환경도 작용되었다는 것을 알 수 있다. 이를 고려할 경우 사비천도는 그 자체가 대내적 환경에서 비롯되는 것이기에 그에 따른 정치적 복합성은 매우 클 것이라 예상된다. 그런데 기왕에 제기된 인식은 도읍지 웅진이 지녔던 한계를 적극적으로 지적하면서, 보다 원대한 발전을 도모하기 위하여 사비천도가 실행되었다는 논거가 중심을 이루고, 그와 관련된 다양한 견해가 피력되었을 뿐이다. 즉 기왕의 사비천도에 대한 인식을 상고하면 천도의 배경보다는 오히려 목적만이 강조된 것이 아닌가 여겨진다.

　백제의 사비천도는 웅진에 도읍을 정한지 63여년 만에 이루어진 것으로, 도읍기간이나 천도과정 등을 고려하면 비교적 단기간의 사건이란 점이 주목된다. 물론 웅진천도는 고구려의 한성침공으로 인해 긴급한 상황 속에서 이루어진 것이다. 따라서 웅진이 도읍지로서 부적합하다는 점을 지적하면서[9] 사비천도의 타당성을 확인하는 경우가 많다. 나아가 사비천도의 직접 원인으로 웅진지역의 지리적 협소성도 필연적으로 도출하며, 그것을 천도의 배경으로 본다. 특히 웅진은 금강의 범람에 의한 홍수 문제, 가용토지의 부족 문제 들을 포함하고 있어 도성으로 기능을 수행하기에 한계가 많다는 지적이 빈번하게 이루어졌다. 물론 이러한 논거는 백제왕실이 왕권강화나 국가발전을 위하여 사비천도가 계획되었다는 추정으로 이어지는 것이기도 하다. 그러면서 동성왕이 사비지역에 잦은 전렵을 실행하는 것을 기회로 이즈음부터 천도가 시도되었다고 보기도 한다[10]. 이러한 논지의 연장선상에서 백제는 동성왕과 무령왕을 거치면서 어느 정도 불안한 사회상이 극복되고, 나아가 국력회복을 기회로 국가동력을 보다 확충시키기 위한 수단으로 좁고 협소한 공주를 벗어나 사비로 천도하게 되었다던가[11], 웅진시대에 연이어 일어난 왕의 피살과 반란 등의 내분에 종지부를 찍기 위하여[12] 사비천도가 이루어졌다는 이해로의 진전도 이루어진다.

그런데 앞서 지적한 것처럼 사비천도 배경의 인식 중 웅진천도 후에 곧

9) 강종원, 2007, 「사비천도의 단행과 왕권중심의 지배체제 확립」『泗沘都邑期의 百濟』百濟 文化史大系硏究叢書 5, 충청남도 역사문화연구원.
10) 노중국, 1978, 「백제왕실의 남천과 지배세력의 변천」『韓國史論』4.
   유원재, 1995, 「웅진시대의 사비경영」『백제문화』24, 公州大百濟文化硏究所.
   심정보, 2000, 「백제사비도서의 성곽축조시기에 대하여」『사비도성과 백제의 성곽』, 서경문화사.
   강종원, 2007, 위의 글.
11) 李丙燾, 『韓國史』1, 고대편.
12) 千寬宇, 1976, 「三韓의 國家形成」下『韓國學報』3.

바로 사비로의 천도 준비나 기획이 이루어졌다는 결론에 대해서는 나름의 의문이 있다. 사비천도의 단초를 동성왕 6년의 사비전렵에서 시원을 찾을 경우, 결국 그러한 사건은 웅진 천도 후 약 10여년이 경과된 즈음의 사실이란 점을 주목하여야 하기 때문이다. 천도 초기의 상당히 불안한 정정 속에서 어떻게 그처럼 천도에 대한 계획과 준비가 되었을까 라는 의문이 먼저 제기되는 것이다. 특히 웅진천도의 주체가 王室이었고[13] 이어 그들을 중심으로 다시금 천도가 획책되었다면, 웅진으로 천도한 직후에 곧바로 사비로의 천도를 단행하는 이유가 무엇인지도 설명되어야 할 것이다. 물론 사비의 지정학적 위치가 웅진과는 다르게 남쪽의 개활지인 평야지대, 서해로의 교통상 요지, 그리고 외적방어에 유리한 지역이라는 도읍으로서의 적합성이 제시된다. 그러나 웅진으로 천도한 직후에 도읍의 부적합성을 인시하고, 이어서 사비로 다시금 천도를 준비하였다는 설명은 당시의 정치·사회적 환경으로 미루어 어색함이 많다. 나아가 여기에는 웅진으로 천도할 수밖에 없었던 백제의 대내적 환경, 즉 웅진천도 전야의 정치적 정황이 전혀 고려되지 않았다는 문제도 있다[14].

한편 천도가 강력한 왕권확립의 결과로 이루어진 것이기 보다는 오히려 이를 목표 삼아 실행되었다든가, 혹은 왕권강화의 과정적 요소로 보는 견해가 많다는 것도 주목된다. 물론 이러한 논의의 배경으로 천도의 직접적 원인을 웅진지역이 도읍으로서 가진 부적합성과 같은 환경적 문제를 우선

---

13) 다만 백제 귀족인 沙氏 혹은 木氏와 같은 유력귀족이 사비천도에 관련된 것으로 거론되지만 그들은 왕권강화의 주체인 왕실의 보조적 위치에 있었을 뿐이다.
14) 웅진으로의 천도가 왕실이 주체가 되어 이루어졌다면 도읍으로서 웅진을 선정한 정치·사회적 이유가 밝혀져야 한다. 이의 검토가 지난하다는 환경을 고려하면 오히려 백제의 웅진천도는 고구려의 한성침공이란 군사적 긴박상황에서 구원군이었던 지방세력들의 상호관련 속에서 이루어진 것(이남석, 1997, 앞의 글)으로 봄이 타당할 것이고, 웅진에서 사비로의 천도는 이러한 정치상황의 전환에서나 가능할 것으로 보기 때문이다.

적으로 지적된다. 그리고 정치적 측면에서 사비천도로 얻을 수 있는 혼란 극복이나 왕권 강화를 도모할 수 있다는 논거도 자리하고 있는 것으로 살펴진다. 즉 천도를 통하여 왕권강화가 이룩될 수 있다는 논리는 천도가 하나의 정치적 행위로 왕권 강화와 국력중흥의 수단으로 실행되었다는[15] 것이다. 그와 관련된 역사적 사실로 백제는 사비로의 천도를 통해서 웅진도읍기의 지루한 귀족내분을 종식시켰고, 나아가 22부사를 설치하거나 5부 5방제를 실시하고, 16관등제의 확립을 통한 국가 권력의 확립이 가능하게 되었다는 점을 상기한다. 나아가 백제가 동성왕대 이후 실세귀족의 득세가 크게 나타나자 왕권 중심의 정치 운영이 필요하게 되어 이를 위한 조처로 사비천도를 단행하였다거나[16], 웅진천도 직후에 야기된 왕권의 쇠약을 극복할 필요성, 그리고 웅진지역이 유력한 재지세력의 영향력이 크게 작용하는 지역이기에 그에 따른 왕권의 약화와 신·구 귀족간의 갈등이 나타났기에, 약화된 왕권을 회복하고 국가체제를 일신하기 위해서 특단의 조치로 사비천도가 이루어졌다는[17] 이해도 결국은 사비천도가 왕권강화를 위해 이루어졌다는 점을 강조하는 것들이다.

한편 사비천도가 왕권강화를 위해 진행되었다는 논거에는 반드시 천도계획이나 실행시기 추정이 병행하여 고찰되고 있다. 그러면서 왕권강화를 위한 천도준비는 웅진도읍 초반부터 이루어졌다고 본다. 이는 백제의 웅진시대 정황을 알려주는 三國史記의 연대기에 나타난 사비지역 전렵기사, 특

---

15) 김주성, 1995, 「사비천도와 지배체제의 개편」『삼국의 정치와 사회』 한국사 6, 국사편찬위원회.
16) 양기석, 1991, 「백제 성왕대의 정치개혁과 그 성격」『韓國古代史硏究』 4. 이후 사비천도의 배경으로 논급된 천도의 시간성이나 사비지역에 대한 기왕의 인식을 비판하고, 오히려 사비천도는 새롭게 성왕의 결단으로 추진, 실행되었다는 논의의 진전을 이루지만 성왕의 약화된 왕권강화가 천도의 배경으로 보는 한계를 드러낸다.(양기석, 2007, 「백제의 사비천도와 그 배경」『백제와 금강』, 백제사 연구회)
17) 강종원, 2007, 앞의 글.

히 동성왕 6년에 실행된 전렵기사를 주목하면서 이를 왕권강화를 위해 사비천도가 획책되었다는 원초적 근거로 보는 것에서 알 수 있다. 또한 한성함락이후 왕권의 실추를 만회하기 위하여 웅진도읍기간에 지속적으로 사비천도가 추진된 것으로 확대 해석되기도 한다.

백제의 사비천도는 그것이 대내적 환경에서 비롯된 것이다. 따라서 천도 자체가 순수하게 내재적 변화에 기인하였다는 점에 의문을 둘 필요는 없을 것이다. 그리고 한 나라의 都邑 遷移는 필연적으로 그에 따른 다양한 배경이 조성되어야 한다는 것도 不問可知이다. 그런데 이를 위해 가장 우선시 되어야 할 것은 천도의 실천에 요구되는 강력한 힘, 즉 천도의 주체인 왕권 확립이 선행되어야 한다는 전제가 필요하지 않는가 여겨진다. 물론 천도 실행이나 결과의 궁극적 지향점도 왕권강화일 것이란 사실은 부인하기 어렵다. 하지만 천도란 중차대한 사건의 실행 또한 강력한 왕권의 확립이 선행되어야 한다는 점을 반드시 유념해야 한다.

천도가 대내적 환경에서 비롯되고, 나아가 왕실에 의해 천도가 추진될 경우 강력한 왕권의 확립은 필수조건이다. 이는 천도가 국가체제의 변화를 수렴하고 그러한 변화를 토대로 나타날 수밖에 없는 것이기 때문이다. 다시 말하면 천도는 대내적 체제 정비와 정치세력의 교체 등을 토대로 이룩될 수 있다는 점을[18] 백제의 사비천도 배경으로 이해하고, 그 배경에는 강력한 왕권 확립이 있었음을 전제하여야 한다는 것이다.

물론 기왕의 연구에서 사비천도의 배경을 웅진 도읍기에 동성왕, 무령왕 즈음에 이르러 정치적 안정이 이룩되고, 경제 성장을 도모하면서 이를 바탕으로 성왕기에 사비천도가 이루어졌다는 인식이 있기는 하다. 천도를 기점으로 국호를 '南夫餘'로 정한 것은 부여적 전통의 확립과 함께 새로운

---

18) 김영하, 2004, 앞의 글.

전성기를 구가하겠다는 목적을 지적한다. 나아가 사비천도가 전제왕권을 보다 강화하기 위하여 왕의 주도하에 이루어진 정치적 결단으로[19] 보는 점은 천도가 확립된 왕권을 보다 강화하겠다는 이해로 인식될 수 있다. 최근 동성왕의 지방지배와 왕권강화, 무령왕의 농업생산력의 증대 등의 치세를 통한 왕권안정이 이루어지면서 호남평야의 농업생산력 장악에 유리하도록 국가의 중심축을 남쪽으로 옮기고 해상교통에 유리한 지역의 선정, 나아가 웅진의 토착세력으로부터 탈피하여 왕권을 보다 강화하겠다는 의도에서 천도가 실시된 것으로 보는 점도[20] 일단 천도배경이나 목적에서 보다 진일보한 인식으로 볼 수 있다.

　　이러한 입장은 웅진도읍기의 왕권 강화가 무령왕 이후 성왕대나 가능하고, 천도계획의 시점도 기왕의 웅진도읍 초반부에 나타나는 사비지역의 전렵기사를 근거하던 것과 차이를 보이는 것이다. 다만 웅진도읍기의 왕권 확립이나 강화의 내용, 즉 백제의 사비천도 배경이 되는 환경이 어떻게 정립되었는가의 문제는 거의 천착되지 않았다는 한계가 있다. 예컨대 동성왕대의 지방지배와 왕권강화가 언급되었지만, 백가의 가림성 반란으로 비추어 허상임을 알 수 있다. 또한 무령왕의 농업생산력 증대 등의 정치행위도 오히려 왕권의 확립이 전제된 후에나 가능한 것이다. 때문에 그로써 천도배경의 직접적 원인으로 보기에 논리적 한계가 보인다.

　　백제의 사비천도에 대한 기왕의 인식은 배경에 대한 시각차 외에 계획적 천도라는 점에서 공통적이다. 여기에 웅진천도의 불합리성을 이유로 사비천도가 왕권강화를 위한 不要不急한 전제였다든가, 혼란 극복과 함께 왕권 확립을 토대로 천도가 실현되었다는 입장에서 사비천도가 설명되지만 체계적 이해로 보기에는 한계가 있다. 즉 사비천도 환경의 조성이 웅진 定

---

19)　노중국, 1978, 앞의 글.
20)　이도학, 2003, 「백제사비천도의 재검토」『동국사학』39.

都 60여년의 기간에 이룩되었음은 분명하지만 그 과정이나 결과의 이해에 요령을 얻기는 아직 어렵다는 것이다.

그런데 도읍의 천도가 왕권 확립이 전제된 다음에서야 가능하다면 백제의 사비천도는 이전 도읍지인 웅진에서 강력한 왕권의 확립이라는 조건이 충족되었음을 보여주는 것이다. 나아가 구도읍인 웅진에서 사비로의 천도는 왕권강화와 같은 정치·사회적 환경의 변화로 기왕의 도읍에 대한 부적합성이 드러났고, 따라서 부득이 천도를 단행하였을 것이란 측면을 주목하여야 할 것이다.

3. 遷都過程의 時間性 問題

최근 고고학적 환경을 토대로 백제가 538년에 천도하기 이전의 사비지역은 황무지였다는 견해가[21] 피력되면서, 사비지역의 도읍조성이 시간적으로 천도시점을 기준으로 크게 상향되기는 어렵다는 이해가 마련된 바 있다. 이는 기왕에 신 도읍의 건설도 종국에는 왕권 확립과 강화를 통한 국력안정이나 국부의 축적 속에 가능하였다는 것, 나아가 이를 통해 천도시점에 대한 시각의 수정이[22] 이루어지는 것을 주목하면서, 사비천도의 시간과 배경에 대한 인식의 새로운 정립이 요구된다.

사실 백제의 사비천도는 60여년의 웅진 도읍기간을 바탕으로 실행된 것이고, 도읍으로서 웅진의 한계를 절감하였기에 이루어진 것도 주지된 사실이다. 그리고 천도의 기획이나 시점에 대해서는 강력한 왕권의 확립

---

21) 박순발, 2002, 「웅진천도 배경과 사비도성 조성과정」, 『백제도성의 변천과 연구상의 문제점』, 국립부여문화재연구소.
22) 양기석, 2007, 앞의 글.

이 전제된 다음에나 가능한 것으로 보아야 할 것이다. 사실 백제의 사비천도는 기록상으로 538년에 실행되었다는 사실 이외는 전혀 알 수가 없다. 때문에 웅진에 도읍하면서 다음 도읍지 사비와 관련된 기록이 나타나면 곧바로 천도와 결부된 행위로 이해하였고, 이를 토대로 다양한 추론이 이루어져 왔다. 예컨대 동성왕 6년에 실행된 사비에서의 전렵활동을 천도계획이나 준비단계로 확대 해석한다거나, 동성왕 말년에 보이는 가림성 축조기사를 근거로 이것도 사비천도와 관련된 행위가 아닌가로 추정하였던[23] 것이 그것이다. 더불어 이러한 추론은 시간상으로 웅진으로 천도한 직후에 곧바로 사비천도가 계획·추진되었다는 논거로 이어진 것이기도 하다.

그런데 이러한 천도의 시점 추정은 천도자체에 내포된 복합성과 함께 동시기 백제사회가 직면한 문제점 등을 경시한 감이 없지 않다. 때문에 전렵기사와 관련된 경우는 전렵의 재음미와 시대성 등에 의거하여 천도와 직접 연계하여 이해하기가 어렵다는 반론이 있다. 나아가 가림성 축조도 전후 맥락의 不調和와 정황의 애매함 등으로 구체성이 결여된 것으로 비판된 바[24] 있기도 하다. 물론 이러한 반론에 사비천도의 배경이 직접적으로 언급된 것은 아니다. 오히려 다양한 추론의 전제에서 비롯된 것이기에, 문제 해결을 위하여 천도과정에 대한 구체적 시간 경과에 대한 이해가 필요할 것이다.

주지되었듯이 사비천도는 웅진에서 60여년의 도읍 기간을 지나면서 도읍지로서 웅진이 가진 여러 가지 문제점을 해결하기 위하여 계획적으로 이루어진 것이라는 점은 부인할 수 없다. 그리고 천도의 실행도 서기 538년인 성왕 16년에 이루어졌음을 『三國史記』는 분명하게 전한다. 이를 토대로 백제의 사비천도는 계획적인 것이었고, 아울러 천도를 위한 준비 작

---

23) 심정보, 2000, 앞의 글 : 강종훈, 2007, 앞의 글.
24) 이도학, 2003, 앞의 글 : 양기석. 2007, 앞의 글.

업은 538년 이전부터 있었다고 보는 것은 자연스럽다. 나아가 도읍 천이는 강력한 왕권의 확립과 이를 기회로 국력증진 등의 기본적 조건이 충족된 다음에 가능하다는 것도 앞서 살핀 바와 같다. 그러한 전제가 성립되어야 만이 새로운 도읍지 개발이 이루어질 수 있을 것이기 때문이다.

새로운 도읍으로서 사비지역의 개발은 백제가 웅진에 도읍하던 시기에, 그것도 왕권의 안정을 바탕으로 국력증진이 이룩된 다음에 이루어졌다고 추정할 수 있을 것이다. 즉 도읍 건설의 소요재원이나 역량을 고려할 경우 백제는 웅진 도읍기에 왕권확립은 물론이고, 왕권강화와 함께 국력증진이 이룩되었음을 천도라는 사실을 통해 분명하게 추정할 수 있을 것이다. 다만 그러한 정황을 직접적으로 추론할 수 있는 기록 자료가 거의 확인되지 않는다는 것이 문제이다. 그러나 천도 추진과정에 대한 기록의 부재와는 달리 고고학 자료는 새로운 도읍지 사비의 건설 현황을 추정할 수 있는 것들이 적지 않게 남아 있다는 점은[25] 주목된다.

그 동안 사비지역에서 백제 고고학 활동은 매우 활발하게 전개되었고, 이를 바탕으로 사비천도를 이해할 수 있는 검토도 적지 않게 이루어졌다. 예컨대 사비도성의 조영시기라던가 나성의 축조시기 및 부소산성의 축조시기[26], 그리고 출토유물을 통한 가마터나 절터 등의 조성시기 검토[27] 등이 있는데, 이를 통해서 도읍지의 건설이 부단하게 이루어졌음을 알 수 있다. 물론 이들은 해당 유적·유물의 편년적 위치 확인이나 역사성의 지적에 치중한다는 한계는 있지만, 자료 여하에 따라서는 사비천도 환경을 보다 구체화할 수 있는 내용이 적지 않고, 부분적이지만 천도의 추진 시기를 언급할 수 있는 것도 있다.

---

25) 사비지역 고고학 자료의 집대성을 통해서 백제가 웅진에 도읍하던 즈음의 사비지역은 전혀 미개발 지역이었다는 견해는(박순발, 2002, 앞의 글) 웅진도읍기 백제의 사비경영의 시점이나 현황을 이해하는데 매우 중요한 단서를 제공하는 것이기도 하다.
26) 국립부여문화재연구소편, 2000, 『사비도성과 백제의 성곽』, 서경문화사.
27) 김종만, 2004, 『사비시대 백제토기연구』, 서경.

우선은 사비지역의 고고학 자료를 종합하여 이를 웅진지역에서 대비되는 자료들과 비교할 경우 나름의 시간 순에 따른 배열이 이루어지는 점을 주목할 수 있다. 이는 웅진도읍기에 추진된 사비천도 계획의 단면을 살필수 있는 것으로, 웅진과 사비가 도읍지였다는 사실에 기초하여 천도지로서 순차적 위치를 부여한다. 나아가 각각의 지역에 잔존된 물적 자료는 필연적으로 중복이나 연속성이 나타날 수밖에 없다는 전제를 마련할 수 있다. 특히 백제는 60여년간 웅진에 도읍한 다음에 사비로 천도하였기에 웅진 도읍기는 사비천도를 잉태한 기간이라 할 수 있다. 따라서 웅진과 사비지역의 고고학 자료 대비는 두 도읍시기에 해당하는 물적자료의 중복이나 연속 관계의 여하에 따라 새로운 도읍지 사비가 어떤 시점에 조영되었는가를 가늠할 수 있기 때문에 그 중요성이 부각된다.

이와 관련된 자료로는 두 지역에 공통적으로 잔존하는 도성을 비롯한 각종 생활유적, 생산유적, 그리고 매장유적인 고분 및 신앙유적으로서의 불교유적 등을 들 수 있다. 도성 내 중심성이었던 웅진의 공산성과 사비의 부소산성은 일찍부터 주목되어 왔다[28]. 다만 집자리와 같은 각종 생활유적 등이 적지 않게 조사되어 자료 집적이 크게 이루어져 있지만, 이들 모두를 포괄적으로 검토하기에는 상대비교의 어려움, 절대지표로 삼을 수 있는 자료의 부족으로 한계가 있다. 예컨대 생산유적으로 사비지역에 적지 않은 가마터가 확인되고 있다. 그러나 웅진지역에서는 그것이 전혀 검출되지 않아 서로 비교하기에 적지 않은 어려움이 있다[29]. 반면 고고학 자료로서 보

---

28) 윤무병·성주탁, 1977, 「백제산성의 신유형」『百濟硏究』, 忠南大百濟硏究所. 성주탁, 1982, 「백제사비도성연구」, 『百濟硏究』13, 忠南大百濟硏究所.
29) 사비지역에는 요업을 추정할 수 있는 유적이 적지 않게 발견되었지만 대체로 기와생산 시설이란 한계가 있다. 정암리, 가탑리, 동남리, 관북리, 왕진리 등의 기와요지, 그리고 정동리의 무령왕릉 사용 벽돌 생산 유적 등 다량의 유적이 발견되었다. 반면에 웅진지역에는 이와 대비될 수 있는 유적이 아직은 확인되지 않는다.

편성이 큰 무덤은 두 지역에 모두 양적으로나 질적으로 풍부하기에 검토 여하에 따라 천도환경의 추정에 유익할 것으로 추정된다. 여기에 유물 중 수막새 기와도 웅진과 사비의 시대차를 보이면서 서로 비교가 가능할 정도의 내용을 갖추고 있다[30]. 그리고 신앙유적으로서 불교유적도 백제가 웅진에서 사비지역으로의 遷移 정황을 보다 구체화할 수 있는 내용을 암시하고 있어, 이를 토대로 천도환경에 대한 개괄적 현황을 가늠할 수 있을 것이다.

우선 매장유적인 분묘를 볼 경우, 웅진과 사비지역의 고분문화는 횡혈식이란 단일 묘제가 지속적으로 사용되었음이 주목된다. 그런데 웅진도읍기는 한성도읍기에 정착된 횡혈식 석실묘의 이입과 이의 보편적 사용, 더불어 중국의 전축묘제 도입에 의한 변화를 더하여 나름의 특징적 묘제환경이 정립된 기간이다. 즉 웅진도읍기의 도읍지내 묘제는 횡혈식 석실묘가 주류이고, 초기형인 궁륭식이 사용되다가 중국의 전축묘제가 도입되어 석실묘도 그와 유사한 터널식으로 변화되었다고[31] 정리된다. 반면에 사비지역은 웅진지역과는 다르다. 횡혈식 석실묘가 주류를 이룬다는 점은 공통적이나 형식상 궁륭식은 없고, 궁륭식 다음에 나타나는 터널식이 존재한다. 나아가 이 터널식에서 발전한 후속 형식인 평천정의 고임식·수평식이 주류를 이루는데, 이들은 웅진도읍기의 형식보다 발전된 것들이다. 특히 터널식 석실묘의 경우도 마지막 단계의 형식만이 잔존할 뿐이다[32].

결국 묘제에서 보면 한성시대 말기에 중심묘제로 자리한 횡혈식 석실묘

---

30) 朴容鎭, 1976, 「百濟瓦當의 體系的 分類」『百濟文化』9, 公州師範大學百濟文化研究所.
李南奭, 1988, 「百濟蓮花文瓦當의 一考察」『古文化』32, 韓國大學博物館協會.
金誠龜, 2000, 「百濟瓦當樣式의 變遷과 그 類型」『東岳美術史學』, 동악미술사학회.
31) 이남석, 2002, 『백제의 고분문화』, 서경문화사.
32) 이남석, 2007, 「사비시대 묘제의 여러 가지」『백제사비시대 능원과 고분』, 부여군백제신서 4.

가 웅진 도읍기에 그대로 이어지고, 그것이 다시금 사비시대까지 연속적으로 발전된 모습을 보인다. 특히 웅진과 사비시대의 횡혈식 석실묘는 묘제적 상호 연속성이 확인될 뿐만 아니라 개별 형식간의 중복된 정황은 전혀 발견되지 않는다.

한편 불교유적의 존재양상은 또 다른 주목거리이다. 백제불교의 인식은 이미 4세기 후반에 가능하지만 이를 구체화할 수 있는 물적 자료는 오히려 웅진말기에나 가능한데, 이는 백제불교의 전개현황과 밀접한 관련이 있는 것이기도 하다.[33] 그런데 백제불교 전개의 시간성과 관련하여 주목되는 것은 웅진 도읍기에 건립된 대통사의 존재이다.

본디 웅진 도읍기의 백제 불교유적은 대통사지 외에 흥륜사지가 거론되나[34] 흥륜사지는 건립자체의 사실이나 시기적 현황에서 불투명성이 크다. 반면에 대통사는 삼국유사에 성왕 연간에 중국 梁나라의 무제와 관련하여 건립되었다는 구체적 정황을 전하고 있다[35]. 더불어 웅진지역에 대통사로 전하는 유적과 함께 관련 유물도 적지 않게 남아 있다[36]. 따라서 대통사란 사찰이 웅진 도읍기에 웅진지역에 건립되었다는 점에 의문을 가질 필요가 없다. 그런데 대통사의 존재에 있어 가장 주목되는 것은 이 사찰이 527년, 아니면 529년인 사비천도의 바로 직전에 건립되었다는 점이다.

고대사회에서 사찰 건립은 국가적 사업이고, 종교적 목적 외에 왕실을 중심한 지배세력의 권력 강화와 관련 있다고 봄에 문제가 없다. 그런데 백

---

33) 趙景徹, 2006,「百濟佛教史의 展開와 政治變動」, 한국학중앙연구원 박사학위논문.
34) 조원창, 1999,「공주지역 사지연구」『百濟文化』28, 121~122쪽, 公州大百濟文化硏究所.
35) 『三國遺事』卷3, 興法3 元宗興法條 --- 又於大通元年丁未 爲梁帝 創寺於熊川州 名大通寺.
36) 經部慈恩, 1946,『百濟美術』寶雲舍, 東京.
    이남석·서정석, 2001,『大通寺址』공주대학교박물관.
    李南奭, 2002,「大通寺址와 그 出土遺物」『熊津時代의 百濟考古學』, 서경.

제의 사비천도 정황이나 기왕의 사비천도의 시기나 배경 인식에 기초할 경우에 대통사가 건립될 즈음은 이미 사비천도의 분위기가 무르익고 성숙한 시점이라고 보아야 할 것이다. 그럼에도 곧 떠나야할 도읍지에서 대규모 불사를 진행한다는 아이러니가 나타난다. 물론 이에 대해서 천도에 따른 구도의 민심 달래기 차원에서 이루어졌다는 견해도[37] 있지만 수긍이 어렵다. 오히려 사비천도와 무관한 상황에서 대통사가 건립되었거나 아니면 대통사 건립 후에 사비천도가 계획 실행된 것이 아닌가라는 추정이 필요하다. 오히려 이는 후자, 즉 백제의 사비천도는 대통사의 건립 후에 계획이나 실행된 것으로 봄이 자연스러울 것이다.

백제의 두 번째 도읍지인 웅진을 도읍의 범주에 국한하여 백제 유적의 존재현황을 볼 경우, 천도 이전인 한성도읍시기로 편년되는 유적이 적다는 사실 외에도 사비천도 후인 6세기 중반이후의 유적도 매우 적다는 것을 알 수 있다[38]. 물론 관련 사료에 사비천도후의 웅진은 북방성으로 기능하였다거나[39] 사비 궁궐의 중수과정에 웅진성에 왕의 移御 사실이[40] 전한다. 그러나 실제 유적으로 남겨진 내용은 사비천도 후에도 웅진지역에 규모 있는 집단이 존재하였음을 나타내는 적극적 자료는 거의 없는 형편이다. 이는 백제의 웅진천도 전야의 실상이었던 특정세력의 부재현상이 결국 사비천도 후에도 재현된 것으로[41], 그 결과로 사비도읍시기의 관련유적이 웅진지역

---

37) 웅진지역 대통사지와 관련, 성왕의 대통사 창건은 사비천도에 반대하는 웅진지역민을 달래기 위한 방편으로 대통사를 창건하였다는 설명도 이루어진다.

38) 李南奭, 2002, 「熊津地域 百濟遺跡의 存在意味」『熊津時代의 百濟考古學』서경.

39) 『翰苑』括地誌曰 百濟王城-- 國東北方六十里有熊津城一名古麻城方一里半此其北方也-- 가 그것이다.

40) 『三國史記』百濟本紀卷 第26, 武王三十年春二月 重修泗沘之宮王幸熊津城 夏旱 停泗沘之役 秋七月 王至自熊津.

41) 웅진천도전 웅진지역에 특정세력이 존재하지 않기에 관련 유적이 없었고,(이남석, 2002, 앞의 글) 웅진도읍기에 이주된 집단의 유적이 잔존하나 이들이 다시금 사비로 이주하면서 웅진지역은 유적의 상대적 공백지대로 남게 된 것으로 추정한다.

에 부재하는 현상으로 이어졌을 것으로 추정된다. 이러한 정황은 백제의 사비천도 즈음에 웅진 토착세력을 무마하기 위하여 대통사를 건립하였다는 추정을 어렵게 하는 요소이다.

한편 백제의 사비천도 시점의 추정과 관련하여 그 동안 사비도성의 조영이나 천도시점 추정에 널리 애용되던 부소산성 출토의 '大通'銘 기와도 재음미할 필요가 있다. 이 '大通'명 기와는 백제가 웅진에 도읍할 즈음에 만든 '大通寺'란 사찰에 소용된 기와로 중국 양나라의 大通 年間이란 연호를 근거로 527~529년의 절대 연대를 나타내는 지표로 삼고 있다. 그런데 이 '大通'銘 기와가 부소산성에서 출토되었고, 그에 따라 부소산성의 축조시기를 추정하는 적극적 자료로 활용되었던 것이다[42]. 이 기와를 통하여 부소산성이 적어도 529년경에 축조되었을 것이란 견해가 피력되지만 부소산성에서 발견된 '大通'銘 기와는 부소산성이 축조된 시점이 아무리 빨라도 527년을 넘지 못한다는 점만을 알려줄 뿐이다.

보고서의 유물 발견 시 정황을 정리하면 기와는 부소산성 동문지에서 남쪽으로 10m정도 떨어진 지역에서 수습되었다고 한다. 그리고 수습된 지역은 토성의 안쪽에 해당되는 곳으로 적갈색의 점토층이었고, 거기에 와적층이 있었는데 기와는 그 와적층에 포함되었던 것으로 보고하였다[43]. 이는 부소산성 출토 대통명기와가 특정한 유구와 관련시킬 수 없을 위치, 더욱이 성체가 아닌 와적층에서 수습된 것임을 분명하게 보여주고 있다. 이러한 정황은 결국 '大通'銘 기와를 부소산성뿐만 아니라 사비도성의 조영과 관련한 절대연대를 가늠하는 지표로 삼기에 상당한 무리가 있음을 알게 한다.

요컨대, 웅진 도읍기에 백제의 사비천도 추진 시점은 전렵이라든가 축

---

42) 朴淳發, 2000, 「泗沘都城의 構造에 대하여」『百濟研究』31. 충남대백제연구소.
   양기석, 2007, 앞의 글.
43) 崔孟植 외, 1995, 『扶蘇山城』發掘調査中間報告書, 國立扶餘文化財研究所.

성기사 등에 의거하여 동성왕이나 무령왕 등의 시기라는 다양한 견해가 제기되었으나 구체화할 수 없는 한계를 드러낸다. 오히려 고고학 자료에 의거하면 성왕대에 이르러 사비천도가 기획되고 추진된 것으로 보아야 하지 않나 여겨진다. 어차피 도읍의 천이는 강력한 왕권의 성립과 관련 있을 수밖에 없다. 백제의 사비천도도 국가의 역량강화에서 비롯된 자의적 천도이기에 왕권강화는 물론 그에 타당한 국력의 성장과 조건의 성숙이 전제되어야 할 것이다. 그러한 환경은 무령왕을 거쳐 성왕대에 이르러 완성된 다음, 천도가 추진되었다고 보아야 할 것으로 여겨진다.

4. 遷都背景의 再認識

고대사회에서 천도라는 중차대한 사건의 진행은 그에 합당한 환경의 조성이 선행되어야 하기에, 538년 백제의 사비천도는 이미 천도 추진에 필요한 정치·사회적 환경의 성숙에 대한 결과라 볼 수 있다. 사비천도는 계획천도였다. 따라서 천도가 가능한 환경의 조성이 가장 중요한 요소일 것으로, 천도 주체세력의 동력확보와 같은 천도를 가능케 하는 힘의 축적이 선행되었을 것이다. 이는 사비천도처럼 왕실이 중심이 되어 진행된 경우, 그에 합당한 왕권의 확립이 절대적으로 필요하였을 것이다. 나아가 그에 상응한 국력의 축적, 즉 정치·사회·경제적 여건의 성숙이 선행되어야 할 것이다. 따라서 백제의 사비천도가 웅진 도읍기에 이러한 제 조건들이 충분히 성숙되었기에 가능하였을 것으로 보아야 한다.

사비천도 훨씬 이전의 백제는 한성 함락이란 절대 절명의 순간에 처한 국가운명을 웅진천도를 통해 모면하면서 다시금 왕권 확립과 강화를 통한 국력 증진을 도모하고, 이를 바탕으로 사비천도를 단행하는 등의 새로운 도약을 이룩하였음은 추정하기 어렵지 않다. 그러나 백제가 웅진으로 천도

한 직후에는 국왕을 중심한 세력의 주도로 다시금 사비로 천도할 수 있을 만큼의 역량과 안정된 기반을 갖추었다고 보기는 어렵다. 물론 한성도읍 말기의 백제 왕권은 개로왕의 등장과 더불어 어느 정도 안정적 기반을 갖춘 것으로 보지만[44], 이어 고구려의 한성 침공은 그마저 초토화되었다. 특히 왕의 피살과 도성의 파괴는 기왕에 백제 정치의 중심에 있었던 중앙 세력의 철저한 붕괴로 이어졌을 것이다[45]. 그러한 환경에서 웅진천도가 이루어졌기에 천도의 주체도 왕실이나 중앙귀족이 아닌 지방세력, 즉 외침에 대응코자 동원되었던 구원군의 주도하에 이루어졌기 때문에[46] 강력한 왕실세력의 존재를 추정하기는 어렵다. 여기에 웅진천도 초기의 혼란은 예견된 것이었고, 이러한 혼란이 수습된 다음에야 정치적 안정과 함께 강력한 왕권의 구축이 가능하였을 것으로 볼 수밖에 없다.

한편 백제사에 성왕이 등장하는데 그는 웅진도읍기의 여러 가지 장애를 극복하고 새로운 시대, 즉 사비시대를 연 주인공이라는 평가는[47] 타당할 것이다. 그러나 천도가 갖는 複雜多端한 의미를 고려할 경우 천도에 필요한 환경이 성왕 대에 갑자기 마련되었는가에 대해서는 단언키 어렵다. 오히려 웅진에 도읍하던 짧지만 긴 시간을 거치며 국가적 역량이 꾸준히 갖추어지고 그것이 성왕대에 이르러 결실된 것으로 볼 수 있지 않은가 여겨진다. 또한 백제가 사비로 천도할 수 있는 환경의 성숙이 강력한 왕권의 확립이나 강화와 무관치 않다면 그러한 환경이 이룩된 다음에나 천도가 가능하다는 판단도 선행되어야 할 것이다.

---

44) 盧重國, 1987, 『百濟政治史 硏究』, 一潮閣.
45) 475년 고구려 장수왕의 한성침공결과 한성의 함락과 개로왕의 패사, 그리고 도성민 8천을 포로로 잡아 돌아갔음에서 한성을 중심으로 존속하던 백제의 중심세력은 와해, 해체되었다고 볼 수밖에 없다.
46) 李南奭, 1997, 「熊津地域 百濟遺跡의 存在意味」 『百濟文化』 26, 공주대백제문화연구소.
47) 양기석, 2007, 앞의 글.

그런데 앞서 본 것처럼 천도환경 조성이 웅진도읍 말기에 구체화되었다면, 천도에 필요한 강력한 왕권의 확립이나 강화도 그 즈음에 구체화되었다고 보아야 하지 않은가 생각된다. 물론 이를 구체적으로 살필 문헌자료가 없다는 한계가 있지만, 웅진 도읍기를 거치면서 백제의 정치·사회 환경이 질적으로 성장하였음을 보여주는 고고학 자료가 어느 정도 갖추어져 있기에 이를 통한 그 대강의 면모를 추정할 수 있을 것이다.

먼저 주목할 수 있는 것이 묘제의 전개상이다. 백제 묘제환경은 4세기에 접어들면서 고총고분이 조성된다. 지역적으로는 고유 전통이 함유된 묘제가 발전하기 시작한다[48]. 이는 한강유역인 도읍지역에 봉토묘가 사용되면서 석실묘가 유입되는 변화의 환경, 중서부 지역은 주구토광묘가 폭넓게 사용되다가[49] 토광묘와 석곽묘의 확대사용, 중서부 지역의 서해안과 호남지역의 서해안에 분구묘로 불리는 묘제가 사용되는가 하면[50], 영산강 유역의 옹관묘 사용지역 등으로 구분되는 등의 다양성이 확인되기도 한다.[51] 이러한 묘제 전개 환경은 5세기에 이르러 지방사회에 국지적으로 석실묘의 수용이 산견되지만 큰 가닥은 지역의 전통에 입각한 고유묘제가 발전하는 흐름에 변화가 없다. 그러다가 5세기를 지나 6세기에 초반에 이르면 묘제환경은 갑자기 커다란 변화가 나타난다.

6세기 초반에 즈음한 백제묘제 변화 가닥은 지역전통에 입각하여 사용되던 묘제가 사라지면서 횡혈식 석실묘란 단일묘제로 통일된다는 점이다[52]. 백제 묘제로 횡혈식 석실묘 수용이나 전개상은 하남 광암동이나 판교 개발지역, 우면동 일대의 백제고분 자료로 미루어 한성도읍기의 백제 중심

---

48) 李南奭, 2000, 「百濟墓制와 그 展開現況」『韓國古代文化의 變遷과 交涉』, 서경문화사.
49) 이호형, 2004, 「중서부지방 주구토광묘 연구」, 공주대학교대학원 석사학위청구논문.
50) 최완규, 2000, 「호남지역의 마한분묘 유형과 전개」『호남고고학보』11, 호남고고학회.
51) 成洛俊, 1983, 「榮山江流域의 甕棺墓 研究」『百濟文化』15. 百濟文化研究所.
52) 李南奭, 2000, 앞의 글.

지역에 횡혈식 석실묘 사용이 일찍부터 진행되었음을 알 수 있다[53]. 그리고 공주 수촌리 석실묘를 비롯하여 최근에 알려진 초기 횡혈식 석실묘 자료를 통하여 이 묘제가 이미 한성도읍기에 지방사회로 확대되었다는 것도 알 수 있다. 물론 이 묘제는 한성말기나 웅진도읍 초기에는 중앙사회의 중심 묘제로 자리하였음도 알 수 있다[54]. 더불어 6세기 초반에 중앙사회의 중심 묘제인 석실묘가 지방사회의 전통묘제를 완전히 구축하면서 전국적으로 확대되어 백제 유일의 묘제로 자리한다.

결국 백제묘제 전개는 웅진도읍 말기에서 사비도읍 초반경인 6세기 중반에 횡혈식 석실묘로 단일화된 것을 큰 특징으로 꼽을 수 있다. 그리고 이러한 변화의 배경은 각각의 묘제 사용주체의 변화와 관련된 것으로 보아야 한다. 즉 6세기 초반에 이르러 백제 묘제가 횡혈식 석실묘로의 통일되었음은 기왕의 다양한 지방사회의 전통묘제를 사용하던 지방 세력의 소멸을 의미한다. 이는 횡혈식 석실묘의 사용주체로의 정치·사회적 통합이 완료되었음을 의미하는 것으로 볼 수 있다는 것이다.

이러한 변화양상은 무덤출토 冠帽·冠飾에서 보다 구체적으로 감지할 수 있다. 4세기에서 5세기 어간의 백제 지방사회는 묘제적 독자성을 가지면서 비슷한 성격을 지닌 금동관모를 비롯한 위세품이 출토되는 특징이 있다[55]. 이는 지방사회가 어느 정도 독자성을 가지면서 중앙과는 위세품을 매개로 상관관계를 유지하였음을 유추할 수 있는 것이기도 하였다. 그런데 이러한 환경이 6세기 초반에 이르러 커다란 변화가 나타난다. 앞서 살핀 것처럼 중앙사회의 전유물이었던 횡혈식 석실묘로 묘제통일이 전사회적으로 이루어

---

53) 李南奭, 2007,「漢城期 百濟 石室墳의 再認識」『震檀學報』103호, 震檀學會.
54) 이남석, 2007,「4-5세기대 금강유역 백제석실분의 존재의미」『백제와 금강』, 백제사연구회, 서경문화사.
55) 李南奭, 2008,「百濟의 冠帽·冠飾과 地方統治體制」『韓國史學報』33, 高麗史學會.

진 것 외에, 금동관모로 상징되는 위세품은 완전히 사라지고 반면에 위계성을 분명하게 드러내는 은제관식이 부장되는 변화가 그것이다[56].

부장품으로 은제관식의 존재는 衣冠制라는 정연한 중앙집권적 통치체제의 인식을 가능케 한다. 나아가 백제 지방사회에서 금동관모를 대신한 은제관식의 등장은 어느 정도 독자적 권력을 향유하였던 지방세력이 완전하게 중앙 통치체제하에 편제되었음 보여주는 것이기도 하다. 즉 백제사회는 웅진 도읍기를 기점으로 그 이전은 금동관모처럼 위세품을 사여하여 이를 매개로 중앙과 지방의 관계가 형성되었지만, 웅진 도읍기를 거치면서 그것과는 근본적으로 상반된, 즉 중앙에서 지방사회를 일원적으로 장악·통제하는 환경이 도래되었음을 알 수 있다.

결국 묘제의 통일이나 지방사회의 독자성을 풍부하게 드러내던 금동관모 등의 위세품이 사라지고 대신에 은제관식이 등장한 것은 지방사회의 독자성 배척은 물론, 일원적 지배체제가 구축되었음을 의미하는 것으로[57] 볼 수 있다. 더불어 이러한 환경은 적어도 혼란한 웅진도읍기의 초·중반기를 거치면서 나타나는 것이다. 따라서 웅진 도읍말기에 이르면 백제사회는 국왕 중심의 일원적 통치체제가 마련되었다고 보는데 의문이 없다. 문제는 고고학적 환경에서 유추된 이러한 정황을 어떻게 정치적 환경으로 치환하여 설명할 수 있는가라는 점이다.

기록상의 웅진도읍 초반경의 사회 환경은 신흥세력의 등장과 잦은 왕의 피살, 나아가 귀족의 전횡이 있었다. 아울러 동성왕대나 무령왕대에 이르러 신구 세력의 균형, 아니면 어느 세력의 견제나 중용을 통한 왕권의 안정이 이룩되는 것으로 논급된다. 다만 이러한 政情의 이해는 산발적으로 남겨

---

56) 李南奭, 1990,「百濟 冠制와 冠飾 -冠制 冠飾의 政治史的 意味考察-」『百濟文化』20, 百濟文化研究所.
57) 이남석, 2008, 앞의 글.

진 관련 기록에 근거하는 것에 불과하다. 보다 체계적이거나 구체적으로 검증할 수 있는 기록 자료를 찾기는 어렵다. 오히려 웅진 도읍기 신흥세력의 등장과 그 와중에 전개되는 권력투쟁에 대한 면모를 추정할 수는 있다. 하지만 신흥세력이나 구세력의 성격이나 존재양상, 나아가 상호간의 투쟁의 내용을 구체적으로 검증할 수 있는 기록 자료를 찾기는 至難한 것이 현실이다.

그런데 결과론적이지만 무령왕대에 이르면 백제가 국가적으로 안정된 모습을 갖추는 것은 주목할 수가 있다. 무령왕의 등장 후에 정치 투쟁보다도 제방의 축조나 유민의 귀농 등의 민생 안정책이 기록되고 있는데, 이는 정치적 안정을 바탕으로 이룩되는 것임을 유의할 필요가 있다[58]. 여기에 왕 스스로 백제가 이제 다시금 강국이 되었음을 선언하는[59] 것도 그의 등장과 함께 백제의 정치·사회 환경이 이전과는 판이하게 달라졌음을 대변하는 것이다. 나아가 앞서 살펴본 묘제 등의 고고학 자료에서 나타나는 일원화된 통일적 환경의 조성도 이 무렵을 기점으로 비롯되는 것에서 상호 관련성을 추정할 수 있을 것이다. 그런데 이처럼 강국을 호언장담할 만한 안정된 정치·사회 환경이 어떤 과정을 통해 도래하였는가의 의문은 여전히 남는다.

백제의 웅진도읍기 정치사적 의미는 남천과정에서 야기된 혼란이 수습되고, 더불어 백제의 후기 성장 초석이 마련된 것에서 찾을 수 있을 것이다. 나아가 한성후기나 웅진 초반기와는 전혀 다른, 보다 안정되고 강력한 왕권이 구축된 것에서 찾을 수 있다. 여기에 강력하고 안정된 왕권이 구축되었음은 상대적으로 왕권을 약화시켰거나 제약하였던 장애요소나 환경이 완전히 제거되었음을 의미한다.

---

58) 盧重國, 1991, 「百濟 武寧王代 執權力强化와 經濟基盤의 擴大」 『百濟文化』 21, 百濟文化研究所.

59) 『梁書』卷五十四列傳四十八諸夷百濟 "王餘隆始復遣使奉表…而百濟更爲强國…"으로 알 수 있다.

그런데 한성말기에서 웅진도읍 초반부의 백제사회를 고려하면, 왕권을 제약할 수 있는 요소는 무엇보다도 구 귀족이나 신흥귀족으로 표현되었던 구원군, 즉 웅진천도의 주체들일 것이다. 따라서 왕권의 확립이나 강화는 이들 천도 주체세력을 제압·타협하면서 이룩되었을 것으로 봄에 문제가 없을 것이다. 다만 그 과정을 구체적으로 입증하여 설명할 수 있는 근거가 많지 않다는 한계는 있다. 이는 백제의 웅진천도 전야의 政況, 그리고 이후에 전개되는 정치사적 파동을 유념하면 그 대강이 추정될 수 있을 것으로 본다.

문헌기록에 전하는 웅진도읍 초기의 정치 환경은 새로운 신흥귀족의 등장을 지적하는데 주저하지 않는다. 물론 이전의 지배세력인 왕실이나 解氏·眞氏의 존재도 보이지만 전혀 예견되지 않던 燕氏나 苩氏 등의 등장은 그만큼 지배세력으로 새로운 집단들의 등장이 활발하게 이루어졌음을 보여준다[60]. 물론 이러한 새로운 세력의 등장은 백제 정치사에 상당한 역동성을 가져올 수밖에 없었을 것이다. 이 과정에 우선 주목하여야 할 것은 한성 도읍기에 두각을 나타냈던 정치세력들의 향배이다.

기실, 기록상의 백제 지배세력은 餘氏로 기록되는 왕실세력 외에 解氏와 眞氏가 중심을 이루고 있다[61]. 이들은 웅진천도 후에도 그 흔적을 드러내지만 그 존재양상은 상당한 변화를 가져온 것으로 볼 수 있다. 이는 한성 함락이 개로왕의 피살만이 아니라 왕족의 괴멸에 가까운 붕괴와 함께 중앙 지배세력의 붕괴를 가져온 것으로 볼 수밖에 없기 때문이다. 즉 장수왕은 한성을 공략한 다음에 포로 8천을 거느리고 평양으로 돌아간 정황으로[62] 미루어 도읍 내에 기반을 두었던 중앙의 지배세력은 거의 붕괴된 것으로 보

---

60) 강종원, 2007, 「백제의 대성귀족의 형성과 금강유역 재지세력」 『백제와 금강』, 백제연구회.
61) 鄭在潤, 2000, 「文周 三斤王代 解氏勢力의 動向과 昆支系의 登場」 『史學硏究』.
62) 『三國史記』卷 第十八 高句麗本紀 第六 長壽王 六十三年 九月 "王帥兵三萬 侵百濟 陷王所都漢城 殺其王扶餘慶 虜男女八千而歸".

아야 한다. 고구려의 한성 침공과 함락과정에 중앙 지배세력의 붕괴를 가져왔고, 연이어 등장한 지방세력, 즉 지방에서 구원군으로 참여한 세력의 주도하에 웅진천도가 이루어지면서, 그들은 자연스럽게 붕괴·해체된 중앙의 지배세력을 대신하는 새로운 신흥세력을 형성하게 되었다고[63] 볼 수 있다는 것이다.

천도의 주체세력인 지방 세력들은 신흥세력으로 분류되는 것처럼 중앙정계에 진출하여 중앙세력이 되고, 이들은 웅진도읍 초반부의 정권에 참여하면서 서로 자웅을 겨루었던 것으로 봄에 문제가 없다. 물론 이즈음 중앙세력으로 편제된 지방 세력들은 한성 공방전에 구원군으로 참여한 제 세력이 망라되었을 것이다. 그들은 이해관계에 따라 서로 간에 離合集散이 계속되면서 권력투쟁이 전개되는 것을 웅진도읍 전반기의 연이은 왕의 피살, 반란 등에서 알 수 있다. 그러다가 무령왕의 등장을 즈음하여 동성왕 및 백가세력 등의 제거를 통해 권력투쟁이 일단락 되면서, 국왕중심의 정권창출을 통한 정치적 안정을 이룩한 것으로 볼 수 있다. 나아가 이를 기회로 왕권 확립이나 강화, 국력증진의 과정에 접어든 것이 아닌가 여겨진다. 이는 웅진천도를 기회로 새로이 백제의 지배세력으로 등장하였던 신흥세력, 즉 지방구원군 세력의 붕괴나 소멸을 가져오면서 자연스럽게 무령왕을 중심한 유일 권력체제가 자리 잡게 된 것으로 결론할 수 있을 것이다.

한편 고구려의 한성침공과 그에 따른 웅진천도라는 역사적 사건을 기회로 백제사회는 신흥세력으로 지칭되는 지방의 구원군이 대거 중앙에 진출한다. 그에 따른 정정의 불안이 계속되지만 지방사회는 여전히 한성말기에 조성된 환경, 즉 신흥세력인 구원군 중심의 정치·사회적 독자성이 유지되

---

63) 웅진천도 초기에 백제의 정통 중앙귀족인 해씨와 진씨가 등장하지만 해씨와 연씨의 연계, 그리고 이들 세력의 존재가 초기에 부분적으로 등장할 뿐, 이후에는 역할의 감소만이 아니라 점차 자취를 감추어가는 것도 주목할 필요가 있다.

었던 것으로 보아야 한다[64]. 그러다가 무령왕 등장을 즈음하여 국왕중심의 권력통일은 결국 신흥세력의 붕괴나 소멸을 가져왔고, 이는 자연스럽게 독자성을 유지하던 지방사회와 중앙간의 이원성이 해소되면서 백제의 전사회가 국왕중심으로 일원화되었다고 추정할 수 있을 것이다. 웅진말기나 사비시대 초기에 나타나는 백제의 통치제도로서 22부사제의 마련이나 5부 5방제와 같은 제도정비가 이를 반영하는 것으로 볼 수 있다[65].

결국 사비천도는 웅진말기에 진행된 백제의 정치·사회적 환경변화의 결과로 볼 수 있다. 웅진은 한성말기에 나타난 백제의 정치사회 환경을 수용할 도읍으로 적합성을 인정할 수 있을 것이다. 황급한 천도였지만 정치·사회적 환경은 한성말기의 정황을 크게 벗어나지 못하였을 것이기에 도읍지 웅진의 적합성도 크게 문제될 수 없었을 것이다. 그러나 웅진에 도읍하면서 백제사회는 무령왕 등장을 기회로 중앙과 지방간의 세력의 일원화, 분산적 정치권력의 일원화가 실현된다. 나아가 이는 이전과는 판이하게 다른 정치·사회 환경의 도래를 의미하는 것이고, 따라서 새로운 환경에 적합한 제도문물의 마련과 함께 그 터전으로 도읍지의 정비도 필요하였을 것이다. 그러나 이전의 정치·사회 환경에 적합하였던 웅진은 새로운 환경을 수용하기에 역부족이었을 것이다. 그 결과 성왕대에 도읍지로서의 웅진의 부적합성을 사비천도라는 새로운 수단으로 해결한 것으로 볼 수 있을 것이다.

이러한 배경을 천도 이유로 본다면, 사비지역을 천도의 후보지로 택정한 점도 나름의 이해가 가능하다. 기왕의 사비천도는 사비에 대한 전렵기

---

64) 웅진도읍 초반기의 백제 지방사회의 고고학적 환경은 한성말기의 환경에서 크게 벗어나지 않았다는 것은 한성말기의 고고학적 환경이 웅진도읍 초반 혹은 중반의 환경과 크게 단절된 현상이 나타나지 않는 것에 근거하는 것이다.

65) 고고학적으로 묘제에서 횡혈식 석실묘로의 통일, 부장품에서 금동관모의 소멸과 함께 새롭게 은제관식이 나타나는 것은 이러한 정치, 사회적 환경의 변화에 부응한 것으로 볼 수 있다.(이남석 1991, 앞의 글, 2007, 앞의 글)

사를 기회로 이를 곧바로 천도와 관련하여 보았지만 모호함이 많았던 것이 사실이다. 아직 전렵의 구체적 실상과 성격을 분명하게 정립할 수는 없기 때문이다. 그러나 천도가 강력한 왕권의 확립을 통한 완벽한 준비 후에 가능하다는 전제가 타당하다면, 웅진천도 직후부터 나타난 사비지역에의 전렵 활동을 곧바로 천도와 연계하는 것은 한계가 있을 수밖에 없다. 다만 사비지역에 대한 전렵행위를 해당 지역에 대한 관심을 나타내는 것으로 봄에는 문제가 없을 것이다.

백제는 웅진천도 직후에 왕실의 안정된 기반을 확보할 필요가 있었을 것이다. 그 일환으로 사비지역이나 웅진북원 나아가 기존의 기반지역인 한성지역에 대한 전렵을 단행한 것이 아닌가 생각된다. 이 경우 전렵의 의미를 왕실의 기반을 강화하기 위한 일련의 행위로 볼 수 있다면, 사비지역은 새로운 도읍지의 인근지역이었고, 나아가 기존의 토착세력이 크게 존재하지 않기에[66] 왕실은 이 지역에 잦은 전렵을 통해 그들의 기반지역으로 새롭게 확보하였다고 해석하는데 무리가 없을 것이다. 이후에 성왕이 사비지역을 새로운 도읍지로 선정한 것도 이와 관련된 것이 아닌가 추정하여 본다.

5. 結言

한국 고대사에서 천도란 사건은 희소성으로 말미암아 보편성을 부여하기가 어렵다. 그런데 백제는 고대사 상에 유례가 드물게 도읍을 자주 옮긴 국가이다. 특히 웅진과 사비로의 定都는 전자가 대외 군사적 환경에서 기인한 것이라면 후자는 대내의 정치·사회적 환경과 관련된 것으로 각각은 천

---

66) 박순발, 2002, 앞의 글.

도의 속성을 살피기에 나름의 유용성이 있다. 웅진천도는 고구려의 한성침공이란 대외 군사적 요인에 의한 不要不急한 것이었다면 사비천도는 계획천도로 웅진도읍기의 역량 성숙에 그 배경을 두고 있어 그 의미가 적지 않다.

여기에서 사비천도가 가진 의미를 살핌에 있어 천도는 왕권강화가 전제되어야 한다는 취지에서 기왕의 천도에 대한 인식을 검토하고, 나타난 문제점을 짚어보면서 사비천도 추진시기, 추진배경을 고고학 자료를 통해 고찰하여 보았다. 그 결과를 요약하면 다음과 같다.

사비가 새로운 도읍지로 선정된 것이 서기 538년인 25대 성왕 18년의 사실이라는 점은 불변이다. 그리고 천도의 배경으로 웅진지역의 지리적 협소성, 왕권 안정의 욕구, 웅진 도읍기 혼란의 극복, 왕권강화 등의 내용도 거론된다. 그러나 배경 논의는 상호모순이 많고 미진한 부분도 적지 않으며, 행간에 단편적 근거만 주목하여 牽強附會式의 이해도 없지 않다. 오히려 왜 천도지로 사비가 선정되었는가, 계획천도로써 천도의 과정이나 시간성, 그리고 천도의 주체 등을 주제로 할 경우 그 배경이 무엇인가는 여전히 의문으로 남겨져 있었다고 본다.

고고학 자료에 의하면 백제의 사비천도는 성왕대에 추진된 것으로 볼 수밖에 없다. 그리고 사비천도는 대내적 환경에서 비롯되기에 강력한 왕권확립과 무관할 수 없다. 사비천도는 백제가 웅진에 도읍하면서 왕권의 확립, 강화는 물론 그에 타당한 국력성장 등 조건의 성숙이 선행되었다고 보아야 한다. 이러한 환경은 고고학자료 등으로 미루어 무령왕을 거쳐 성왕대에 이르러 가능하였음을 알 수 있고, 이를 기회로 천도가 추진되었다고 여겨진다.

백제는 고구려의 침공으로 한성이 함락되는 과정에 중앙세력의 소진, 웅진천도 과정에서 지방 세력의 중앙 진출은 웅진 도읍기 신흥귀족의 양산 속에 권력투쟁으로 이어졌고 연이은 정변이 나타났다. 그러다가 무령왕을 중심한 권력통일은 지배권이 국왕을 정점으로 단일화되는 계기가 되었을 것이다. 물론 그러한 권력집중은 종전의 중앙과 지방이 二元化되었던 것을 一元的으로 통일하는 계기가 되었을 뿐만 아니라 이원적 사회의 소산물인 도읍지 웅진도 일원화된 사회에 더 이상 적합지 않은 환경을 가져왔을 것이다. 성왕대에 사비로 갑작스런 천도가 진행된 것도 일원화된 사회에 적합한 새로운 도읍의 마련이 목적이었을 것이다. 따라서 천도의 실행은 확립된 강력한 왕권을 토대로 무리 없이 진행되었을 것이다.

III 사비도성의 경관과 나성의 축조배경

泗沘都城의 景觀과 羅城의 築造背景

1. 序言

　도시는 주민의 증감, 기능의 변화에 따라 형상을 달리하는 유기체적 특성을 지닌다. 때문에 시간의 진전에 따른 도시의 규모나 형태 등은 물리적 변화가 수반될 수밖에 없다. 백제의 사비도성은 현재의 부여군 중심부를 포함한 지역으로, 백마강이 북쪽과 서쪽 그리고 남쪽을 감싸는 지세를 활용하고 동쪽과 북쪽에 나성을 돌려 성곽도시의 형상을 갖춘 모습이다. 최근의 발굴조사 결과에 따르면 시가지는 방격 구획이 이루어지고 각각에는 거주구역이 나누어지면서 각종 시설이 자리한 것으로 보고되기도 한다[1]. 이러한 고고학적 현황은 사비도성이 정연한 계획도시의 면모를 갖춘 것으로 평가함에 손색이 없을 것이다. 다만 그러한 경관이 언제·어떻게 형성되었는가의 의문은 여전히 남아있다.

---

1)　朴淳發, 2005, 「泗沘都城의 景觀에 對하여」 『古代 都市와 王權』忠南大百濟研究所, 4쪽.

사비도성은 백제가 웅진도읍기의 국력 회복을 바탕으로 새롭게 정립한 도시로, 역동적 정세 변화에 맞물려 跳躍的 변천을 거듭하였을 것이란 추정은 자연스럽다. 더욱이 사비도성은 정치·사회적 변화가 거듭되었던 백제 후기의 역사 중심지로서, 약 120년간에 걸쳐 도시로서의 기능을 수행하였다. 이는 결코 짧지 않은 기간이고 그에 따른 도시의 물리적 변화도 적지 않았을 것이다. 특히 백제가 사비에 도읍하였던 시기는 중앙 집약적 통치 체제가 구현된 시기로 봄에 문제가 없다. 때문에 국가 역량이 도읍지로 집중될 수밖에 없었을 것이며, 그에 따른 도읍지의 시간적 변천도 크게 전개되었을 것이다.

현재 인지되는 사비도성은 아직 발굴조사가 부족하기에 전체 면모를 파악하기 어렵지만, 적어도 부소산성을 중심으로 그 전면에 조성하였을 궁성과 부속시설, 국가시설 및 구획된 시가지와 거주시설, 주변의 종교시설 외에 능묘역, 생산지역 등이 어우러진[2] 멋진 도성의 경관으로 정리될 수 있다. 이러한 정황은 사비도성이 고대도시로서 상당한 면모를 갖추었을 것으로 평가되는 배경이기도 하다. 다만 이러한 경관은 사비도성 최후의 경관, 즉 백제가 멸망하는 660년대 즈음의 경관이란 점을 유념해야 한다.

그렇다면 사비도성의 초기 경관은 어떠할까. 앞서 언급한 바와 같이 현재 인지되는 사비도성의 경관은 660년대까지의 결과이다. 그것은 사비에 定都한 이후 약 120년간에 걸쳐 이룩된 역사적 산물이다. 그렇다면 천도 초기인 538년의 경관은 어떠한 것일까라는 의문이 남게 된다. 비록 사비천도가 웅진기의 국력 회복을 바탕으로 새로운 도약을 도모하기 위한 것이며, 새로운 도읍지는 그에 적합한 형태로 조성되었을 것으로 볼 수 있으나, 도시의 건설은 물리적 수단으로 이루어진다는 점도 유념해야 한다. 나아가 백

---

2) 黃仁鎬, 2011,「泗沘都城의 市街地區劃 硏究」『慶州史學』34, 60쪽.

제가 고대국가라는 점을 고려하면 백제의 사비천도 전야 정황이 신도시를 완비한 후에 천도를 단행할 만큼 그렇게 넉넉하지는 않았을 것이란 추정도 가능하다. 이러한 추정이 가능하다면 고고학적으로 인지되는 현재의 사비 도성 경관도 점진적으로 구축된 것이 아닌가 여겨진다.

그러나 그 정황의 예측은 간단치 않다. 개별 유적의 형적 파악도 어려운 상황에 시기판단은 더더욱 어렵기 때문이다. 다만 이와 관련하여 주목될 수 있는 것이 羅城이다. 나성은 도성의 외곽 경관을 이루는 것으로 그것이 천도 전에 조성된 것인가, 아니면 천도 후에 조성된 것인가에 대한 판단은 사비도성 경관 역사에 대한 이해의 단서를 제공할 수 있다고 여겨진다. 물론 나성의 중요성 인식은 일찍부터 있었다. 그에 따른 각종 조사는 물론 유적의 내용과 시기에 대한 고찰도 폭넓게 이루어져 있다. 특히 나성의 축조시기의 경우 異見은 있지만 대체로 천도 전에 축조되었다는 견해가 지배적인 상황이다. 이에 따르면 사비도성은 천도 전에 이미 외곽까지 완비된 완전무결한 도시로 시작했다고 인식할 수 있을 것이다. 그러나 이러한 나성의 시기 판단은 방법론은 물론이고 결론에 나름의 문제가 없지 않다.

본고는 사비도성 경관의 핵심인 나성의 축조시기를 검토하기 위하여 마련한 것이다. 결론적이지만 최근의 나성과 주변 유적에 대한 발굴 조사결과를 종합하면, 나성을 천도 전에 축조하였다고 볼만한 근거가 아직은 확실하지 않다고 여겨진다. 오히려 나성이 천도 후에 축조되었다고 볼만한 정황도 적지 않다는 사실을 주목하면서, 나성의 축조시기의 검토를 통해 사비도성 경관의 역사성을 설정하고자 한다. 이에 먼저 사비도성 경관을 개관하여 나성의 위상을 가늠하고, 나아가 나성의 존재 실상과 그 인식을 검토하였다. 또한 나성이 천도 후에 축조된 것임을 살펴보고, 그 배경을 威德王代 전개된 신라와의 緊張關係와 연계하여 이해하여 보고자 하였다.

2. 泗沘都城의 景觀

사비도성의 경관에 대한 인식은 충분하게 이루어져 있다. 역사상으로 사비도성은 서기 538년부터 660년까지 고대국가 백제의 도읍지였고, 그 것이 한나라의 도성으로서 구체적 면모를 갖추고 있었을 것으로 봄이 일반 적이다. 우리는 이를 사비도성으로 명칭하는데 큰 의문이 없다. 이러한 인 식의 저변에는 사비도성이 백제의 마지막 도읍지로서 왕궁을 포함한 국가 의 관련시설이 자리하고 있다는 일반적 인식이 내재되어 있다. 물론 이를 운용하는 지배세력은 물론, 기반세력인 주민들이 거주하는 공간까지 포괄 하는 범위가 사비도성이라는 점도 구태여 강조할 필요가 없을 것이다. 주 지되듯이 백제의 멸망기 인구를 약 70~80만호로 추정하고 있다는 점[3], 이중에 도성 내 인구는 적어도 1만호 이상이었을 것으로 보기에[4] 사비도성 은 적어도 인구 1만호 이상을 포용할 수 있는 도시라는 것에 이견이 없다.

백제 도읍지로서 사비로의 定都가 538년에 이루어졌음은 『三國史記』百 濟本紀의 내용에서 성왕 16년에 천도와 함께 국호를 南夫餘로 고쳐 불렀다 는 점[5]을 통해 알 수 있다. 그러나 이외에는 도읍지의 구체적 실상을 총체 적으로 파악할 수 있는 기록이 거의 발견되지 않는다는 점은 이미 인지되어 왔다. 때문에 왜, 어떻게 천도하였는지, 도성 어디에 무엇을 갖추었는지 등의 의문은 문헌기록을 통해 해답을 구하기 어렵다. 이처럼 새로운 도읍 지인 사비의 정황을 구체화할 수 없다는 것도 주지된 사실이다. 다만 중국

---

3) 『舊唐書』卷一百九十九 東夷列傳 百濟 '…其國舊分爲五部 統郡三十七 城二百 戶七十六萬'
4) 『周書』百濟傳 '都下萬餘家'.
   朴淳發, 2005, 앞의 글, 3쪽.
5) 『三國史記』卷四 百濟本紀 聖王 十六年 '春 移都於泗沘[一名所夫里]國號南扶餘', 『三國遺 事』卷 一 '戊午移都泗沘 稱南扶餘' 卷 二 '後至聖王 移都於泗沘 今扶餘郡…至二十六世聖 王 移都所夫里 國號南扶餘'의 기사뿐이다.

의 『翰苑』 등의 기록에서 사비도성의 면모가 언급되어 있는데, 그것도 개략적이고 단편적 사실에 불과하다. 『翰苑』의 기록에서는 도읍내의 5부제 관련 기록과 5항의 존재, 그리고 士庶人의 거주지와 함께 達率이 거느린 영역을 구분하였다는 점에서[6] 도성의 실상에 대한 이해 확대가 가능하며, 사비가 도읍으로서 어느 정도 체계적이었음도 감지할 수 있다. 여기에 사비는 538년의 천도부터 660년 멸망까지의 120여년간에 걸쳐 백제의 도읍지였다. 백제는 사비도읍기에 성왕 이후 위덕왕·법왕·혜왕 그리고 무왕에서 의자왕까지 6명의 왕이 재위하면서 백제의 최고 전성기를 구가하였다. 그 과정에 사비도성의 경영에도 매진하였을 것이란 추정은 단편적으로 남겨진 궁원·사찰의 건립과 보수 등에 관련한 기록을 통해서 유추할 수 있다[7]. 물론 그러한 기록이 천도 전야의 사비도성에 대한 언급보다 오히려 자세하다는 느낌도 없지 않다. 여기에 멸망기 때의 전투상황에서 곽·성의 존재가 기록된 것을 근거로 이를 도시방비 시설로 보고, 이를 통한 사비도성의 전체 면모를 유추하기도 한다[8].

이러한 사비도성에 대한 인식의 외형은 전적으로 문헌기록에 근거한 듯 하지만, 오히려 고고학적 인식이 기저에 있다고 할 수 있다. 예컨대 문헌기록만으로 사비도성의 면모를 구체화하기가 전혀 불가능하기에, 오히려 잔존된 유적·유물을 통해 그 모습을 복원하면서 片鱗的 기록을 부가 해석한 것으로 볼 수 있기 때문이다. 사실, 백제의 마지막 도읍지 사비는 지금의 충남 부여의 시가지 일원으로 봄에 의문이 없으며, 이는 부여지역의 고고

---

6) 『翰苑』 卷30 蕃夷部, 百濟 '王所都城內 又爲五都 皆建率領之 又 城中五巷 士庶居焉'.
7) 『三國史記』 卷27 武王 31年 '重修泗沘之宮 王幸熊津城 夏 旱 停泗沘之役 王至自熊津')
　 『三國史記』 卷27 武王 35年 '王興寺成…三月 穿池於宮南 引水二十餘里 四岸植以楊柳 水中築島嶼 擬方丈仙山')
　 『三國史記』 卷28 義慈王 15年 '春二月 修太子宮極侈麗 立望海亭於王宮南'
8) 田中俊明, 1990, 「王都로서의 泗沘城에 대한 豫備的 考察」『百濟研究』21, 169쪽.

학적 현황에서 비롯된 것임을 알 수 있다. 그 단적인 예로 조선시대의 대표적 지리지인 『新東國輿地勝覽』古蹟條에서 '半月城'이란 실물자료를 지적하면서 그것을 백제의 도성으로 인지하고 있다는 사실을[9] 들 수 있다. 이로써 부여가 백제의 사비도성이었음을 실증하는 구체적 자료는 기록이 아닌 물질자료라는 것을 새삼 강조할 필요가 없을 것이다.

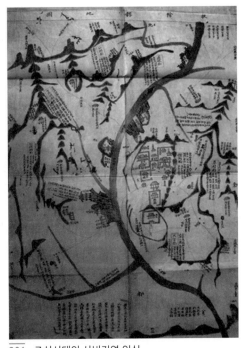

001 조선시대의 사비지역 인식

본디 백제의 마지막 도읍지였던 사비도성, 즉 지금의 부여읍내 일원은 금강의 별칭인 백마강의 대안에 위치한 지역이다. 서남쪽은 백마강이 감싸듯이 반원형으로 돌려져 있고, 북동쪽은 표고 약 100m내외에 부소산과 금성산 그리고 필서봉 등의 산지가 병풍처럼 돌려져 있는 지역이다. 따라서 이 지역의 내부는 하천 범람원인 저평지가 대부분을 차지한 것으로 판단되지만, 도시는 구릉성 산지를 포함하여 저평지에 조성되었음을 추정할 수 있다. 이에 대한 적극적 증거로는 동쪽에 축조된 나성으로 보아도 문제가 없을 것이다. 나성은 북쪽 부소산성의 동쪽에 있는 청산에서 남쪽 백마강변의 석성산까지 이어져 축조된 것으로, 백마강이 북·서·남

---

9) 『新增東國輿地勝覽』古蹟條 '半月城 石築 周一萬三千六尺 卽古百濟都城也 抱扶蘇山而築 兩頭抵 白馬江形如半月名 今 縣治在基內'

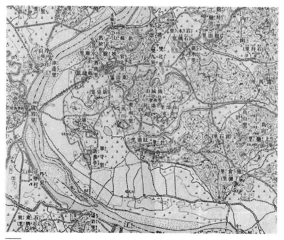

쪽을 휘감는 부여시가의 동쪽에 구축되어 있어 도읍지 사비를 하나의 도성으로 구획하는 대표적 물질자료이기도 하다.

이로써 사비도성은 나성으로 동쪽을 경계하고, 나머지 구역은 백마강이 경계한 범위를 내부 공간으로 구획하고 있다. 그 내외에서 발견된 백제 유적은 사비도성의 경관을 구성하는 요소들이다. 내부 경관을 구성하는 유적은 부소산성을 비롯하여 그 남면의 관북리·쌍북리 유적 등이 있다. 그리고 시가지 일원에서 확인된 도로나 집자리 등의 생활시설, 정림사지·군수리 사지 등의 불교 유적 외에 궁남지[10] 등도 도성의 내부 구성요소로 볼 수 있다. 더불어 외부의 유적으로는 동쪽의 능산리 고분군을 비롯하여, 능안골·염창리 고분군과 능사 그리고 북쪽 강 건너에 위치한 왕흥사지 등의 불교유적, 정암리·왕진리 등의 생산시설과 청마산성 등 외곽의 산성도 도성 외부를 구성하는 유적으로 꼽을 수 있다.

이를 종합하면, 사비도성의 경관은 도성을 구획하는 나성을 중심으로 내외를 구분할 수 있을 것이다. 도성 내부는 아직 구체화할 수는 없지만 관북리 유적의 존재를 근거로 가장 주목될 최고의 건축물로 왕궁이 존재한

---

10) 궁남지는 발굴결과 백제시대의 건조물인가에 대한 상당한 의문이 있음도 적기한다.

다. 나아가 왕궁의 주위에 정청이 존재한다고 봄에 문제가 없을 것이다. 물론 정청은 적어도 22부사를 수용할 수 있는 규모로 추정할 수 있을 것이다. 왕궁의 북쪽에는 군사적 기능 외에 후원의 기능을 가진 부소산성이 있다. 이 산성은 현재 남아있는 흔적으로 미루어 볼 때 정교하게 축조된 판축토성으로 둘레 2,300m의 규모이다[11]. 도시는 방격 구획에 의해 도로 등의 시설이 갖추어졌을 것으로, 5부로 구획되었고 5항이 설치되었을 것으로 본다. 다만 5항의 설치방법에는 이견이 있기는 하다[12]. 여기에 도성 내부는 저습지가 많았기에 배수체계도 중요하였을 것으로 그에 따른 계획적 시설이 이루어졌고[13], 나아가 궁남지[14] 등의 연못도 조성하였을 것이란 추정도 있다. 이외에 정림사지 등의 사찰 유적으로 미루어 사묘[15]가 마련되었을 것임과 함께 도읍지내의 발굴조사를 통해 각종의 민가시설도 있었음을 알 수 있다. 아울러 도성 밖의 동쪽에는 능산리 고분군을 비롯한 대형 분묘군이 위치하는데, 이는 京外지역에 묘역을 두는 관습과 무관할 수 없으며, 사비도성의 조영과정에서 순차적으로 마련되었다고 볼 수 있다. 나아가 도성의 외곽에 방비시설로 청마산성 등의 산성이 배치되는 것은 국가의 중심지 방어를 위한 마땅한 조치일 것이다.

물론 이러한 도성 경관의 이해는 지금까지 발견된 유적·유물에 기초한

---

11) 國立扶餘文化財硏究所, 2000, 『扶蘇山城-發掘中間報告書Ⅳ』.
12) 김영심, 2000, 「사비도성의 행정구역 편제」『사비도성과 백제의 성곽』, 서경.
13) 金庚澤, 2012, 「泗沘都城의 排水體系 變遷에 대한 試論的 考察」『韓國上古史學報』 77.
14) 『三國史記』 卷27 35年 '三月 穿池於宮南 引水二十餘里 四岸植以楊柳 水中築島嶼 擬方丈仙山'
15) 『三國史記』祭祀志 冊府元龜 '每以四仲之月 王祭天及五帝之神 立其始祖仇台廟於國城 歲四祠')
『周書』百濟傳 '其王以四仲之月 祭天及五帝之神 又每歲四祠其始祖仇台之廟' 『北史』百濟傳 '其王每以四仲月祭天及五帝之神 立其始祖仇台之廟於國城 歲四祠之' 『翰苑』所引 『括地志』百濟條 '百濟城入其祖仇台廟四時祠之也' 등의 기록을 통해 사묘시설이 있었음을 알 수 있으나, 고고학적으로 확인된 바는 없다.

것이다. 사비도성은 기본적으로 동나성의 존재를 기초로, 성곽이 에워쌓은 도시였을 것으로 추정하였으나 서나성의 부재로 부득이 하천을 경계삼아 도시 구획이 이루어진 것으로 보게 되었다. 물론 이는 도성내부나 외부에 위치한 유적과 유물의 존재를 인식할 때 신중할 필요가 있음을 암시하는 것이다. 미발견의 유적·유물도 적지 않을 것이고, 발견된 유적의 경우도 백제 유적으로서 성격 정립에 보다 신중할 필요가 있음을 보여준다. 한편 이러한 정황은 복원된 사비도성의 경관이 완전한 것으로 보기는 어렵다는 것도 암시한다. 예컨대 사비도성 밖에 위치한 왕흥사지나 규암면 외리 등에 잔존된 유적은 오히려 도성밖에 존재하면서 나름의 규모나 위상을 갖추고 있다. 그런데 이는 기왕의 도성과 어떤 관계로 인식하여야 하는지의 문제가 제기되기도 한다.

그런데 무엇보다 유의되는 것은 이러한 사비도성의 경관이 백제시대의 것은 분명하지만 시기적으로 660년, 즉 백제 멸망기에 정립된 것으로 보아야 한다는 점이다. 사비도성의 경관을 이루는 현재의 구성요소들은 지상에 잔존하거나 발굴조사로 입지가 확인된 것이다. 그리고 앞서 언급된 도성의 경관은 각 구성요소, 즉 도성 내 발굴된 유적·유물을 종합하여 구축된 것이므로, 경관의 완성 시점을 유적·유물이 고고학 자료로 형성된 시점으로 보아야 한다. 결국 사비도성의 경관은 천도 후에 점진적으로 조성된 것으로, 현재 확인되는 경관은 시간적으로 660년에 완성된 것이라 할 수 있다.

주지되듯이 백제의 사비천도는 538년의 일이다. 그리고 사비도성의 경영은 이때부터 비롯되어 660년까지 약 120년간 필요에 따라 다양한 경영이 이루어졌을 것이다. 특히 백제의 사비천도가 이전 도읍지인 웅진의 협소한 지리적 한계에서 기인한 바가 크다는 점을 고려하면, 120여년의 도읍기간 동안 도시는 지속적으로 발전하면서 팽창하였을 것이다. 그러한 변화·변천은 660년까지, 즉 백제가 사비에 도읍하던 기간에 지속되었을 것으로 현재의 고고학적 경관은 결국 660년대까지 이룩된 결과로 보는 것에 문제가 없을 것이다.

그런데 사비도성 내 백제 유적 중에서 축조시기를 구체화할 수 있는 것은 많지 않다. 일찍부터 부소산성의 축조시기에 대한 논급이 많았지만[16] 아직은 이견이 존재하는 상황이다. 최근에는 나성의 축조시기에 대한 논급도 천도 전이거나 천도 후라는 이견도 상존하는 상황이다. 이러한 정황은 정림사지를 비롯한 도읍지내에 자리한 발굴유적의 공통된 현상으로 볼 수 있다. 다만 능사라던가 왕흥사지처럼 명문자료를 통해 편년적 위치를 정확하게 판단할 수 있는 유적도 있지만, 이를 토대로 전체 유적을 교차 편년하기에는 비교자료가 마땅치 않다는 문제가 있다. 물론 토기나 기와를 기준 삼아 유적의 상대편년이 추정되고 있으나, 결과의 신빙성에 적지 않은 문제를 포함한다는 것도 주지된 사실이다. 결국 이러한 정황은 사비도성의 초기경관을 살피는데 필요한 개별 유적의 편년관을 마련하기에 적지 않은 어려움이 있다는 것을 보여준다. 더불어 사비도성의 경관을 종합적으로 편년하는데 보다 큰 어려움이 있음도 알게 한다.

그러나 사비도성 내 자리한 유적의 정형은 도읍 기간 중에 다양한 시설이 갖추어졌음을 방증하고 있다. 그렇다면 천도 즈음의 정황은 어떠했을까. 물론 사비천도가 계획 천도라는 것은 이미 주지된 사실이다. 그러나 천도 전에 도성을 어떻게 조영하고 천도를 진행하였을까는 의문으로 남는다. 천도 전은 물론이고 천도 직후의 사비도성의 모습을 구체화할 근거가 거의

---

16) 田中俊明, 1990, 앞의 글.

尹武炳, 1992,「泗沘都城에 대하여」『百濟研究』2. 百濟研究所.

沈正輔, 1996,「百濟 泗沘都城의 城郭 築造時期에 대한 考察」『考古歷史學志』11·12.

成周鐸, 1998,「百濟 泗沘都城 三齣」『百濟研究』28, 百濟研究所.

朴淳發, 2000,「泗沘都城의 構造에 대하여」『百濟研究』31, 百濟研究所.

姜鍾元, 2005,「百濟 泗沘都城의 經營과 王權」『古代 都市와 王權』

없기 때문이다. 개별유적의 발굴조사를 기회로 도성의 핵심시설인 부소산성과 나성 등의 편년관을 마련하고, 이를 토대로 그 대강을 유추하기도 한다. 그러면서 사비도성의 초기 경관도 도성으로서 기본적 면모는 갖추었다고 보는 것이 일반적이었다. 특히 부소산성과 나성과 같은 방어시설을 천도 전에 거의 완전하게 갖추었던 것으로 보는 견해도 많다[17]. 물론 도읍의 천도 전에는 국가의 기능 수행에 필요한 왕궁, 관청 등의 기본적 시설이 무엇보다 우선시되었을 것이다. 따라서 이의 운용에 필요한 인적·물적 조건도 우선적으로 갖추어야 한다는 것을 고려한다면, 결국 사비도성은 천도 전에 대부분의 도시시설을 거의 완벽하게 갖추었다고 추정하는 것도 무리는 아니다.

이처럼 천도 초기의 정황을 이해함에 있어, 천도에 수반되는 다양한 준비 작업으로 도시건설을 예상하는 것은 자연스러운 일이다. 특히 백제의 사비천도는 계획적인 것이었기에 웅진에 도읍하던 시기에 천도준비가 진행되었다고 봄에 문제가 없다. 다만 천도와 관련된 계획과 준비의 실행이 언제부터 어떻게 이루어졌는가는 전혀 알기가 어렵다. 특히 새로운 도읍지 사비에 어떤 시설을 얼마만큼 마련하였는가, 그러한 시설의 조성을 어떤 방식으로 진행하였는가에 대해서도 전혀 알 수가 없다. 그런데 신도시의 건설은 대규모의 토목공사가 필수적이고, 이를 위해서는 대규모의 인력동원이 전제되어야 할 것이다. 이 경우 사비도성 건설에 필요한 인력의 동원 대상은 누구이고, 어떤 방식으로 이루어졌는가도 고려할 문제이다. 이를 고려한다면 사비천도는 웅진도읍기의 정황으로 미루어 볼 때 아무래도 성왕기에 기획·추진된 것으로 보아야 하지만, 당시 사비지역에서 특정 세

---

17) 沈正輔, 1996, 앞의 글, 79~82쪽.
　　朴淳發, 2003,「熊津遷都 背景과 泗沘都城 造成 過程」『백제도성의 변천과 연구상의 문제점』.

력을 추정할 문헌기록과 고고학 자료가 전혀 없다는 점이 여전한 문제로 남는다.

따라서 고대국가 백제가 웅진에 도읍하면서 그들만의 역량으로 하나의 완비된 도시를 건설할 수 있었을까하는 의문이 없지 않다. 또한 사비도성은 538년에 천도된 이후 120년간의 도읍지였다. 이 기간의 백제는 고대국가로서 비약적 성장이 이룩되었으며, 당연히 그에 따른 도성의 규모 확대나 변천을 예상할 수도 있다. 그 결과가 현재의 사비도성 경관이라면 이는 천도 초기의 경관과 많은 차이가 있을 것으로 보는 것도 가능할 것이다. 물론 초기의 경관을 추정할 근거는 거의 없는 상황인데 그중에서 도시의 외곽을 경계하는 나성은 특히 주목된다.

사비도성 최후의 경관으로서 나성은 도시의 외곽시설로 존재하고 있지만, 확인된 바처럼 그 경관이 처음부터 마련된 것인가의 문제가 남는다. 즉 나성이 사비도성 조성과정에서 도시방어시설 외에 도시 외곽을 구획하는 경계시설로서 마련된 것인가, 아니면 특별한 군사목적에서 별도로 조성한 것인가의 의문이 그것이다. 이에 대해 나성을 도시구조의 일환으로 조성하면서 부차적으로 도시 방비를 목적하여, 천도 전에 계획적으로 축조하였다고 보는 것이 현재까지의 지배적 인식이다. 그런데 여기에 나름의 의문도 없지 않다. 가장 큰 의문은 나성이 천도 후에 축조되었음을 보여주는 단서가 적지 않게 확인된다는 사실과 정황상으로 도시의 외곽 경계선을 미리 마련하고 도시건설을 진행 하였는가 하는 문제, 천도 전 도성의 동쪽에 나성을 설치할 군사적 긴박성은 무엇인가, 특히 나성을 도시 외곽시설로 갖출 수 있는 배경적 인식은 무엇인가 등의 의문이 그것이다.

3. 羅城의 認識과 現況

나성에 대한 인식은 비교적 일찍부터 있었음을 알 수 있다. 660년, 唐軍의 침입과정에서 곽을 넘어 공격하였다는 『舊唐書』의 기록은[18] 나성의 존재를 처음 주목한 것으로 보기도 한다[19]. 그러나 나성의 존재에 대한 기록은 오히려 조선시대에 구체적으로 나타난다. 『東國輿地勝覽』에는 나성을 반월성으로 명칭하고 길이 13,006척의 옛 백제의 도성이며, 부소산을 안고 축조되어 그 양끝은 백마강에 이르고 형상이 반월과 같다는 사실을 적고 있다. 이후의 기록인 『大東地志』 등에는 앞의 기록을 답습하면서 "今有土築遺址"라 하여 토성으로 인식하고 있기도 하다. 이후 일제 강점기 때 關野貞가 '扶餘半月城'으로 이름 하였고, 1919년의 지도제작에 존재를 분명하게 표시하여 나성을 인식하고 있다. 이후 1978년도 즈음의 부여지역 지표조사과정에서 북나성, 동나성, 서나성의 구분된 인식[20], 그리고 여기에 남나성까지 포함한 인식이[21] 있었는데, 대체로 외형만의 관찰에 근거한 것이다. 한편 나성의 구체적 실상에 대한 인식은 1990년대 이후 유적조사가 구체화되면서 보다 분명하게 이루어진다.

현재 유적으로서 나성의 경관은 다음과 같다. 나성은 사비도성 동쪽을 남북으로 가로질러 도성을 구획하는 인공 구축물로 성곽의 형상으로 잔존한다. 현재의 나성은 총 연장 6.6km로, 북나성 1km, 동나성 5.6km으로 구분되는데, 북나성은 부소산성의 북문지를 기점으로 하여 약 500m 동쪽에 위치한 청산성을 거쳐 남쪽으로 그 방향이 꺾인다. 이후는 동나성으

---

18) 『舊唐書』蘇定方列傳 '殺虜萬餘人, 追奔入郭. 其王義慈及太子隆奔于北境, 定方進圍其城.'

19) 田中俊明, 1990, 앞의 논문, 168~178쪽.

20) 成周鐸, 1982, 「百濟泗沘都城 研究」『百濟研究』13, 百濟研究所.

21) 洪再善, 1981, 「百濟 泗沘城 研究: 유물·유적을 중심으로」, 東國大學校 大學院 碩士學位論文

로 구릉지 사이에 형성된 저지대를 통과한 후, 석목리 필서봉을 경유하여 염창리 백마강변으로 이어지고 있다. 이와 같이 지금까지 확인되고 있는 나성의 형태는 현재의 부여 시가지를 감싸 안은 구조로, 구릉지와 저지대를 반복적으로 통과

003 나성의 현황

하고 있다. 그런데 기왕에 북나성과 부소산성과의 접점에 대해서는 부소산성의 북문지 부근이나[22] 동문지 부근에[23] 북나성이 연결되는 것으로 추정하였다. 이후의 정밀 지표조사를 통해 북문지에서 인위적 성토 흔적을 확인하여, 이를 기점으로 청산성의 북성벽이 연결된다는 결론에[24] 이르고 있다. 다만 부소산성 북문지부터 청산성의 북성벽까지는 논으로 경작되고 있는 저지대이다.

한편 본래 나성은 북쪽과 동쪽 외에 서쪽, 즉 서나성도 존재하는 것으로 추정되었고[25], 이를 기회로 현재의 군수리의 제방 부근에 서나성이 있을 것으로 추정하였다[26]. 그러나 군수리 지점의 제방 220m 정도의 길이에 대한 발굴조사와 이후 서나성 복원을 위해 6개 지점을 선정하여 진행한 탐색조

22) 洪再善, 1981, 앞의 글.
23) 成周鐸, 1985, 「(百濟)都城」『韓國史論』15, 국사편찬위원회.
24) 林淳發, 2000, 「泗沘都城의 構造-羅城 構造를 중심으로」『사비도성과 백제의 성곽』, 서경문화사.
25) 百濟研究所, 1978, 『扶餘 文化遺蹟調査報告書』.
26) 成周鐸, 1982, 앞의 글.

004 나성의 성벽현황

사 결과, 나성과 관련된 흔적은 확인되지 않았다. 이러한 결과를 근거로 오히려 백마강이 자연 垓字와 같은 역할을 담당하였을 뿐 서나성과 남나성은 존재하지 않는다는 결론에 이르게 되었다[27]. 물론 낮은 미고지를 따라 서나성이 축성되었을 가능성이 제시되기도 하고[28], 사비도성 내부의 방어상 서

---

27) 박순발외, 2003, 『사비도성 - 능산리 및 군수리지점 발굴조사 보고서』, 충남대학교 백제연구소.
28) 田中俊明, 1990, 앞의 논문, 177쪽.

나성이 필수적이기에 그것이 존재한다는 견해도[29] 있다. 나아가 자연지리적 환경으로 미루어 서나성의 축조가 어려웠을 것이란 추정을 고려할지라도[30] 오히려 고고학적 증거를 신빙하여야 할 것이다.

이로 보면 사비도성의 나성은 북나성과 동나성의 약 6.6km의 규모로 존재한다고 봄에 문제가 없다. 이 범위의 유적은 기왕에 10여 차례에 걸친 발굴조사를 통해 유구의 잔존 정형은 물론 구조 속성에 대한 대강의 윤곽은 파악되었다. 북나성의 경우 청산성이 위치하는 청산의 북쪽사면에 해당되는데 15~35m 부근의 청산성 기슭을 통과하여 동나성으로 자연스럽게 연결되는 형상이다. 이중에서 2차례에 걸쳐 263m 범위가 발굴조사 되었다. 이를 토대로 나성은 청산성의 동쪽과 북쪽을 휘감아 부소산성으로 연결되는 양상으로 파악된다. 그리고 성체의 구조는 나성의 일반적 축조방식에서 크게 벗어나지 않는 것으로 본다. 나아가 동나성의 경우, 총 연장 5.6km로서, 확인되는 나성의 대부분을 차지하는데 동나성이 통과하는 구간 역시 두 개의 구릉지와 저지대를 반복적으로 지나는 형국이다. 동나성에 대한 조사는 1991년부터 현재까지 총 5구간에 걸쳐 진행되었으며, 장대지를 비롯하여 문지 등의 시설도 확인되어 있다[31].

---

29) 沈正輔, 2012, 「사비도성의 나성에 대하여」『부여나성 있다. 없다. 대토론회』, 부여군 문화재보존센터.
30) 박지훈, 2013, 「부여구교리·왕포리 경작유적의 고지형 분석연구」『부여구교리·왕포리 경작유적』, 금강문화유산연구원.
31) 그동안 동나성의 조사현황은 다음과 같다.

조사연도	조사 유형	유적명	내용
• 1991~1998년	시·발굴조사	부여나성	문지 및 성벽
• 2000년	발굴조사	사비도성-능산지점	성벽, 저지대 지반처리공법 확인
• 2004·2007년	발굴조사	부여 나성 석목리유적	성벽, 성벽 주변 주거유구
• 2010년	시굴조사	부여 뒷개유적	성벽 線 확인
• 2013년	발굴조사	부여나성 능사구간 발굴조사	성벽, 동나성 2문지의 위치 확인, 각자성석 확인

나성의 축조기법은 성선이 구릉지와 저지대를 반복적으로 통과하고 있는데, 성벽이 통과하는 지형에 따라 각기 다른 축조기법을 사용하였다는 점과 특히 동일 지형인 경우에도 구간별로 축조기법을 달리하고 있다는 특징이 엿보인다. 전체적으로 성벽의 축조 공정은 대부분이 기반을 조성한 후 內托 土築部를 성토하고, 석축부분을 積石한 다음에 정상부분을 복토하는 순서로 진행하였다고 정리된다. 이중에서 구릉지를 통과하는 부분은 자연지형을 최대한 활용하여 주로 내탁 성토하면서 바깥 부분의 경우는 안쪽은 할석을 채워 넣고 가장 외변에 잘 치석된 장대석으로 마감하는 방식으로 축조하였다. 나아가 경사면을 축조할 경우 바닥부분을 급경사로 다듬은 다음 2~3m의 높이까지 외부를 석축하고, 그 이상은 자연 상태로 두거나 지형에 따라 성벽 높이까지 흙을 쌓았던 것으로 파악된다. 반면에 저지대를 통과하는 부분은 다양한 연약지반 처리공법이 확인되는데, 지엽부설의 압밀침하배수공법과 무리말뚝 공법이 발견된다. 이는 연약지반을 처리한 후, 그 위에 交互성층의 성토법을 채택하여 지반을 조성한 다음에 그 위에 성벽을 축성한 것이다.

북나성과 동나성의 부속시설로는 문지와 장대지, 건물지외에 해자도 시설되었을 것으로 추정한다. 문지는 북나성의 청산성 지점에 북나성 1문지가, 석목리 지점에 동나성 1문지가 있다. 더불어 능산리 북쪽 정상부근에 동나성 2문지 등의 존재를 파악하면서 동나성의 남쪽 끝자락 구역에도 간이 문지가 있을 것으로 보아 모두 5개의 문지를 추정한 바 있다. 그리고 동나성의 여러 구역에 걸쳐 건물지를 비롯하여 장대지로 추정하는 시설의 존재를 확인하였고, 이외에 동나성의 왕포천 통과지점 주변의 저지대는 해자가 있었다는 판단도 이루어져 있다[32].

---

32) 忠南大學校 百濟研究所, 2000, 『百濟 泗沘羅城』.

결국 사비도성의 나성은 북나성, 동나성 구간에 잔존하고 서쪽의 백마강과 더불어 도읍지 사비를 경계하는 시설로 봄에 문제가 없다. 더불어 사비도성은 내성외곽으로 구성되어 있고, 나성은 그중에 외곽의 기능이었던 것으로 볼 수 있다. 이는 『舊唐書』蘇定方傳의 기록에 당군의 사비도성 進攻과정에 '入廓' 즉 나성을 통과한 다음에 '圍城' 하였다고 하여 내성을 포위하였음을 보여주기 때문이다. 즉 내성이 왕궁을 위요한 성인지, 부소산성인지의 판단은 어렵지만 적어도 사비도성은 내성외곽의 구조임을 알 수 있다는 것이다. 따라서 『舊唐書』의 기록에서 인식되는 나성의 구조는 도성의 외곽으로 보아도 무방할 것이다. 다만 그 성격에서 군사적 목적을 우선시한 구조물로 간주되어 나성으로 불렸으나, 최근에는 도시의 외곽시설로 보아야 하고 따라서 廓으로 분류하여야 한다는 견해도 있다[33]. 물론 사비나성이 군사적, 아니면 도시 외곽시설의 기능을 병행하였을 수도 있기에 어떤 명칭도 부합할 것으로 여겨지나 초기 축조의 목적이 도성의 부대시설로 마련된 것인가, 아니면 특수한 군사적 필요에서 마련된 것인가의 판단이 선행되어야 할 것이다.

나성의 축조시기에 대한 인식은 사비천도 이후라는 의견과 이전이라는 의견으로 양분되지만 대세적으로는 사비천도 이전, 즉 계획천도에 무게를 두고 천도 전에 이미 조성되었다고 보는 것이 지배적이다. 물론 처음에는 천도 후에 조성된 것이란 의견이 제기된 바 있었다. 다만 그에 대한 논거가 나성이 통과하는 청산성을 『三國史記』에 전하는 서기 605년에 축성된 角山城으로 비정된 것을 토대로 나성도 청산성과 동시기인 7세기 초반 경에 축조되었다는 의견이 그것이다[34]. 반면 백제의 사비천도가 계획천도라

---

33) 朴淳發, 2013,「百濟 都城의 展開와 特徵」『백제 도성제와 주변국 도성제의 비교연구』, 百濟研究所, 14쪽.
34) 成周鐸, 1982, 앞의 글, 39쪽.

는 점에 주목하면서 동성왕 말년에 가림성의 축조가 사비천도를 위한 사전 준비 차원에서 이루어진 것으로 판단하기에 나성도 천도 전에 조성되었다고 본 바도 있다[35]. 나아가 현재의 부소산성을 백제의 우두성으로 보고 이 산성이 동성왕 8년(486)에 축조되었기에, 나성은 그 즈음에 축조하기 시작하여 앞서 언급된 동성왕 23년(501)에 축조를 마무리하였다는 견해도 제기되었다[36]. 이와 같은 견해는 나성의 축조가 고구려의 방비책으로 이루어졌다는 의견이 더해지면서 천도 전 나성축조가 사실로 굳어지는 듯하다. 나아가 나성의 발굴조사, 특히 능산리 사지 등의 발굴조사를 종합하여 축조시기의 하한이 538년을 벗어나지 않는다는 지배적 의견으로 집약되기도 한다[37].

나성의 축조시기 편년과 관련하여 문헌기록을 근거한 정황적 판단보다 고고학적 유적 유물을 통한 판단은 무엇보다 중요할 것으로 여겨진다. 이는 동나성의 절개조사를 기회로 선행유구에서 출토된 자배기를 웅진기의 것으로 볼 수 있고[38], 나성의 토축부 성토층에서 출토된 삼족기가 정림사지 석탑의 동쪽 기반토층에서 출토된 삼족기와 같은 단계인 6세기 전반경의 것으로 볼 수 있기에 나성의 축성시기를 538년 이전으로 보면서 정림사도 사비도성내 중요시설이기에 나성과 같은 시기에 축조된 것으로 보고 있다[39]. 그리고 능사가 567년에 창건된 점과 이 절의 조성배경이 되었을 성왕릉이 560년경에는 능산리 묘역에 안장되었던 것으로 유추됨에 따라, 늦

35) 尹武炳, 1994,「百濟王都 泗沘城 研究」『學術院論文集』33.
36) 沈正輔, 2000,「泗沘都城의 築造時期에 대하여」『사비도성과 백제의 성곽』, 서경문화사, 94~95쪽.
37) 박순발, 2008,『백제의 도성』, 충남대학교출판부.
38) 忠南大學校 百濟研究所, 2000,『百濟 泗沘羅城Ⅱ』.
39) 忠南大學校 百濟研究所, 2002,『百濟 泗沘羅城Ⅲ』.

어도 능역의 형성 시점에는 나성이 완성되었다고 본 것이다[40]. 이러한 결론은 이후의 유적조사에서도 계속된다. 예컨대 청산성 부근의 나성 발굴 과정에서 성벽의 축조로 폐기된 원형수혈에서, 한성말·웅진초에 해당하는 다수의 유물이 출토되었음을 근거로 나성이 한성말에서 웅진초기에 축조 되었다는 의견이[41] 있다. 그리고 구지표층에서 웅진기로 편년되는 삼족토 기와 조족문 토기편 등이 출토된 것으로 미루어 성벽의 축조가 적어도 5세 기 중후반에서 6세기 전반 경에는 조성되었다고 보아야 한다는 것이[42] 그 것이다.

이처럼 고고학적 측면에서 나성의 편년은 천도 전이란 거의 일관된 의 견을 보이고 있다. 물론 이러한 와중에 천도 후에 나성이 축조되었다는 의 견이 제시되기도 하였다. 사비천도를 전후하여 도성 주변에 산성을 축조하 였다면, 나성의 축조는 그 시기를 달리할 가능성이 있고, 그것은 천도이후 도성제도가 정비되는 과정, 즉 신라에 대한 방비체계가 정비되는 위덕왕代 후반기로 볼 수 있다는 견해가[43] 그것인데 전혀 반향을 얻지 못하였다. 이 러한 경향은 나성의 축조가 천도 전에 이루어졌다는 일률적 견해로 집약되 어, 더 이상의 논급이 필요 없을 것으로 여겨지기도 한다.

그러나 사비 나성의 축조시기 검토현황을 자세히 보면 나름의 의문이 있다. 우선 청산성이 각산성이고, 그리고 가림성의 축조를 사비도성의 축 조와 함께 인식하는 것, 나아가 우두성을 사비도성에 비정하는 등의 논거 는 어원풀이 및 정황의 불확실성으로 신빙성에 문제를 제기할 수 있다. 또 한 도성주변의 산성을 축조한 다음에 나성을 갖추었다는 것도 구체적으로

40) 박순발 외, 2003, 앞의 보고서.
41) 부여군문화재보존센터, 2011, 『부여 청산성 발굴(시굴)조사 약보고서』.
42) 김낙중, 2012, 「백제 사비기의 도성과 왕궁」『백제와 주변세계』, 국립부여문화재연구 소, 377쪽.
43) 姜鍾元, 2005, 앞의 글, 23~24쪽.

입증하기 어려운 상황 논리에 불과하다. 특히 고고학적 검토에서 얻은 편년관은 나성에서 수습된 유물과 유구를 근거로 진행하는데 유물의 해석방법에 수긍되지 않은 부분도 있다.

먼저 시대판단의 중요한 기준이 된 웅진기 토기의 실체가 무엇인가에 대한 의문은 논외로 하더라도, 수습된 유물 중에 가장 선행시기의 유물을 해당 유적의 조성시기 즉 상한의 절대연대로 지표할 수 있는가라는 점이다. 참고로 부소산성의 발굴조사 과정에서 수습된 유물 중에 서기 527~528년이란 절대연대를 가리키는 '大通'명 기와가 있었고, 이를 근거로 부소산성이 동시기에 축조된 것으로 보아야 한다는 의견에 반해, 오히려 '大通'명 기와의 존재는 산성의 축조가 아무리 빨라도 527~528년을 상회할 수 없고 그 이후라는 것을 보여주는 절대적 지표라는 것을 언급한 바가[44] 있다. 그런데 지금까지 고고학적으로 나성의 편년에 사용된 토기나 유구도 그러한 입장에서 해석되지 않았는가 여겨진다.

4. 羅城의 築造時期와 背景

나성의 축조시기에 대한 판단은 사비도성 경관의 역사성을 밝혀주는 중요한 지표이다. 그 이유는 나성이 사비도성의 중요한 구성요소이나, 외곽시설로 천도와 더불어 축조되었다면 사비도성도 천도와 더불어 완전한 도시로 건설되었다고 볼 수 있기 때문이다. 더욱이 나성은 사비도성 경관의 핵심적 잔존유적이기에 그 실체의 파악은 무엇보다 우선되어야 할 것인데, 살핀 것처럼 지속적 발굴조사를 통해 그 대강의 이해는 마련되었다고 볼 수

---

44) 이남석, 2010, 「考古學資料를 통한 百濟 泗沘遷都의 再認識」 『百濟文化』 43, 백제문화연구소, 73~74쪽.

있다. 그러나 현재 나성의 축조시기에 대한 견해는 천도 후였을 것이란 추정적 논지보다 고고학적 측면, 즉 유물의 검토를 통해 천도 전에 축조되었다는 의견이 지배적인 것을 확인하였으나, 유물의 해석에 나름의 문제가 있다고 여겨진다. 따라서 사비도성의 초기적 경관의 이해, 나아가 나성의 기능을 구체화하기 위해서는 축조시기에 대한 재검토가 필요하다.

앞서 언급한 것처럼 나성이란 물질자료의 시간성 부여는 문헌기록 등의 절대지표가 없기에 유적과 유물의 상대편년에 의지할 수밖에 없다. 이러한 경우 유적과 유구의 상대비교가 어려우므로 편년의 지표로 유물에 의지할 수밖에 없는데, 유물의 경우도 고고학 자료로서 그 형성과정의 고려가 반드시 선행되어야 한다. 즉 편년자료로서 분묘처럼 의도적으로 부장한 것과 폐기장이나 건축물 등에 우연히 포함된 것과는 성격상 근본적 차이가 있을 것이란 전제에서 그러하다. 이러한 입장에서 보면 나성의 시간성 판단에 사용된 유물은 의도적으로 매납한 것이 아니라 우연히 포함된 것으로 보아야 한다. 나아가 주변의 선행유구도 나성의 축조와 직접 관련된 것이 아니라면 직접적 편년지표로 삼는 것이 지양되어야 할 것이다. 아무튼 토기 등의 유물을 통해 나성의 축조시기를 판단하기 위해서 우선 시기적으로 가장 늦은 자료를 주목하고, 그것은 나성의 축조시기의 상한을 가리키는 것일 뿐이라는 점을 유념하여야 할 것이다. 실제의 축조 시기는 그 유물이 가리키는 시간에서 이후의 언제라는 것을 암시하는 것에 불과하기 때문이다. 이를 고려하면 수습된 유물만으로 나성이 천도 전에 축조되었다는 결론은 오히려 유보될 수밖에 없을 것이다.

그와 관련하여 다시 주목하여야 할 것이 나성 주변의 유적인 능산리 사지의 존재현황이다. 이 사지는 나성 축조시기를 사비천도 이전이 아닌 천도 후로 볼 수 있는 보다 근본적 정황을 포함하고 있기 때문이다. 즉 나성은 능산리 사지의 서쪽을 지나는데 이 부분에서 나성과 능사와의 관련이 비교적 선명하게 남겨져 있다. 이 구역을 지나는 나성의 城線은 남에서 북쪽으로 오르막으로 이어진다. 그런데 나성은 능산리 사지 중간부분에서 서쪽으로 만곡을 이루어 활처럼 휘어진 부분이 있다. 그 전체적 현황은 나성이 이미 자리하고 있는 능산리 사지를 우회하여 축조된 형상으로 정리된다.

주지되듯이 능산리 사지는 1998년도의 발굴조사로 그 실체가 드러난 유적이다. 조사결과 금동향로를 비롯한 찬란한 유물 외에 목탑지 아래에서 명문이 있는 사리감의 출토, 그 명문을 통해 목탑이 567년에 조성된 것을 알 수 있으며, 사찰은 25대 성왕의 원찰로서 조성된 것으로 볼 수 있다[45]. 때문에 곁에 있는 능산리 고분군은 백제 왕릉이면서 거기에는 성왕릉이 있다는 결론을 얻게 된 유적이다. 따라서 이러한 정황을 종합하면 나성은 먼저 만들어져 있던 능산리 절터가 있는 구역을 우회하여 축조된 것으로 볼 수밖에 없다. 즉 나성의 축조 상한을 아무리 올려도 567년 즈음을 벗어나지 않는다는 결론에 이르게 된다는 것이다. 물론 먼저 직선으로 조성되었던 나성의 위치에 사찰이 조성되면서, 성선을 위쪽으로 돌려 다시 축조하였을 것이란 추론도 있지만 입증이 어렵다.

능산리 사지의 사찰이 조성되기 전에 강당지의 위치에 이전의 구조물이 있었을 것이란 추론도 있다. 이는 능산리 사지의 강당지가 기존의 건물지 위에 재건축되었을 것으로 본 것인데 기단 상에서 반복 축조의 흔적이 없다는 의견도[46] 존중되어야 할 것이다. 여기에 능산리 사지 출토유물 중에 웅진기와 사비기를 구분한다거나 사비도읍기 초반의 편년 지표로 어느 정도 유효성이 인정되는 막새기와에서 그러한 정황이 발견되지 않는 점도 유념할 필요가 있다.

결국 능산리 사지는 성왕의 원찰로서 성왕 사망 이후에 창건된 것으로 볼 수밖에 없다. 더불어 능산리 사지의 서쪽 구역 나성의 만곡은 기왕에 자

---

45) 국립부여박물관·부여군, 2000, 『陵寺』.
46) 趙源昌, 2012, 「土木工事로 본 陵寺의 造營」『文化史學』37, 27쪽.

리한 사찰을 우회한 것으로 봄에 문제가 없다. 우회로 남겨진 공터는 발굴조사 결과 능산리 사지의 사찰에 필요한 기와를 생산하였던 가마가 확인되어 나성이 축조되면서 그러한 시설을 피해 만곡의 형태로 성선을 돌려 축조하였음을 알 수 있다. 우회의 이유는 나성 축조시기 백제사회에 능역은 성외에 자리한다는 관념이 형성되어 부득이 원찰을 성 밖

005 나성과 능사

에 두겠다는 의지의 표현일 것이다. 따라서 능산리 사지의 창건연대가 567년의 어간으로 짐작함에 문제가 없다. 때문에 나성의 축조시기도 아무리 빨라야 그 즈음으로 볼 수밖에 없다고 생각된다.

이와 관련하여 또 다른 주목거리는 동나성의 동문지 부근의 발굴조사 결과이다. 2004년 동나성 내·외부의 4개의 지점의 발굴조사로 도로유구·건물지·우물지·나성 기반시설·경작지 등이 확인되었던 유적이다. 이 발굴로 얻어진 우물과 주거지, 출토유물 특히 우물 등의 존재로 나성은 천도 이

후에 축조되었을 가능성을 제시한 바가 있다[47]. 이점에 동의하면서 보다 주목할 것은 동나성 일대의 성벽 기저부 층과 능산리 동나성 내·외부에 잔존하는 백제유적 사이에는 상당한 층위 차가 존재한다는 점이다[48]. 이는 사비도성의 내부구조 이해할 수 있는 도로유구나 건물지 등의 조성시점과 나성의 축조시점에 차이가 있음을 보여주는 것으로, 나성은 이들 생활유적이 존재하던 시기에 이를 제거하면서 축조된 것으로 보아야 할 것이다.

동나성 동문지 부근의 유적 정황에 의하면, 나성은 기왕에 조성된 생활유적 위에 축조되었기에 도시 조성과 더불어 그 외곽의 경계로 마련되었다고 보기는 어렵다. 오히려 일부에 불과하겠지만 생활유적을 제거하면서 그 위에 나성을 축조하였다는 점은 나성의 본래적 기능, 즉 군사적 긴박상황에서 이루어진 것으로 밖에 볼 수 없다. 이는 나성의 축조 배경과 관련될 것으로 앞서 언급되었던 단순한 도시 외곽의 구획이란 목적이 아니라는 것은 분명하고, 오히려 군사적 필요가 우선하였을 것으로 볼 수 있다. 그와 관련하여 나성이 천도 전에 조성되었을 것으로 보면서 그 논리적 근거로 삼은 고구려의 방비를 위하여 축조하였다는 점을[49] 상기할 필요가 있다.

백제 사비천도가 웅진기의 국력회복을 바탕으로 진행되었고, 계획적으로 이루어졌음은 주지된 사실이다. 더불어 백제는 웅진도읍 후반 경에 대내적으로 정치적 안정은 물론 梁나라와의 긴밀한 관계를 유지하여 대외적으로 국가적 위상을 강화하였다는 점에 이견이 없다. 나아가 백제는 무령왕기부터 한강유역의 안정화에 진력하였고, 이후 성왕대의 실지 회복에 나선 것도 그러한 노력의 결과라고 보아야 할 것이다. 물론 이러한 정책의 배경은 고구려에 대한 자신감이 어느 정도 갖추어진 결과로 볼 수 있을 것인

47) 姜鍾元, 2005, 앞의 글, 25쪽.
48) 충청문화재연구원, 2009, 『부여 석목리 나성유적』.
49) 田中俊明, 앞의 글, 163쪽.

데, 백제의 사비천도가 그러한 정황에 이루어졌다는 것을 유의하여야 할 것이다. 즉 백제가 사비로 천도하면서 고구려의 위협에 대처할 나성을 신도읍지에 우선적으로 축조할 만큼 긴박한 상황이었는가에 의문이 있다는 것이다. 나아가 이후에 나타나는 군사작전을 고려하면 신도읍지 사비도성의 고구려 방비책으로 동쪽 내륙만 방비책이 마련되는가에 대한 의문도 있다. 물론 고구려 방비책으로 나성을 축조하였다는 의견은 나성이 천도 전에 축조되었을 것이란 전제에서 비롯된 것이다. 그런데 후술되듯이 나성이 천도후인 위덕왕기에 축조된 것이란 전제가 타당하다면, 축조 목적이 고구려의 방비책이었다고 보기는 어려울 것이다.

나성의 축조시점은 고고학 자료에서 구체화하기는 사실상 어렵다. 편년 자료로 삼았던 관련 유물은 나성 축조시기의 상한을 의미할 뿐이다. 성벽 아래에 선행유구로 존재하는 유적도 마찬가지로, 그것이 나성 축조시기가 그 유구보다 늦다는 점만 반증할 따름이다. 이러한 정황은 나성의 축조시기를 증좌할 층위에서 수습된 유물 중에 가장 늦게 편년되는 것이 나성 축조의 상한 연대가 될 수밖에 없다는 점을 유의하여야 한다. 나아가 앞서 언급된 능산리 사지 서쪽의 만곡된 성선의 존재, 동문지 부근의 성벽보다 선행유구로 볼 수 있는 생활유적의 존재는 나성이 천도 후의 어느 시점에 축조되었음을 보여주면서 그 절대연대는 능산리 사지의 창건 무렵의 어간으로 볼 수 있기에, 아마도 위덕왕의 재위 초반경인 6세기 후반으로 볼 수 있을 것이다.

문제는 왜 나성을 축조하였는가라는 점인데, 물론 도시로서 사비도성의 외곽을 구축하기 위한 것으로 볼 수도 있을 것이다. 그러나 앞서 본 생활유적과의 중복은 나성 축조가 오히려 긴박한 상황에서 이루어졌음을 보여주는 것이고, 위덕왕기의 군사적 긴장관계는 고구려가 아닌 신라와의 관계에서 비롯된 것이기에 나성의 축조배경을 대신라의 방비책 마련에서 찾을 수 있지 않은가 여겨진다.

위덕왕의 신라와의 악연은 태자시절 관산성 전투에서 비롯된 것임은 주지된 것으로 부왕 성왕의 사망으로 비록 왕위를 계승하였지만 전쟁 패배의 책임은 피할 수 없는 운명에 있었을 것이다. 때문에 초기의 王位의 空位문제라던가, 佛家에 歸依 문제 등이 불거질 수밖에 없었을 것이다[50]. 그럼에도 왕위를 계승하여 40여년간 재위할 수 있었음은 웅진도읍기 후반부에 이룩한 강화된 권력기반을 백제왕실이 갖추고 있었기 때문이다. 그런데 위덕왕의 왕위 등극 후에 신라와의 긴장관계는 여전하였을 것이다. 더욱이 관산성 전투 후의 신라와는 전쟁상태의 연속으로 볼 수 있다. 따라서 위덕왕대의 대신라 방비책 마련은 무엇보다 우선할 수밖에 없었을 것이고, 그 일환으로 나성이 축조된 것이 아닌가 추정하여 본다.

대신라 방어선으로 나성의 존재는 도성 방어를 위한 최후의 보루였을 것이다. 즉 동쪽의 내륙에서 사비도성으로 침입하는 신라군을 방어하기 위하여 나성을 축조한 것이다. 이는 나성이 동나성·북나성으로 구분된 동쪽 구역만 축조된 것도 이와 무관치 않을 것이다. 나아가 이러한 전략에서 남겨진 것으로 볼 수 있는 동나성 바깥의 청마산성도 주목할 만하다. 그동안 청마산성은 사비도성과의 관계가 크게 고려되지 않았지만, 능산리와 용정리에 걸쳐 축조된 산성으로 성의 둘레가 6.5km에 달하는 백제시대의 가장 큰 포곡식 산성이다. 구체적 시기는 알 수 없지만 백제시대의 것으로 봄에 문제가 없다[51]. 이 산성은 사비도성이 위기에 봉착하면 軍·官·民이 성에 들어와 농성할 목적으로 축조된 산성으로 보는 견해[52]처럼 사비도성을 지

50) 梁起錫, 1990,「百濟 威德王代 王權의 存在形態와 性格」『百濟研究』21, 百濟研 究所.
　　김수태, 2004,「百濟 威德王의 정치와 외교」『韓國人物史研究』2, 161~162쪽.
　　길기태, 2009,「百濟 威德王의 陵山里寺院 創建과 祭儀」『百濟文化』41, 百濟文化研究所, 7쪽.
51) 백종오, 2006,「백제 청마산성과 사비도성」『史學志』, 83쪽.
52) 成周鐸, 1998, 앞의 글, 258쪽.

키는 최후 보루로서 기능과 역할을 하였을 것이라는 점[53]에서 그 존재가치가 크다. 다시 말해 청마산성은 사비도성의 방어를 목적으로 축조된 나성을 통해 도성 내의 침입을 차단하고, 청마산성을 중심으로 침입군을 무찌른다는 전략에서 마련된 것으로 볼 수 있기에, 나성과 함께 세트를 이루는 전략시설로서 동시에 마련된 것으로 볼 수 있다.

청마산성 성곽의 세부현황에 대해서는 단지 부분적인 것만 확인되어 있을 뿐이다. 그러나 이 산성도 편축성으로 조성된 것인데 성체는 외변만이 석축한 석성이란 사실은 일찍부터 알려져 있고, 이러한 축성법은 나성의 축조방식과 비교할 경우 큰 차이가 없는 것으로 확인된다. 따라서 청마산성의 축조시기도 어쩌면 나성과 비슷한 시기나 동시에 축조된 것이 아닌가 여겨진다. 한편 나성과 청마산성의 길이를 합하면 13km에 달하는 대규모이다. 이러한 대규모 성곽 축조에 상당한 공력, 즉 노동력이 필요하였을 것이다.

백제의 요역 동원체제가 갖추어져 있음은 관련 기록을 통해 알 수 있지만 그 규모를 짐작하기는 어렵다. 특히 나성만을 고려하더라도 건설에 필요한 노동력의 규모는 엄청났을 것으로 과연 천도 전에 그러한 노동력 동원이 가능하였을까 라는 의문은 여전하다. 반면에 천도 후 그것도 위덕왕 즈음이라면 문제가 다르다. 백제의 사비천도는 웅진도읍기의 국력회복을 통한 강국의 선언을 바탕으로 이루어진 것이다. 여기에 성왕대를 지나 위덕왕기에 이르면 백제의 국가적 역량은 크게 증대되었다. 따라서 국력이 도읍지에 집중되어 나성과 같은 도읍의 방비시설을 마련하는데 큰 어려움은 없었을 것이다.

다만 위덕왕이 왕위에 등극한 시기는 어쩌면 관산성 전투 패배로 인한 국가적 위기에 봉착한 시기이다. 위덕왕은 관산성 패전에도 불구하고 왕위

---

53) 유원재, 1987, 「泗沘都城의 防備體制에 대하여」 『公州敎大論叢』23, 공주교육대학.

에 올랐고, 따라서 전쟁 패배의 주역이란 무거운 책임에서 벗어날 수 없었을 것이다. 그로 말미암은 정국의 동요, 나아가 국왕으로 권위 실추도 적지 않았을 것이다. 위덕왕은 이러한 정국을 타개할 비상수단이 필요하였을 것이고, 그 대안으로 대신라와의 위기조성을 통해 국면 전환을 꾀하면서 전쟁 준비를 위해 나성과 청마산성의 축조, 즉 대규모 노동력 동원을 통한 위기 해소를 도모한 것이 아닌가 여겨진다. 나성과 청마산성과 같은 신라 방비책의 구축은 신라와의 긴장관계를 강조함으로써 이전의 실책을 만회코자 하였을 것이고, 대규모의 인력 동원 체제를 강화함으로서 통치질서를 강화하는 효과를 기대한 것이 아닌가도 생각된다.

5. 結言

사비도성의 경관적 특징은 외곽에 나성을 갖추었다는 전에서 찾을 수 있다. 만약 나성이 천도 전 도성의 외곽 구획선이거나 방비선으로 갖추어진 것이라면, 사비도성의 도성사적 위상은 파격적인 것으로 간주될 수 있다. 다만 나성이 도시 외곽의 구획, 방어선의 기능으로 천도 전에 마련될 수 있을까라는 의문제기도 자연스럽다. 오히려 현재 고고학적으로 복원되는 사비도성의 경관은 서기 538년에 천도한 이후 약 120년간 점진적으로 완비되었다고 보아야 할 것이다.

문제는 천도시의 경관, 즉 백제가 웅진에서 사비로 천도하는 서기 538년의 사비도성의 경관은 무엇일까에 대한 의문은 도시 외곽시설이고 사비도성 경관의 상징으로 여기는 나성이 언제 축조되었는가의 문제해결에서 해소될 수 있을 것으로 보았다.

나성의 현황과 축조시기의 이해는 다각적으로 진행되어 왔지만, 지나치게 정황에 의지한 감이 없지 않았다. 그러나 최근의 발굴조사 결과를 통해 고고학적 접근으로 어느 정도 실체에 접근하게 되었다. 다만 고고학적 측면에서 주로 나성에서 수습된 유물을 토대로 축조시기의 판단이 이루어지는데, 여기에는 가설적 전제를 방증할 물질자료가 종합적으로 검토되어야 함에도 불구하고 오히려 결론적 전제를 증거할 물질자료만 선별적으로 검토되는 경향이 있어 나름의 한계가 드러난다. 그러나 최근에 집적된 나성의 조사자료, 특히 인접된 관련 유적의 발굴조사는 나성 축조시기를 종합적으로 판단할 수 있는 환경이 조성되었고, 이를 통해 사비도성의 동쪽 나성은 위덕왕기, 적어도 560년 이후의 어간에 축성된 것이 아닌가 판단하였다.

나성의 성체에 포함된 유물 중에 나성의 축조시기를 추정할 물질자료는 가장 늦게 편년되는 유물을 기준삼아 그 상한을 결정하여야 한다. 이 경우 나성의 발굴조사에서 수습되는 유물은 나성의 축조의 시간점 범위에 대한 상한을 나타내는 것일 뿐 하한을 규정하는 것은 아니라는 점도 유념되어야 할 것이다. 오히려 능산리 사지의 서쪽에 나타난 나성의 우회현상은 이미 조성되어 있던 사찰을 우회한 것으로 나성이 사찰과 동시기이거나 늦게 조성된 것으로 보는 적극적 증거로 삼을 수밖에 없다. 나아가 동나성 동문지 부근의 성체 아래 잔존된 민가유적에서 나성의 축조가 사비천도 후에 긴급하게 이루어진 것도 알게 한다. 특히 능산리 사지출토 사리감의 567년이란 절대 연대는 나성의 축조시기가 그 어간임을 방증하는 것으로 보아야 할 것이기도 하다.

따라서 나성의 축조는 위덕왕이 왕위에 즉위한 후에 진행된 것으로 보아야 할 것인데, 그 배경은 관산성 전투의 패전으로 야기된 백제 정국의 위기를 만회하기 위한 고도의 정치적 복안에서 이룩된 것으로 보아야 할 것이다. 그러한 긴박한 정황은 동나성 동문지 구간의 생활유적 위에 조성된 나성의 존재현황에서 방증될 수 있을 것이다. 대신라 위기의식의 강조는 기왕에 마련된 생활시설 위에 나성과 같은 방어시설의 구축이란 전시행정을 통해 구현코자 하였을 것이다.

IV 사비시대 백제의 고분문화

泗沘時代 百濟의 古墳文化

1. 序言

무덤은 인간의 삶과 불가분의 관계 속에 산출된 물질자료이다. 사후세계의 인식에서 비롯된 무덤은 인류의 문명화와 함께 변천이 거듭되며, 인간 삶의 모습이 가장 적나라하게 반영되어 있다. 때문에 무덤은 고고학 연구의 핵심에 자리한다. 한국 고대사처럼 기록 자료가 零星한 환경에서 무덤의 학술적 가치는 매우 높다. 특히 백제사의 경우 그들에 대한 문헌기록뿐만 아니라 물질자료마저 상당정도 인멸되어 연구에 어려움을 겪는다. 다행히 최근에 풍부하게 발굴되는 분묘자료를 토대로 연구에 상당한 활력을 얻고 있기도 하다. 백제와 같은 고대국가의 성장은 단순히 정치적 예속과 통합만이 아니라 선진문화로 간주되는 중앙문화가 지방의 후진지역으로 확대되는 결과도 가져온다. 백제의 묘제정황에서 사회 변천에 짝하여 재지의 토착사회가 영위하던 분묘문화가 중앙에서 새롭게 유입된 묘제로 변화가 야기되는 모습이 간취되는 것은 묘제에 정치·사회의 변화 및 변천 정황이 그대로 반영되어 있음을 알 수 있다.

백제는 잦은 도읍 遷移의 역사를 가졌고, 각 도읍지에 잔존된 묘제현황은 시기별 차이가 분명하게 드러난다. 한성도읍기는 도읍지에 토광묘를 비롯한 전통묘제와 횡혈식 석실묘가 사용되는데 그 중에서 횡혈식 석실묘가 후행묘제로 나타난다. 반면에 웅진·사비기는 횡혈식 석실묘가 도읍지역의 지배적 묘제로 정착된다. 특히 말기로 구분할 수 있는 사비도읍기는 횡혈식 석실묘가 보편적 묘제로 자리 매김되는 것이다[1]. 이러한 묘제 전개양상에는 백제의 정치·사회변화의 정황이 그대로 함축된 것으로 볼 수 있기에 이를 토대로 정치·사회의 정황의 역추적도 가능할 것이다. 사실 백제의 사비도읍 시기로 편년될 수 있는 무덤자료는 매우 풍부하다[2]. 비단 도읍지인 지금의 부여만이 아니라 인근지역은 물론 멀리는 전북이나 전남지역에서 포괄적으로 발견된다. 나아가 사비기의 백제 묘제들은 석실묘라는 단일유형이 존재한다. 형식도 터널식에서 평천정인 고임식 또는 수평식이 주류라는 특징도 있다. 다만 도읍 지역에 화장묘와 옹관묘가 간헐적으로 발견되고 여타의 지역에서 특수한 묘제도 산발적으로 확인된다. 이를 토대로 백제의 사비도읍기 묘제현황은 횡혈식 석실묘가 보편적으로 사용되고, 이외에 횡구식 석실묘나 화장묘 등이 사용되었던 것을 알 수 있다.

538년 백제의 泗沘 定都는 건국 후 약 550여년의 시간이 경과한 뒤의 일이다. 이후 국가의 종말에 이르는 660년까지 약 120여년간 도읍하는데, 이 기간은 백제문화가 가장 성숙한 단계로 볼 수 있다. 특히 묘제의 경우 웅진도읍기를 거치면서 석실묘가 백제 고유의 것으로 정착되었다. 중앙과 지방, 지방간 묘제차이가 거의 발견되지 않는 통일적 환경이 조성된 기간이기도 하다. 따라서 사비도읍기 묘제의 전개상은 한성도읍기까지 다양하였던 묘제가 웅진기를 거치면서 석실묘로 통일된다. 나아가 그것이 백제

---

1) 이남석, 2002, 『백제의 고분문화』, 서경.
2) 공주시·충청남도역사문화원, 2009, 『백제인의 무덤』.

고유의 것으로 정립됨에서 그 특성을 엿볼 수 있다. 이에 여기에서는 사비 도읍기까지 전개된 백제의 묘제 정황을 검토하면서 아울러 그것이 횡혈식 석실묘로 정립되는 정황을 살피고, 나아가 사비도읍기의 묘제 실상을 석실 묘를 중심으로 정리하여 보겠다.

2. 漢城都邑期 橫穴式 石室墓의 擴散

백제 묘제는 4세기대에 이르러 구체적으로 모습을 갖추어간 것으로 보아야 한다. 이는 『三國史記』 등의 문헌기록 속의 백제국 출발과는 다소 차이가 있는 것으로 초기 백제의 위상을 알 수 있는 분묘자료의 등장이 빨라야 3세기말경이나 4세기대에나 이루어지는 것에서 추정하는 것이다. 물론 분묘에 남겨진 정황이 정치적 실상을 그대로 대변하는 것인가라는 의문도 있지만, 도읍 지역임에도 주변과 차별화될 분묘가 확인되지 않기에 그렇게 판단하는 것이다. 오히려 3세기대까지 삼한사회의 전통을 유지하는 분묘가 널리 산포되어 있음은 초기 백제의 묘제도 삼한, 즉 원삼국시대의 묘제 범주에서 이해되어야 할 것으로 여겨진다[3].

초기백제의 묘제, 즉 백제의 한성도읍기의 도읍 지역에 고유의 전통을 가진 묘제의 등장은 3세기대 말이나 4세기대 초반에 소위 적석총을 비롯한 봉토분으로 분류되는 고총고분의 등장에서 구하고 있음이 일반적이다. 사례로 서울의 석촌동 고분군을 꼽는다. 특히 거기에 있는 적석유구를 고구려 적석총과 대비하면서 고구려식 적석총과 백제식 적석총으로 구분한다. 나아가 이들은 분묘로서 우월성을 갖춘 것으로 고구려와의 경쟁의식에서

---

3) 이남석, 2002, 앞의 책, 326~327쪽.

백제의 위세를 과시하기 위하여 조성한 결과로 보기도 한다[4]. 물론 이러한 대형 분묘의 존재는 백제가 고대국가로서 위상을 갖추었고, 국가적 권위를 대외적으로 과시한 결과로 보면서 이를 기회로 명실상부하게 고대국가가 형성되었음을 징표하는 근거로 삼기도 한다[5].

한성도읍기 백제묘제의 집약처인 석촌동 고분군에는 적석총으로 분류되는 유구와 함께 봉토·봉석한 목관을 매장시설로 갖춘 대형 봉토분도 남아 있어 고총고분의 등장을 인지하는데 문제가 없다. 나아가 이들 고총고분은 다장묘적 성격을 갖추고 있어 나름의 백제적 특징도 있다. 더불어 적어도 3세기 말경부터 4세기대 전반 무렵부터 집중적으로 사용되기 시작함에 백제의 고대국가 형성시기와 상통하는 묘제로 봄에 문제는 없을 것이다.

<u>001</u> 석촌동 기단식 적석총

---

4) 姜仁求, 1991, 「初期 百濟古墳의 檢討 -建國과 관련하여-」『百濟硏究』22, 忠南大學校 百濟硏究所.
5) 朴淳發, 1996, 「百濟의 國家形成과 百濟土器」『제2회 百濟史 定立을 위한 學術세미나』, 백제문화개발연구원.
　　_____, 2001, 『漢城百濟의 誕生』, 서경문화사.
　　김기섭, 2007, 「백제의 건국 시기와 주체세력」『先史와 古代』27, 韓國古代學會.

다만 석촌동 고분군의 적석총은 숫자상으로 많지 않다. 백제 초기도읍지 한성이 이후의 도시발달로 유적의 인멸이 크게 진행되었다고 하더라도 적석총이 지배적 묘제로 사용되었다고 보기에 분포밀도가 지나치게 빈약하다. 그리고 남겨진 적석유구도 외형상 고구려의 적석총과 비슷한 석축기단이 복원된다는 사실 외에 분묘로서의 적극적 증거가 발견되지 않는다. 무덤의 기본시설인 매장부가 전혀 없고, 묘실 내에 두었을 부장품도 전혀 발견되지 않을 뿐만 아니라 동시기의 묘제로 대비될 수 있는 다른 자료가 존재하지 않는 다는 점에서 그러하다. 때문에 한성도읍기의 백제묘제로서 적석총의 존재를 인정하기에 아직도 해결되어야 할 문제가 많다는 것을 알 수 있다.

그런데 백제묘제로서 보다 선진적 묘제인 횡혈식 석실묘제가 적어도 4세기 중·후반 무렵에 등장한다. 본디 횡혈식 묘제는 중국 前漢期에 부부합장의 관습에서 전통적 관·곽묘가 전실묘로 전환되면서 출현하는 묘제이다. 이들은 중국의 後漢期에 이르러 지하궁전형의 대형 저택을 분묘로 조성하면서 횡혈식 묘제로 구체적으로 정착되기에 이른다[6]. 그리고 한

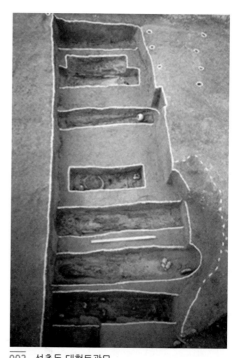

002 석촌동 대형토광묘

---

6) 李南奭, 2009,「橫穴式 墓制의 淵源과 展開」『先史와 古代』30, 韓國古代學會, 20~22쪽.

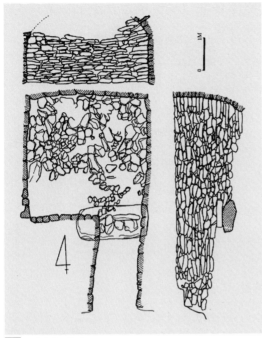

003 가락동 3호분

반도는 서북한 지역에 유입되었다. 이는 군현을 통해 이루어진 것으로 보며, 서북한 지역에 산포된 전실묘를 예로 들 수 있다. 다만 전실묘는 다시 석실묘로 전환되었고, 그것이 주변으로 확대되는데 이 과정에 백제지역으로 횡혈식 석실묘가 유입된 것으로 추정한다. 백제지역에 횡혈식 석실묘가 등장한 시기는 현재까지 확인된 자료로 미루어 적어도 4세기 중·후반 무렵으로 추정된다[7]. 이는 근초고왕 즈음에 백제가 서북한 지역에 진출한 것을 기회로 유입되었다는 논거의 근거가 되기도 한다.

한편 한성도읍기에 등장하여 사용되었던 횡혈식 석실묘 자료는 충분하게 확인되어 있다. 더불어 석실묘의 전개상에 대해서도 가락동과 방이동의 석실묘 자료를 근거로 토광묘에서 적석총으로 그리고 석실묘로의 전환이라는 이해가[8] 일찍부터 마련되었었다. 다만 가락동·방이동 석실묘에서 출토된 신라토기를 근거로 도읍지역에서 백제 석실묘의 존재가 부정되기도 했

7) 李南奭, 1992,「百濟初期 橫穴式 石室墳과 그 淵源」『先史와 古代』2, 韓國古代學會.
8) 西谷正, 1980,「百濟前期 古墳의 形成過程」『百濟文化』13, 公州師範大學 百濟研究所.

지만[9] 그에 대한 문제제기와 함께[10] 청주의 주성리 유적과 안성의 장원리 유적의 신라토기가 남겨진 백제 석실묘 발견을 기회로 가락동·방이동 석실묘도 처음의 인식대로 백제의 석실묘로 보아야 한다는 점이 재강조되기도 하였다[11]. 이후에 한성지역의 우면동 유적과 판교유적, 광암동 유적에서 백제 석실묘 존

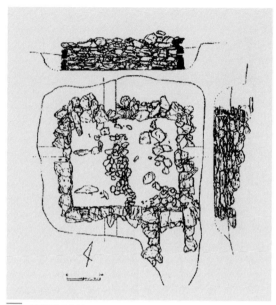

004 주성리 2호분

재가 추가되면서 한성도읍기 도읍지역에도 일찍부터 석실묘가 유입되어 전개되었다는 인식도 확립할 수 있게 되었다[12].

사실, 한성기 도읍지역의 분묘로서 봉토묘적 속성을 갖춘 묘제의 성행은 폭넓게 확인된다. 더불어 석촌동 고분군의 적석유구의 존재로 미루어 그와 관련된 장·묘제적 환경도 상당기간 지속되었을 것으로 볼 수 있다. 다만 그와 관련된 유구의 성격을 분명하게 정립할 수는 없는데 이러한 환경이 횡혈식 석실묘의 유입과 더불어 변화되었다고 보아야 할 것이다.

---

9) 崔秉鉉, 1992,『新羅古墳硏究』, 一志社.
10) 李南奭, 1992, 앞의 논문.
11) 李南奭, 1999,「百濟 橫穴式 石室墳의 受容樣相」『古代史硏究』17, 韓國古代史硏究會.
12) 李賢淑, 2011,『4~5世紀代 百濟의 地域相 硏究』, 高麗大學校大學院 博士學位論文.

토광묘 계통의 묘제인 봉토묘 등에 구사된 장·묘제가 새로 유입된 횡혈식 묘제와는 차이가 크다는 것은 충분히 예견된다. 때문에 새로운 묘제로의 전환이 상당한 진통과 시간이 요구되었을 것이다. 묘제적으로 횡혈식 석실묘는 합장을 전제하면서 관납의 매장방식을 가졌다. 특히 이전과는 달리 壽陵의 풍습도 추정할 수 있기에 그러하다. 다만 종전의 수혈식 묘제와는 달리 새롭게 유입된 횡혈식 묘제가 중국에서 비롯된 선진 묘제라는 점에서 비교적 쉽게 수용된 것이 아닌가라는 추정도 가능할 것이다. 물론 수입과 확산의 주체는 왕실을 중심한 지배층일 것이다.

아무튼 백제의 횡혈식 묘제는 적어도 4세기 중·후반경에 도읍지역에 유입되어 기존의 전통묘제인 봉토묘나 적석총과의 병존 기간을 거쳐 결국에는 석실묘로 전환되었을 것으로 봄에 문제가 없다. 그리고 웅진 천도후의 도읍지인 웅진지역의 묘제가 한성도읍기의 전통묘제였던 봉토묘나 적석총이 전혀 확인되지 않았다. 따라서 석실묘로의 전환은 적어도 5세기 중반경에는 완성된 것으로 볼 수 있을 것이다[13].

한편 한성도읍기의 지방사회는 도읍지역 묘제와는 달리 각각의 고유묘제가 사용되는데, 지방마다 차별화된 정황을 드러낸다. 분묘 유형은 우선 토광묘 계통으로 주구토광묘·분구토광묘·관곽토광묘가 있다. 주구 토광묘는 3세기 무렵에 서북한에서 경기 서해안으로 확산되고 이어 충청 북부와 충청 내륙지역으로 전개되면서 한반도 남쪽까지 확산된 묘제이다[14]. 다만 서산 예천동의 유적으로[15] 미루어 남하의 시기가 보다 이를 수 있겠지만, 천안 청당동 유적[16] 등의 예로 미루어 3세기대를 기점으로 이후 크게 성행

---

13) 李南奭, 2002, 「百濟墓制의 展開」『百濟墓制의 研究』, 서경.
14) 이남석, 2011, 「京畿·忠淸地域 墳丘墓의 檢討」『墳丘墓의 新地平』, 전북대BK21사업단 국제학술대회.
15) 백제문화재연구원, 2012, 『서산 예천동 유적』.
16) 국립중앙박물관, 1995, 『천안 청당동 유적』.

하였고, 충청 내륙지역에서는 5세기대까지 존속되고 있음을 송원리 고분군의 주구 토광묘의 예에서[17] 알 수 있다.

주구토광묘는 지하에 묘광을 조성, 그 안에 목곽과 목관을 설치하는 것이 기본이다. 다만 목곽은 선택적이나 부장품은 목관 외부에 부곽을 설치하여 안치함이 보통이다. 그리고 봉토를 성토하면서 주변에 눈썹형의 주구를 남기는데, 외형상으로 분묘 자체가 고총형상으로 만들어져 분명한 표식을 갖추면서 무덤간의 간격도 일정한 권역을 이룬다는 특징이 있다.

한성도읍기의 충남 서해안과 전북의 서해안 그리고 약간 내륙으로 치우쳐 분구토광묘가 사용된다. 분구토광묘는 목관을 지상에 두고 흙을 덮는 묘제로, 잔존유구는 묘광이 불분명하나 목관시설은 분명하고 나아가 무덤 외변에 방형으로 주구가 남겨진다. 이 묘제는 본래 원삼국시대 마한지역의 묘제가 서북한 지역에서 남하한 주구토광묘 즉 고총으로 봉분을 조성하는 등의 묘제 영향으로 새롭게 발생된 것이다. 서산의 기지리 유적과[18] 완주의 상운리 유적을[19] 대표 사례로 꼽을 수 있다. 대체로 분구토광묘는 4세기에서 5세기 즈음으로 편년됨이 일반적이다. 이를 기회로 분구토광묘는 대체로 4세기대에 비롯되는 것으로 볼 수 있는데, 특히 서산 부장리 유적의[20] 경우 대형 분구토광묘에 금동관모가 출토되어 백제 지방사회의 유력한 분묘로 사용되었음도 알 수 있다.

한편 4세기대에 이르면 주구토광묘나 분구묘와는 묘제적 차이를 가진 관·곽토광묘가 경기도의 남부지역을 비롯하여 중부 내륙 및 충청지역의 일원에서 사용된다. 대표적 유적으로 경기도 화성의 마하리 유적과 천안의

---

17) 한국고고환경연구소, 2010, 『燕岐 松院里 遺蹟』.
18) 公州大學校博物館, 2009, 『海美 機池里 遺蹟』.
19) 全北大學校博物館, 2006, 『완주 상운리 유적』.
20) 忠淸文化財硏究院, 2000, 『서산 부장리 유적』.

<u>005</u> 아산 밖지므레 주구토광묘

<u>006</u> 서산 기지리 분구토광묘

용원리 유적, 그리고 청주의 신봉동 유적을 꼽을 수 있다. 지하 깊게 묘광
을 조성하면서 목관은 선택적이나 목관은 반드시 안치하는 이 묘제는 철제
무기가 급속하게 증가하면서 마구의 부장도 크게 나타난다. 특히 외부에
분구 흔적을 인지할 표식시설이 없고 무덤간 간격도 좁으면서 밀집된 배치

007 천안 용원리 관·곽토광묘

008 호남지역의 옹관묘

상을 드러낸다. 더불어 이들 관·곽토광묘와 함께 석곽묘도 등장한다. 석곽묘는 목곽 대신에 석곽을 지하에 조성한다는 점 이외에 앞의 관·곽토광묘와 상통하는 점이 많다. 물론 이 석곽묘는 관곽토광묘보다 시기적으로 약간 후행한다고 추정되고 나아가 충남의 내륙지역에서 나름의 발전을 토대로 5세기 말경까지 지역 고유의 묘제로 사용된다. 이 석곽묘는 5세기 이후에 이르면 충청도 내륙지역을 위시하여 금강의 상류는 물론이고, 전북의 북쪽인 금강유역 일대의 분포권을 형성하기도 한다.

이외에 영산강 유역을 중심한 호남지

역은 특유의 분구옹관묘가 성행한다. 이 묘제는 신창동 옹관묘의 사례로[21] 미루어 마한시대의 옹관장 전통이 유지되다가 다장적 고총화를 통해 여러 개의 옹관을 포함한 대형 분구묘를 축조한 것으로 추정된다. 특히 4세기 이후에는 전용의 옹관을 제작하여 사용하는 특성도 있다. 이 분구옹관묘의 전통은 5세기 말엽까지 성행하다가 6세기 전반경에 자취를 감추는데 한국 고대사회 분묘 문화상에서 가장 특징적 면모를 보이는 것이기도 하다.

이처럼 백제의 한성도읍기 묘제환경은 도읍지역과 지방사회로 구분되면서 도읍지역은 봉토묘와 석실묘, 그리고 지방사회는 지방간에 차별적으로 토광묘 계통, 석곽묘, 옹관묘 등의 다양한 묘제가 사용되고 있음을 알 수 있다. 나아가 이러한 지역 간·묘제의 구분은 4세기대에 뚜렷한 모습을 갖추는데 4세기 후반 및 5세기 전반에 이르면서 고총화가 강화된다거나 중앙에서 사여된 위세품의 부장이 증가하는 등의 변화도 가져온다. 그중에서도 가장 주목되는 것은 백제의 도읍지역에 유입된 횡혈식 석실묘제가 간헐적이지만 지방사회에 등장한다는 것이다. 물론 지방사회에 등장한 석실묘는 지방 고유의 전통 묘제속에 간헐적으로 나타난다. 그 사례는 화성의 마하리 석실묘, 용원리의 석실묘, 청주 신봉동의 석실묘, 공주 수촌리의 석실묘, 익산 입점리의 석실묘, 고창의 봉동 석실묘, 나주 복암리의 석실묘를 꼽을 수 있다. 이들 지방사회에 수용된 석실묘의 잔존 정형은 고유의 전통적 장·묘제의 흔적을 크게 남기면서 본래의 횡혈식 묘제의 기능이 제대로 작동하지 않는 것이 많다[22].

살핀 것처럼 한성도읍기의 도읍지역 백제 묘제로 석실묘의 유입이 4세기 중·후반경에 이루어졌고, 그것이 5세기대에는 주묘제로 완전 전환되었을 것으로 추정하였다. 여기에 백제의 지방사회는 각 지역별로 특화된 고

---

21) 김원룡, 1964,『新昌里 甕棺墓地』, 서울대학교 출판부.
22) 李南奭, 2007,「漢城期 百濟 石室墳의 再認識」『震檀學報』103호, 震檀學會.

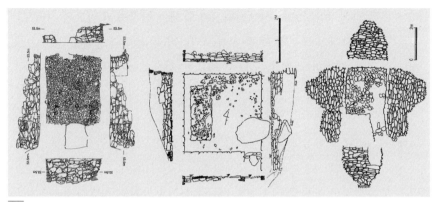

유의 전통묘제가 성행하는 환경에서 간헐적으로 횡혈식 석실묘가 등장한
다. 그런데 각 지역에 등장한 석실묘는 각각의 고유의 분묘 축조환경의 영
향도 있지만 기본적 구조 속성에 차이가 있다. 이는 석실묘의 특성인 묘실
의 평면·연도의 위치·천정의 가구방식 등에서 차별화될 수 있는 속성으로
나타나는데, 이는 지방사회의 수용환경, 즉 도읍지역에 등장한 석실묘의
모방축조하면서 나타난 것이다. 여기에는 모방 대상의 차이, 축조자들 고
유의 장·묘제적 관습의 반영 등에서 비롯된 것으로 볼 수 있지 않은가 여겨
진다.

3. 熊津都邑期 橫穴式 墓制의 定立

고구려 장수왕의 3만 정예병의 침공에 대항하기 위하여 백제 개로왕은
성문을 굳게 걸어 잠그고 항전하면서 문주 등을 지방에 내려 보내 구원군을
동원케 하였다. 그러나 구원군이 도착하기 전에 한성은 함락되고 왕이 패
사하는 비운을 맞이하게 되었다. 더불어 고구려 장수왕은 포로 8천을 거느

리고 퇴각하였다. 그리고 뒤늦게 구원군과 함께 한성에 돌아온 문주는 국가의 명맥을 잇기 위하여 왕위에 올랐다. 이어 웅진으로 천도하니 이로서 백제의 웅진시대가 전개되는 것이다[23].

따라서 백제의 웅진시대는 국가적 위기에서 비롯된 것이기에 웅진시대의 면모에 임기응변적인 것이 많았을 것이다. 다만 이러한 위기는 천도에 수반될 수 있는 사회·문화상은 변화보다 오히려 한성기 체제가 그대로 이식되었을 것으로 봄에 문제가 없다. 특히 고분문화처럼 전통성으로 변화· 변천이 쉽지 않은 속성은 더더욱 그러할 것으로, 웅진천도와 더불어 비롯되는 백제의 고분문화는 한성도읍기의 것들이 그대로 이입되었다고 볼 수 있을 것이다.

다만 백제의 웅진천도는 국가적 비상사태에서 비롯된 것으로 천도 후 곧바로 국가적 안정을 도모하기 어려웠을 것이다. 이는 천도 후에 나타난 정치상황, 즉 잦은 정변을 포함하여 왕이 살해된다거나 이유없이 교체되는 환경은 정치적 혼란은 물론 국가적 위기가 계속 되었음을 그대로 보여준다. 이러한 혼란은 천도 후 불안정한 정치상황을 대변하는 것이다. 한성함락과 이어진 웅진천도라는 국가적 위기는 연이어 왕실은 물론이고 여러 세력간의 갈등이 증폭되면서 비롯된 것이다. 나아가 여기에는 신흥세력, 즉 웅진천도의 실질적 주체인 구원군이었던 지방세력도 크게 간여되었을 것이다. 이러한 혼란은 웅진천도 초기의 사회·문화적 정체현상을 가져왔을 것이기에 고분문화의 전반적 현황도 한성말기의 환경이 지속될 수밖에 없었을 것이다.

웅진도읍기 백제의 고분문화 환경은 몇 가지 특징이 발견된다. 그중에서 가장 주목되는 것은 천도와 더불어 정립된 횡혈식 석실묘가 그대로 등

---

23) 李南奭, 1997, 「熊津地域 百濟遺蹟의 存在意味」 『百濟文化』26, 公州大百濟文化研究所.

수촌리 백제 고분군

장하는 것인데, 일부는 형식간에 차이를 드러내기도 한다. 그러나 이전에 도읍지역에서 사용되었던 봉토묘나 적석총 유형의 묘제는 전혀 나타나지 않는다. 반면에 국가적 안정이 달성되는 무령왕 즈음에 새롭게 중국의 전축묘제가 도입되어 축조되는 새로운 정황도 나타난다. 다만 이 전축묘제는 오히려 도읍지역에 한정될 뿐만 아니라 곧바로 석실묘로 전환되는 모습도 발견된다. 이처럼 도읍지역에는 나름의 새로운 묘제의 정착과 정립, 그리고 새로운 묘제의 도입과 전환이 발생하지만 그것이 도읍지역에 한정될 뿐, 지방사회로 널리 확산되거나 커다란 영향은 발견되지 않는다.

　백제의 웅진천도 이전의 웅진지역은 도읍지 일원에 국한할 경우 크게 주목되는 유적이 거의 없었다[24]. 오히려 도읍지의 외곽 특히 금강의 북쪽

----

24)　李南奭, 1997, 앞의 글.

이나 남쪽의 부여에 가까운 지역은 천도 전에 조성된 것으로 판단할 수 있는 유적이 분포된 것과는 대조를 이룬다. 웅진 도읍지 주변에 잔존된 분묘군으로 가장 유명한 것은 수촌리 유적이다. 수촌리 유적은 토광묘와 석곽묘, 그리고 석실묘로 구성된 유적이다. 그리고 석실묘는 물론이고, 토광묘에서도 금동관모를 비롯한 중국제 자기 등의 위세품이 다량으로 출토되었다. 물론 이 고분군의 주체를 백제 웅진천도의 주도세력으로 보고 있다[25]. 그리고 본래 고유의 묘제는 4세기 후반까지는 관곽토광묘를 사용하였음을 보여준다. 그런데 여기에서도 금동관모를 비롯한 위세품이 풍부하게 매납되어 일찍부터 이 지역의 핵심세력으로 군림하고 나아가 백제

---

25) 이훈, 2006, 「공주 수촌리 백제금동관의 고고학적 성격」『한성에서 웅진으로』, 제6회 충청남도역사문화원 정기 학술심포지엄, 忠淸南道歷史文化院 國立公州博物館, 15~43쪽.

의 중앙과 밀접한 관련 속에 위세품을 사여받았던 것을 알 수 있다.

수촌리 고분군의 석실묘는 이들 토광묘에 이어 5세기 중엽경에 조성된 것인데, 묘제적으로 횡혈식 석실묘의 기본적 형상을 갖추었다. 그러나 장축이 등고선 방향에 맞추어 있다거나 출입시설이 형식적으로 마련되고, 묘실내부에 1인용의 관대만 시설되어 있다는 특징도 있다.

012 수촌리 1호 관곽토광묘 내의 위세품들

013 공주 산의리 석실묘

이러한 구조특성은 축조과정에 지역 고유 묘제환경이 그대로 유지되었음을 보여주는 것이다. 그럼에도 금동관모를 비롯한 금동식리 및 중국제 도자기 등의 위세품이 포함되어 있음에서 그들이 중앙과 유기적 관련 속에 있었고, 나아가 횡혈식 석실묘라는 묘제도 그러한 관련 속에서 수용되었다고 볼 수 있다[26].

----

26) 李南奭, 2008, 「百濟의 冠帽·冠飾과 地方統治體制」 『韓國史學報』 33, 高麗史學會.

웅진천도 후 도읍지역의 묘제는 횡혈식 석실묘이다. 그것도 정형화된 유형이다. 앞서 언급된 것처럼 백제사회에 처음 유입된 유형은 대체로 궁륭식이나 네벽조임식의 형식을 갖추고 있다. 다만 궁륭식은 축조기술상의 어려움이 예상되는 것이기에 본래는 네벽 조임식에서 출발하였고, 그것이 형식적 정형을 이루면서 궁륭식으로 정착된 것으로 본다. 궁륭식은 천정이 원형인 궁륭식에 묘실의 평면이 방형이고, 개구식의 입구에 연도가 우편재에 장연도라는 정형적 형상이 정립된다. 그리고 웅진천도 이전에 조성된 것으로 볼 수 있는 횡혈식 석실묘는 구조적으로 횡혈식이란 통일성은 있으나 세부 속성은 규칙성이 발견되지 않는다. 오히려 웅진으로 천도한 이후의 석실묘에서 보편적으로 발견되는 통일적 구조양태와는 대조를 이룰 만큼 다양한 구조양태를 드러낸다. 그런데 이처럼 다양한 초기의 횡혈식 석실묘가 웅진천도 후에는 구조적으로 정형화된 형식적 통일이 이루어진다. 궁륭식으로 구분되는 것의 경우 방형의 묘실에 개구식 입구 시설을 지니고, 연도는 우편재에 장연도를 갖추고 있는 것이 그것이다[27]. 그 자료는 공주의 송산리 고분군·웅진동 고분군·보통골 고분군 등을 꼽을 수 있다.

웅진동 고분군의 경우 약 30여기의 석실묘가 조사되었는데 천도전의 횡혈 옹관묘 외에 나머지 모두는 횡혈식 석실묘이다. 이들은 구조적으로 궁륭식이란 공통성이 있다[28]. 남향의 경사면을 입지로 선정하였고, 묘실의 절반정도를 안치할 수 있는 범위, 즉 천장의 궁륭부분 이하는 모두 지하화할 수 있을 정도의 묘광을 경사방향에 장축을 두어 조성하는데 경사의 아래쪽을 긴 묘도가 이어지도록 하였다. 묘실의 조성은 할석재를 사용하는데 평면 방형이나 근방형 혹은 장방형에 우편재의 연도를 갖추도록 하였다.

---

27) 李南奭, 1995, 『百濟 橫穴式 石室墳의 硏究』, 學硏文化社.
28) 安承周, 1981, 「公州 熊津洞古墳群 發掘調査報告書」『百濟文化』14, 公州大學校 百濟文化硏究所.

천정은 대부분 붕괴되었지만 궁륭식으로 봄에 문제가 없다. 더불어 묘실의 바닥은 할석재나 강자갈을 부석하면서 연도로 이어지는 배수로를 설치하는 공통성도 보인다. 이러한 현황은 웅진도읍기 전반 무렵의 묘제가 석실묘로서 궁륭식에 집중되었음을 보여준다. 이는 송산리 고분군에서도 동일하게 나타나는 것으로 미루어 웅진 천도 후 백제 도읍지역 묘제 현황을 대표하는 것으로 봄에 문제가 없을 것이다.

다만 공주 금학동 고분군에는 천장을 아치형으로 조성한 횡혈식 석실묘도 있다. 아치형으로 구분하였던 이 유형의 분묘는 중국의 전축묘 도입 이후에 나타난 터널식의 변형으로 보았었다. 그러나 최근 서울 판교의 한성기 백제 석실분의 사례로 미루어 이미 한성도읍기에 백제의 석실묘로 정착된 것이 웅진천도와 더불어 移入된 것으로 볼 수 있을 것이다.

한편 이 궁륭식이거나 아치식의 석실묘는 웅진에 도읍하던 시기에 묘실의 형태가 장방형으로 변화되면서 평면뿐만 아니라 천정구조 등 구조형식 전반에 대한 형태 변화가 나타난다. 천정구조가 궁륭식에서 터널식으로, 나아가 묘실의 방형 평면구조가 장방형으로 변하는 것 외에, 묘실 입구에 문틀이 설치된다거나 연도가 단연도화 되면서 위치는 중앙으로 이동한다. 아울러 축조 재료에서도 보편적으로 사용되던 할석 대신에 보다 규모가 큰 판석류의 사용이 증가하는 등, 변화의 형상은 자못 심하다[29]. 그런데 궁륭식에서 터널식으로 변화는 단순하게 궁륭식 자체의 점진적 변화에서 비롯되었다고 볼만한 요소는 거의 없고 오히려 이질적 요소가 많다. 물론 이러한 변화의 원인은 백제사회에 중국묘제인 전축분의 도입과 관련 있다.

백제의 전축묘는 무령왕릉과 함께 있는 6호 전축분이 유일한 잔존 사례이다. 그러나 웅진도읍기 백제묘제로서 전축묘는 이들 외에도 몇 기가 더

---

29) 이남석, 1995, 앞의 책.

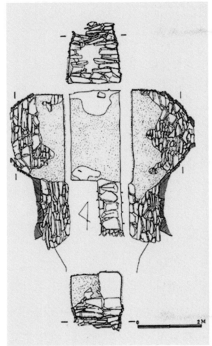

014 공주 금학동 2호분 | 015 무령왕릉

확인되어 있다. 일제 강점기 때에 공주 교동에서 발견된 것이 그것으로 2
기가 더 있었지만 지금은 위치조차 확인하기 어렵다. 그러나 당시에 남겨
진 기록에 의하면 무령왕릉과 비슷한 형태의 것으로 본다. 다만 축조과정
에 포기된 것과 완전 파괴된 것으로 전하고 있어 유구 자체의 정확한 실상
을 확인하기는 어렵다. 아무튼 전축묘는 축조 재료상의 차이 외에 구조는
횡혈식 석실묘와 대동소이하다. 장방형의 묘실에 터널식의 천정을 지녔
고, 연도는 중앙에 형태상 장연도로 시설되어 있다. 이러한 전축분의 구조
는 궁륭식의 다음에 등장한 터널식 석실묘와 동일한 형상이란 점을 주목할
수 있다. 따라서 이러한 터널식 석실묘의 발생이 이 전축분의 모방축조에
서 이루어진 것임을 알게 한다.

사실 백제사회에 중국 전축묘의 출현은 묘제의 전개상으로 보면 획기적 사건이다. 4세기 중엽이후 등장하여 중심묘제로 자리한 석실묘는 웅진천도 즈음에는 궁륭식을 중심으로 구조적 통일성을 이루면서 백제의 전통묘제로 자리한다. 전축묘는 이처럼 석실묘가 정립된 환경에 등장하였는데, 백제가 중국으로부터 선진문물을 활발하게 도입한 것을 우선 그 배경으로 볼 수 있다. 더불어 또 다른 배경, 즉 전통묘제를 지양하고 중국에서 새로운 묘제의 도입과 사용은 백제의 새로운 도약, 즉 신묘제의 수용과 사용이라는 자신감의 발휘로 볼 수 있다. 다만 중국에서 수입된 전축묘제는 축조재료가 벽돌이라는 점과 구조양식에 터널형의 구조라는 점 외에 본래의 백제묘제와 큰 차이가 없기에 백제적 장·묘제 환경에서 중국 전축묘제가 무리없이 신속하게 수용되었다고 볼 수 있을 것이다. 그리고 백제의 중국 전축묘제 수용은 일회적 사건에 머문 것으로 보인다. 백제는 본래부터 정착되었던 석축의 분묘 축조법을 여전히 고수하였다. 다만 석실묘의 구조양식이 종전의 궁륭식에서 터널형으로 변화가 나타났고, 이는 백제인의 선진적 묘제양식을 자기 것으로 소화하는 단면을 보여주는 것이기도 하다.

이처럼 웅진도읍기의 도읍지역 묘제 전개상은 한성도읍기에 정착되었던 석실묘가 이입되었고, 더불어 중국 전축묘의 도입이 이루어지나 여전히 석실묘가 고수되면서 단지 묘제형식의 변화만 나타날 뿐이다. 이러한 정황은 지배적 묘제로 횡혈식 석실묘제가 자리매김 되었음을 보여주는 것이다. 나아가 그러한 환경이 이미 한성도읍기에 정립된 것을 보여주는 것이기도 하다. 반면에 이즈음의 백제 지방사회의 묘제 전개상은 오히려 정체적 환경이었던 것으로 추정된다. 즉 웅진도읍기 도읍지역에서 전개된 고분문화, 특히 석실묘의 묘제환경이 지방사회로 확대되거나 수용되는 모습이 구체적이지 않다. 다만 도읍지 인근에서 그 흔적의 일부만 나타날 뿐이다. 예컨대 논산 모촌리 고분군의 석곽묘내에 포함된 터널식 석실분의 사례가 그

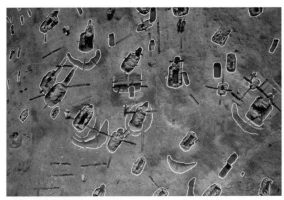

016 서천 추동리 고분군

017 연기 송원리 백제 석실묘

러하고[30], 서천 추동리에서 발견된 웅진기로 편년될 수 있는 석실묘의 존재로[31] 미루어 그러하다. 이는 웅진도읍기의 백제 지방사회의 고분문화도 한성도읍기 후반경에 정립된 환경이 지속되었던 것으로 볼 수 있다.

한편 5세기말경에서 6세기 초반 무렵에 이르러 백제 고분문화의 전개상에서 가장 두드러진 특징은 금강유역의 도읍지역이란 한정된 범위지만 전혀 이질적 모습을 갖춘 석실묘가 대규모로 군집된 채 갑자기 출현하는 것이다. 대표적 사례로 연기

30) 安承周·李南奭, 1994, 『論山 茅村里 百濟古墳群 發掘調査報告書』, 公州大學校博物館.
31) 忠淸文化財研究院, 2006, 『舒川 楸洞里 遺蹟 -I地域, II地域-』
_____, 2008, 『舒川 楸洞里 遺蹟 -III地域-』

018 전방후원분형 무덤

송원리 고분군을[32] 꼽을 수 있다. 여기에는 석실묘의 구조양식이 도읍지와 차이가 있으나, 자체는 형식적으로 단일형식으로 볼 수 있는 것들이 다수 조영되어 있다. 이는 백제의 웅진천도 즈음에 석실묘 사용집단의 남하와 관련된 것이 아닌가 여겨진다.

그리고 또 다른 특징은 영산강 유역에 등장한 일본 북구주 계통의 전방후원형 분묘의 등장이다. 이 분묘는 영산강 유역에 넓게 산포된 형상으로 분포하지만, 묘제적으로 정립된 모습이고 통일성을 갖추고 있다[33]. 특히 백제 웅진천도 즈음에 갑자기 등장하였고, 6세기 초반경에 갑자기 사라지는 존재 특성을 보이면서 분묘의 구조특성은 일본의 북구주에서 성행한 전방후원분의 전형을 보여준다. 그러나 잔존 유물은 오히려 백제적 속성

---

32) 한국고고환경연구소, 2010, 앞의 보고서.
33) 신경철·주보돈 외, 2000, 『韓國의 前方後圓墳』, 충남대학교출판부.

을 지닌 것이 많기도 하다. 물론 이 분묘의 존재의미에 대해 다양한 견해가 제시되어 있지만[34], 오히려 분묘의 고고학적 환경, 즉 존재시기 존재양식 구조특성 등을 고려하면 백제의 웅진천도라는 사건과 무관할 수 없다고 여겨진다. 즉 이 분묘의 주인공들은 백제의 구원군으로 참여하였던 북구주의 왜 세력으로, 백제의 웅진도읍 초기에 정치적 갈등의 이해당사자로 존재하였던 것이 아닌가 추정될 수도 있을 것이다.

4. 泗沘都邑期 百濟墓制의 展開

백제의 사비도읍기 사회·정치·문화는 웅진시대의 그것과 연계되어 한 단계 발전된 것으로 볼 수 있다. 따라서 고분문화도 웅진도읍기의 환경을 그대로 이어받고, 다시금 백제적인 것으로 발전한 것으로 볼 수 있다. 특히 백제의 사비도읍기 고분문화 환경은 오랫동안 변화·변천의 종착점에 이르면서 다양하였던 묘제가 횡혈식 석실묘로 통일되었다는 특징이 있다. 다만 횡혈식 석실묘가 묘제의 주류를 이루지만 이도 후반기에 이르면 횡구식으로의 변화가 나타난다. 나아가 불교의 성행과 관련 있겠지만 화장묘와 같은 새로운 묘제가 등장하는 모습도 발견된다. 따라서 사비도읍기 백제 묘제의 전개는 횡혈식 석실묘의 형식변화 과정과 그것이 횡구식으로의 변화과정 그리고 새롭게 등장한 화장묘의 존재양식으로 설명될 수 있을 것이다. 물론 언급된 것처럼 묘제의 주류는 횡혈식 석실묘이다.

사비도읍기 도읍지역 묘제환경을 가장 분명하게 보여주는 유적은 왕릉으로 인정되는 능산리 고분군, 그리고 상위 귀족계층의 무덤군으로 보는

34) 姜仁求, 2001, 『韓半島의 前方後圓墳 論集 1983-2000』, 동방미디어.
대한문화유산연구센터, 2011, 『(한반도의)전방후원분』, 학연문화사.

능안골 고분군을 비롯하여 사비도읍기 공동묘지였던 것으로 추정되는 염창리 고분군을 꼽을 수 있다. 결론적인 것이지만 이들 고분군의 분묘는 묘제적으로 횡혈식이나 횡구식의 석실묘인데 횡혈식의 경우 터널식·고임식·수평식에 한정되면서 단지 규모나 정교함에서 차이를 보이지만 크게 차별

019 능산리 고분군 전경

화되지는 않는 통일성도 발견된다.

우선 능산리 고분군은 사비도읍기의 왕릉으로 인정되는 유적이다. 이 고분군은 이미 일제강점기 때부터 백제 왕릉군으로 인정되었던 것인데[35], 90년대 후반 무렵 인근에서 원찰인 능사지가 발견됨으로써 성왕을 포함한 그의 가계 구성원의 무덤군이었음을 구체적으로 인정할 수 있게 되었다[36]. 능산리 고분군은 일제 강점기 때 이미 발굴조사가 이루어졌던 것인데, 무덤군은 동서로 구분된다. 서고분군이 왕릉으로 특히 중하총은 터널형 구조를 갖추고 있어, 가장 이른 시기의 무덤일 뿐만 아니라 규모 등을 고려하여 성왕릉으로 간주하기도 한다. 이외의 무덤들은 횡혈식 석실묘로서 고임식과 수평식이 혼재되어 사비도읍기의 전 기간에 걸쳐 조영되었음도 보여준다.

이러한 묘제환경은 능안골 고분군에서도[37] 그대로 나타난다. 이 고분군

---

35) 野守建, 小川京吉, 1920, 『大正六年度古蹟調査報告』, 朝鮮總督府篇.

36) 李南奭, 2000, 「陵山里 古墳群과 百濟王陵」 『百濟文化』 29, 百濟文化研究所.

37) 국립부여문화재연구소, 2000, 『능안골 고분군』.

020 능안골 고분군 전경

은 적어도 귀족계층의 무덤군일 것으로 판단하는 것이다. 조사된 분묘는 약 70여 기로 모두 횡혈식 석실묘로 고임식과 수평식의 구조를 지니고 있는 것이다. 예컨대 36호분의 경우 완만한 경사면에 위치하면서 단면육각형의 고임식 구조로 축조한 것인데, 석실내에 인골과 유물이 원형을 유지한 채 확인된 분묘이다. 우편재의 연도를 갖춘 것으로 입구는 장대석을 양쪽 벽에 돌출시켜 세우고 인방을 시설하여 전형적 문틀식을 갖추고 있다. 묘실내에 동서로 나란히 인골이 남아 있었는데, 남녀 합장으로 확인되고, 이의 가장자리 선을 따라 철제 관고리·관정이 남아 있다. 머리부위에 은제 관식과 관모테 등이 남겨져 있었는데, 이 지역에서 발굴된 분묘의 대체적 형상은 이에서 크게 벗어나지 않는다.

앞서 언급된 능산리 고분군이나 능안골 고분군이 왕실을 위요한 상위계층의 분묘 구역이라면 염창리 고분군은 보다 하위계층의 일반적 분묘구역으로 볼 수 있을 것이다. 그러나 여기에 잔존된 개별 분묘의 묘제 정황은 능안골 고분군과 크게 다르지 않고, 단지 규모나 정교함에서 차이가 있을 뿐이다. 이 염창리 고분군은 약 300여기의 무덤이 밀집된 채 발굴조사된 유적으로[38] 무덤은 횡구식 석실묘가 주류지만, 횡혈식 석실묘도 약 절반정도의 비율로 있다. 횡혈식 석실묘의 경우 터널식의 구조를 지닌 것도 있어 주목된

---

38) 公州大學校博物館, 2003, 『塩倉里 古墳群』.

다. 터널식의 구
조를 지닌 것은 Ⅱ
-19호분인데 경사
방향으로 무덤의
장축을 배치하고
있으면서 묘실의
전면에 입구 및 우
편재 연도가 설치
되어 있다. 묘실은
할석으로 축조되

021 부여 염창리 고분군

었고, 북·남쪽의 벽은 수직으로 올렸다. 동·서의 장벽은 아래는 수직으로 올
렸지만 중간 이후부터는 안으로 좁혀 원형으로 만든 터널식 천장구조를 이루
고 있다. 다만 천장부에서 양벽의 조임이 완전하지 않다는 미숙함도 보인다.
입구에 연결된 연도의 길이는 입구의 규모와 비슷한 130cm정도이며, 묘실
의 바닥 전면을 부석하였다. 부석재는 대부분 30cm정도의 할석편이다.

반면에 염창리 고분군에서 고임식으로 대표적인 것은 Ⅲ-60호분을 들
수 있는데, 남쪽의 천장석 귀퉁이가 깨져나간 상태로 이미 인위적인 훼손
이 있었던 것이다. 묘실은 완전 지하에 조성한 것으로, 남벽의 오른쪽에 치
우쳐 입구와 연도를 개설한 횡혈식 석실묘이다. 장축은 경사방향으로 배치
되어 있으면서 벽체는 대판석 1매를 놓고 그 위에 동·서벽 상단에 올려진
고임석과 연접하는 부분을 마름모꼴 대판석재를 올렸다. 장벽은 판석 3매
를 사용하여 수직으로 세우고, 그 위에 묘실쪽으로 내경시켜 장대석 2매를
올려 고임식의 천장구조로 가구하였다. 천장석은 양쪽 장벽 상단의 장대
석 위에 걸쳐 모두 4매가 올려져 있는데, 입구쪽에 있는 천장석은 도굴과
정에서 파괴되어 구멍이 뚫려 있다. 남벽은 오른쪽에 편재시켜 시설하였는

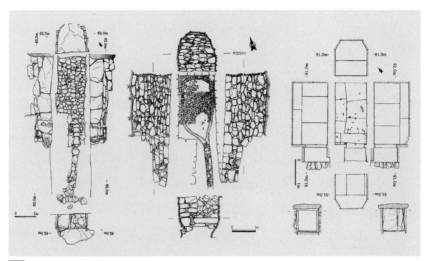

염창리 고분군의 횡혈식 석실묘

데, 여기에 단연도가 연결되어 있다. 연도에는 입구를 폐쇄한 석재가 채워져 있다. 묘실바닥과 연도바닥은 판석재로 전면을 부석하였는데, 특히 연도바닥은 치석한 판석 1매로 마무리한 것이다.

그런데 이러한 도읍지역의 묘제환경은 지방사회에서도 그대로 나타난다. 앞서 언급한 것처럼 사비시대의 백제 지방사회의 묘제 정황은 횡혈식 석실묘가 보편적 묘제로 사용되었는데, 도읍지 인근의 논산의 육곡리 고분군을 비롯하여 서천의 추동리 등지와 함께 충남북 일원과 전남북 일원의 백제 후기 영역에 망라된 분포상을 보인다. 더불어 조사된 분묘는 횡혈식 석실묘로 고임식이나 수평식이란 공통성이 있는데, 그 대표적 사례로 논산 육곡리 고분군을 들 수 있다.

육곡리 고분군은 충남 논산시 가야곡면 육곡리에 위치하는 것으로 13기의 석실묘가 발굴 조사되었고, 무덤 구조는 고임식과 수평식의 구조를

023 염창리 60호 석실묘

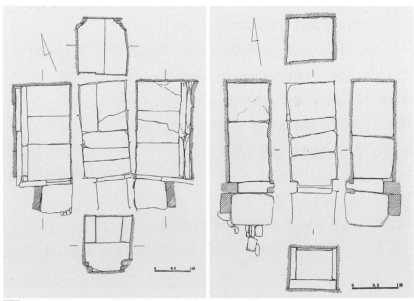

024 논산 육곡리의 2호(左)와 6호(右) 횡혈식 석실묘

지닌 것 외에 양벽 조임식의 구조로 판단할 수 있는 것도 있다[39]. 그중에서 2호분은 외견상 외부의 손길이 미치지 않은 것이다. 이 석실묘는 경사방향으로 장축을 두면서 묘실과 전면에 입구 및 연도가 설치된 횡혈식 석실묘로 특히 고임식이면서 대판석을 사용한 것으로 판석재를 특별히 연마한 것은 아니다. 구조를 보면 천정에는 5매의 대판석이 걸쳐져 있었고, 연도부는 묘실 천정보다 낮게 둔 형상으로 있다. 묘실은 자연판석을 이용하여 4벽을 꾸민 단면 육각형의 형태이다. 연도는 남벽 중앙에 설치하였다. 그리고 구릉의 정상부 가까이에 위치한 6호분의 경우 조사전에 약간의 봉토 흔적을 남긴 것이다. 묘실이 단면 4각을 이루는 수평형의 양식을 갖춘 것으로 장방형 묘실의 전면에 입구 및 연도를 설치한 것이다. 장축은 마찬가지로 경사방향에 맞추어져 있다. 너비 105cm에 길이 205cm, 높이 90cm의 규모를 가진 묘실이다. 그럼에도 바닥에는 2개체분의 인골이 있어 합장이 전제된 분묘인 것을 알 수 있는데, 인골의 경우 관정의 출토 정황에서 서쪽은 170cm, 동쪽은 155cm의 크기가 계측되어 성인이 합장되었음을 알 수 있다.

한편 육곡리의 7호분은 고임식 구조를 가진 석실분인데 이것도 지하로 토광을 파고 그 안에 판석으로 단면 6각의 묘실을 꾸민 것이다. 장축은 마찬가지로 경사방향에 맞추어져 있다. 길이 240cm에 너비 165cm, 높이 170cm의 규모의 묘실을 각각 1매의 화강판석으로 조성한 것이다. 즉 북벽에 6각형의 판석 1매를 세우고 동서의 장벽을 기대었는데, 125cm 장벽은 높이의 판석을 세운 후 위에 45cm 높이의 장대석을 고임석으로 사용하였다. 연도는 중앙에 시설하면서 입구에 문틀을 설치한 것인데, 바닥도 판석을 부석하였다. 특히 묘실내에는 3개체분의 인골과 은제화형관식 1점·토기 1점·관고리와 관정, 그리고 성격 미상의 철기가 출토되었다. 이중 인

39) 百濟文化開發研究院, 1986,『論山六谷里 古墳群發掘調査報告書』.

골은 모두가 성인의 것으로 추정되는 것인데, 한쪽에 모아 치운 2개체분이 있고, 1개체분은 정치된 상태로 있다.

이처럼 사비도읍기 묘제환경은 도읍지와 지방간에 차이가 없는 동일한 환경을 보인다. 이러한 정황은 사비도읍기 백제묘제 전개상의 가장 큰 특징으로 볼 수 있을 것인데, 이에도 나름의 특징적 면모가 발견된다. 우선 기왕의 다양성을 유지하면서 고유한 전통적 묘제를 유지하던 지방사회의 고분문화가 이전부터 간헐적으로 확산되던 횡혈식 석실묘로 완전히 전환되었다는 점을 가장 큰 특징으로 꼽을 수 있을 것이다. 그런데 이러한 변화상도 지역에 따라 차이가 있겠지만, 대체로 이전의 고유묘제를 계승되거나 변천을 통해 석실묘가 등장하는 것이 아니라 전혀 새로운 환경이 도래한 양상, 즉 별개의 지역에 새롭게 고분군이 조성되는 모습이 주목된다. 특히 한성기의 중심 지역이었던 한강 유역을 비롯하여 그 이남의 상당 범위는 분묘의 공백지대로 남기면서 이외에 금강 일원을 비롯하여 호남지역까지 폭넓은 분포권을 형성한다. 이러한 변화는 결국 웅진천도 즈음의 정치·사회상의 변화가 묘제의 분포정형에 반영된 것이 아닌가 여겨진다. 아무튼 백제의 고분문화가 도읍지나 지방사회에 관계없이 횡혈식 석실분이란 단일묘제로 통일되는 점은 주목할 만하다.

석실묘의 자체적 묘제 변화가 나타나기도 한다. 웅진도읍기를 이어 사비도읍기에 백제의 중심묘제로 자리한 석실묘의 묘제유형은 횡혈식 석실묘로서 터널식 유형부터 비롯된다. 이는 무령왕릉으로 대표되는 남조의 묘제기법이 유입되고 이것이 기존의 궁륭식 묘제의 형식상 변화된 것이 그대로 사비시대까지 이어진 것임을 알 수 있다. 그런데 사비도읍기의 중반을 지나 묘제는 터널식에서 고임식으로 변화가 나타난다. 즉 터널식이 좌우 양벽을 오므려 원형 천정을 구성하는데 반해서 고임식은 묘실의 천정을 평천정으로 조성하는 것이다. 이는 벽체의 상단에 안으로 경사를 둔 고임석을 올린 다음에 수평으로 천정을 구성한 것이다. 더불어 이전과는 달리 재료는 판석형태의 대석을 사용한 것이 많으며, 묘실의 평면은 대부분 장방형이지만 세장방형도 적지 않다. 그리고 묘실 입구는 문틀식이 많으며, 연도는 중앙식으로 단연도가 지배적이다. 물론 부분적으로 개구식의 입구에 편재 연도도 있지만 소수에 불과하다.

터널식에서 평천정으로 변화는 백제 횡혈식 석실묘의 기술적 발전에서 나타난 것으로 결론된다. 터널식의 구조가 도입되면서 묘실의 장방형화는 천정가구의 형태 변화를 야기할 수 있는 요인을 안고 있었으며, 여기에 축조재료가 할석에서 판석으로의 변화는 천정가구를 고임식이나 수평식으로의 정착을 가져오게 된 것으로 볼 수 있다. 아울러 입구의 시설이나 묘실의 내부시설 등도 백제 고분 축조환경 및 기술의 발전 속에서 파생된 결과로 볼 수 있다[40]. 다만 연도의 위치가 중앙식으로 이행된 것은 터널식의 모형에서 영향된 것으로 추정된다.

5. 橫口式 石室墓制와 火葬墓의 登場

앞서 언급된 것처럼 사비도읍기 백제묘제의 전개상에서 확인되는 또 다른 특징은 횡혈식 석실묘가 변화되어 횡구식 석실묘가 발생되어 일정기간이나마 사용된 흔적을 보인다는 것과, 불교의 성행과 관련된 화장묘가 사용된다는 점이다. 횡구식 석실묘의 묘제적 특징은 횡혈식 석실묘와 달리 출입시설이 형식화되거나 아니면 별도로 마련하지 않고 한쪽 벽면 전체를 그대로 개구하여 사용한다는 점이다. 물론 이 횡구식 석실묘의 등장은 다

---

40) 이남석, 2002, 「橫穴式 石室墳 受用樣相」『百濟墓制의 硏究』, 서경.

장제적 묘제가 단장으로 변화된 것과 밀접한 관련이 있다고 여겨진다[41].

　백제사회의 장제는 다장에서 단장으로의 변화가 백제 말기에 다시금 이루어진 것으로 판단된다. 이러한 변화의 흔적은 능산리 고분군에서 확인된다. 즉 능산리 고분군의 경우, 사비천도 초기에 조성된 것으로 판단되는 중하총은 합장이란 다장 즉 추가장이 실현된 것임을 정확하게 알려준다. 반면에 동하총이나 중상총은 묘실내에 1인용의 관대가 남겨져 있고, 거기에 남겨진 관재도 1인 즉 단장만을 추정할 수 있는 내용밖에 없다. 이로 보면 백제는 사비도읍기 후반기에는 장제가 다장제에서 단장제, 즉 하나의 무덤에 하나의 시신만 안치하는 변화가 일어난 것으로 보는 것이 어렵지 않다.

　횡혈식 석실묘에서 횡구식 석실묘의 발생도 이처럼 다장에서 단장으로의 변화와 관련된 것으로 볼 수 있을 것이다. 백제 묘제에서 장제를 추정할 수 있는 요소는 적지만 묘실내에 남겨진 유물에서 단장인가 다장인가의 추정 정도는 가능하다. 예컨대 염창리 고분군의 경우 다수의 횡구식 석실묘가 조사되었고, 인골이 잔존되어 있는 것 외에 관못 정도는 남아 있음이 일반적인데, 통일적으로 단인장 즉 1인만을 매장하였음이 확인된다. 더불어 염창리 고분군중에는 입구를 설치하고 폐쇄한 형태로 있으면서 천장석이 이 입구의 폐쇄석 위에 올려진, 즉 천장석이 폐쇄석을 누르고 있어 입구가 형식적으로 시설되었음도 알 수 있다. 이는 다장에서 단장으로의 변화는 출입과 같은 반복사용이 전제된 입구의 기능이 더 이상 필요가 없었던 것과 관련 있음을 알려주는 것이다. 그럼에도 입구의 설치는 이전의 횡혈식 석실묘의 입구 설치 전통의 잔존으로 볼 수 있으면서 시신의 안치가 橫納으로 이루어지는 것이 하나의 전통이나 관습으로 정착된 것과도 관련 있을 것이다. 물론 횡구식 석실묘의 사용이 횡혈식 석실묘를 완전히 배제한 상황까

---

41) 이남석, 2002, 「橫口式 墓制의 檢討」『百濟墓制의 研究』, 서경.

025 염창리 횡구식 석실묘

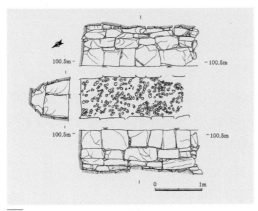
026 염창리 Ⅲ-7호 횡구식 석실묘

지 진행되었다고 보기는 어렵겠지만, 현존의 자료에 의하면 백제말기에는 비교적 널리 유행하였음을 추론하기 어렵지 않다.

횡구식 석실묘의 도읍지내 대표적 유적으로 염창리 고분군을 꼽을 수 있다. 여기에서 발굴된 분묘 약 300여기 중에 절반 이상이 횡구식 석실묘이다[42]. 비교적 형상의 파악이 가능한 Ⅲ-7호분을 보면 묘광은 거친 암반형 지반토를 파서 조성한 것으로 불규칙한 형상이나 기본은 장방형 구조를 보이고 있다. 암반을 굴착한 관계로 굴곡이 있는 묘광은 남쪽은 약간 좁혀진 형상으로 묘광 바닥이 지표면에 드러난 형상이다. 길이 430cm에 너비 175cm의 규모의 묘광인데, 여기에 안치된 석실은 완전히 지하에 안치된 형상이다. 거칠게 다듬은 석재를 사용하였는데, 묘실은 장방형이고, 남쪽 벽면 전체를 개구하여 입구로 사용하였다. 묘실의 형태는 북벽을 수직으로 쌓으면서 동서 장벽을 상단에서 안으로 절각하여 고

---

42) 公州大學校博物館, 2003, 『塩倉里 古墳群』.

임식 구조를 갖춘 것인데, 길이 230cm에 너비 81cm, 그리고 높이는 86cm의 규모이다. 특징은 남벽에 있다. 입구로 사용한 남벽은 폐쇄한 석재만 남았을 뿐인데, 맨 안쪽에 일열 축석으로 막은 다음에 다시 그 바깥에 기댄 형태로 채워 2열

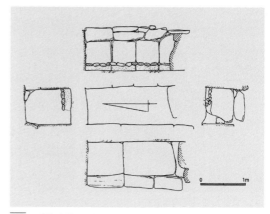

을 추가하여 약 70cm의 너비로 폐쇄하였지만 한번에 실시한 것이다. 묘실 내에 관정과 관고리 등의 목관 부재가 남았는데, 이를 복원하면 185cm, 너비 60cm의 범위의 목관 1개만 안치되었음을 알 수 있다. 염창리 고분군내의 횡구식 석실묘는 규모나 입지에서만이 차이가 있을 뿐 대체적 구조형상은 이 7호분과 큰 차이가 없는 것이다.

한편 도읍지 인근의 횡구식 석실묘로 공주 탄천 송학리 고분군을 들 수 있는데, 이 고분군은 오히려 도읍지 사비권역에 포함될 수 있는 것이다. 약 10여기의 석실묘 중에 7기정도가 횡구식인데[43] 그중에서 6호분을 대표적 사례로 보겠다. 이 무덤도 지하로 토광을 파고 그 안에 석축으로 묘실을 꾸몄고, 장축은 남북으로 배치하였다. 묘실은 길이 228cm, 너비 80cm에 높이 80cm의 크기이다. 화강암 석재로 조성한 묘실은 북벽에 1매, 동벽은 4매, 서벽은 2매의 판석을 세운 다음 고임석을 올렸으나 내경이 크지 않아 묘실 단면은 4각에 가까운 수평식 구조이다. 남벽은 폐쇄석으로만 채웠는

---

43) 百濟文化開發研究院, 1889, 『灘川松鶴里百濟古墳群發掘調査報告書』.

데, 별도의 입구시설이 없이 남벽 전체를 출입시설로 활용한 것으로 판단된다.

이처럼 대부분의 횡구식 석실묘는 횡혈식 석실묘와 섞여 있는데, 이로 보면 그 발생이 횡혈식 석실묘에서 비롯된 것으로 볼 수밖에 없다. 다만 횡구식 석실묘의 발생이나 성행이 백제의 말기에서 비롯되고 있어 묘제를 구체화하거나 배경을 상세하게 논의하는데 한계가 있다.

마지막으로 백제의 사비도읍기 후반에 나타난 묘제중에 주목되는 것이 화장묘이다. 이 화장묘는 이전의 묘제와는 장법에까지 상당한 이질성을 지닌 것이고, 나아가 이전의 묘제와는 전혀 연계될 수 없는 것이다. 이 화장묘의 등장은 대체로 7세기 이후의 것으로 보는데, 쌍북리의 화장묘의 경우 통식의 골호이고, 개원통보가 발견된 점, 그리고 사지에 위치한 점 등에 근거하는 것이다[44].

유적 중에 우선 중정리 화장묘를 보면 이들은 4기로 이루어져 있고, 3·4호분은 파괴된 것이다. 1호분의 경우 당산의 정상부에 위치한 것으로 부식토 아래 35cm의 아래에 암반 구덩이를 파고 장골용기를 안치한 것이다. 장골용기는 완 두 개를 겹쳐 놓은 형식인데, 아래쪽의 것이 약간 크다. 2호분은 1호에서 북쪽으로 약간의 거리를 두고 있다. 동서직경 43cm에 남북 길이 50cm, 그리고 24cm의 깊이로 원형 구덩이를 파고 그 안에 장골용기를 배치한 것이다. 장골용기의 배치는 중앙에 큰 용기를 두고 주변에 작은 용기를 돌려 배치한 것인데, 위쪽은 유실 때문인지 덮개돌은 남아 있지 않다.

이외에 상금리 화장묘는 매봉이란 산의 정상에 위치한 것으로 유적은 노쇠한 암반층을 원형으로 파고 그 안에 안치하였다. 벽에는 세개의 판상

---

44) 姜仁求, 1977, 『百濟古墳의 硏究』, 一志社.

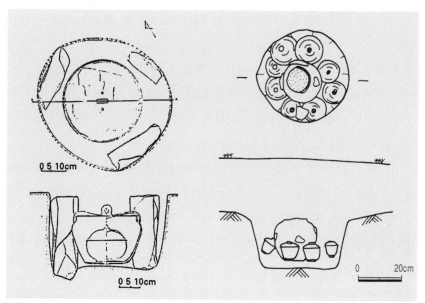

028 화장묘(부여 상금리 : 左, 부여 중정리 당산 : 右)

석을 세우고 그 안에 항아리들을 직립시켜 안치한 다음, 다시 바깥 항아리 안에 안쪽의 항아리를 넣었다. 벽면에 벽석을 세우는 방식은 평야지대와 같이 판상석을 구하기 힘든 곳에서 편법으로 사용된 오랜 전통을 가진 방법으로 생각된다. 또한 쌍북리 화장묘는 지표에 가까운 위치에 석비레층을 직경 45~50cm, 깊이 40~50cm로 동그란 구덩이를 파고 그 안에 소위 뼈항아리 1점을 안치한 것이다. 발견된 유물은 토기호 1점과 동전 2점 뿐이다. 이곳에서 발견된 개원통보도 신리에서 발견된 것과 같은 모양·형식이다. 동전으로 보아 7세기 전반의 화장묘이다.

화장묘에서도 일부 유물이 수습되지만 대체로 장골용기들이 중심을 이룬다. 상금리 화장묘의 경우 장골용기로 사용된 토기호 2점 뿐이다. 바깥의 항아리는 뚜껑이 갖추어진 것인데, 항아리의 경우 구연이 짧고 직립되어 있으며, 바닥은 넓고 평평하다. 태토는 비교적 고운 편이고 회색의 경질이다. 구연부 경부에 4조의 태선을 두르고 다시 어깨부분에 같은 선 4조가, 그리고 기복과 하부에 2조의 음각선이 돌려 있을 뿐 그 외에 다른 문양은 없다. 내호 역시 개부의 호인데, 광구의 발형이고 낮은 굽이 달려 있다. 구연부는 약간 외반하고 경부와 복부에 음각선이 돌려 있고, 기신에 중판 연엽형의 세선문양이 덮여 있다. 전체적으로 볼 때 경주의 충효리 고분군 지역에서 발견된 골호와 거의 흡사하다는 것도 유념할 필요가 있을 것이다.

결국 화장묘도 넓게 보아 고분의 한 유형이지만, 그 원류가 중국의 남부와 인도에 있는 불교관계 장법이란 점에서 보다 전통성이 있는 토광묘나 석실묘와는 달리 당시 사회의 성격을 두드러지게 반영한다고 볼 수 있다. 그러나 아직은 자료 부족으로 화장묘의 명확한 성격과 다른 유형의 고분과의 관계를 밝힐 수 없는 실정이다. 다만 화장묘는 후대의 태실과 近似한 점이 많다. 유적의 소재 지형이 산의 정상부와 같은 점과 그 정상부의 편평한 곳을 이용한 점, 토기를 내외로 넣은 점 등은 곧 후대에 성행하는 태실의 조영계획과 유사함을 알 수 있다. 화장묘가 전적으로 불교적인 것이고, 태실 또한 태장경이라는 불교의 위경에 근거하는 것임을 상기하면 양자 사이에는 어떤 관계를 추정할 수 있을 듯하다. 그리고 중정리 당산에서도 그 발견된 곳을 기우제의 장소나 놀이터로 이용되고 상금리의 매봉 역시 같은 전통이 행해져 오고 있다. 이러한 점과 태실이 갖는 공통 요소와 함께 화장묘가 갖는 사상적 배경은 단순한 불교적 장법 외에 더 복잡한 근거가 있을 것으로 추정된다.

요컨대 사비도읍기의 후반무렵이 7세기 전중반경에 횡혈식이 횡구식으로 폭넓게 전환되기도 하는데, 그 배경은 석실묘의 고유 특성인 합장이란 장법이 단장으로 변화되는 것과 관련된 것이 아닌가 추정될 뿐이다. 백제 묘제로서 횡혈식 석실묘의 특성은 묘제적으로 출입시설을 갖춘다는 점에 있고, 출입시설은 합장과 같은 다장적 장법이 전제된 것이다. 이를 대변하듯이 웅진도읍기의 석실묘에서 합장적 다장의 관습은 폭넓게 발견된다. 반면에 사비도읍기의 후반경에 이르면 횡혈식 석실묘적 묘제에 단장의 사례가 크게 증가하며, 그것이 묘제적 변화까지 야기되어 횡구식 석실묘의 발생을 가져온 것으로 판단된다. 사비도읍기 묘제로서 화장묘는 매우 특이한 존재로서 백제 후기 불교의 성행과 관련하여 이해될 수 있을 것으로 판단되나, 그러한 장법이 어느 정도 보편화되었는지의 판단은 어렵다.

6. 結言

사비도읍기 백제 고분문화의 전개는 횡혈식 석실묘란 단일묘제가 전국적 통일되어 사용된 특징이 있다. 부분적으로 화장묘 등의 존재도 보이지만 부수적일 뿐이고, 오히려 백제 고유묘제로 정착된 석실묘가 보편적으로 활용되는 것이 가장 주목되는 정황이다.

백제의 사비도읍기의 묘제 변천은 횡혈식 석실묘의 유입, 그것도 웅진도읍기간에 발생된 터널식의 석실묘가 그대로 사비천도까지 계승되면서 비롯된다. 이 터널식 석실묘는 전축분묘제에 보다 근접한 형태로 속성변화가 나타나고, 나아가 재료의 변화·축조기술의 발전 등에 의해 고임식이란 새로운 유형, 즉 백제의 전형적 횡혈식 석실묘를 탄생시키고 있다. 물론 이 고임식 유형은 평천정 유형까지 파생되지만 횡혈식 석실묘로는 백제멸망까지 지속적으로 사용된 유형으로 볼 수 있다.

한편 백제말기에는 장법의 변화, 즉 다장에서 단장으로의 변화에 따라 묘제도 횡구식이란 새로운 묘제의 형식을 만들게 되는데, 그것이 어느 정도 보편성을 지닌 것인지는 파악이 어렵다. 다만 화장묘의 존재는 백제말기에 불교의 성행이란 요인과 함께 그것이 묘제에 까지 영향을 끼친 것이 아닌가 여겨진다.

V 능산리 고분군과 백제왕릉

陵山里 古墳과 百濟王陵

1. 序言

백제는 한성·웅진·사비라는 세 지역에 都邑한 경험이 있고, 이들 각 지역에 왕릉으로 비정되는 유적이 남아 있다. 서울의 석촌동 고분군, 공주의 송산리 고분군, 그리고 부여 능산리 고분군이 그것이다. 그러나 이들 중에 공주 송산리 고분군을 제외한 나머지는 단지 왕릉이란 推定 외에 이를 입증할 수 있는 적극적 증거를 갖지 못한 형편이다. 때문에 왕릉이란 추정만 내려져 있을 뿐 세부 고찰에 미진한 부분이 적지 않다. 예컨대 백제 한성도읍기의 시간 폭을 고려하면, 석촌동 고분군만이 유일한 백제 왕릉인가, 사비도읍시기 왕릉으로 능산리 고분군이 존재함에도 무왕릉으로 비정되는 익산의 쌍릉이 존재하는 것을 어떻게 이해하여야 하는가 등의 문제가 남기 때문이다. 여기에 공주 송산리 고분군의 경우도 세부내용의 검토결과 고분군의 전체 성격이 무령왕과 관련된 것들로 판단되는 것은 이 지역의 왕릉 고찰에 아직도 탐색할 요소가 많다는 것을 나타내는 것이다[1].

왕릉의 존재 의미는 다각적으로 추구될 수 있을 것이다. 왕국의 존재를 비롯하여 그들의 정치·사회 환경은 물론, 나아가 분묘에 반영된 왕실의 사후세계에 대한 인식까지 당대의 최고급 문화를 해명하는 도구로 활용될 수 있다. 물론 이를 위해서는 매장된 유적에 대한 포괄적 검토가 선행되어야 할 것이며, 각 왕릉군에 남아 있는 개별 고분의 검토를 토대로 왕릉으로서의 가능성도 탐색되어야 할 것이다. 이를 바탕으로 피장자가 누구인가를 추정하면서 그와 관련된 역사적 환경의 복원도 이루어져야 할 것이다.

그런데 백제 왕릉의 경우 그 존재는 인정될 수 있겠지만, 세부 내용의 검토는 아직 미진한 부분이 많다. 백제는 고구려나 신라와 다르게 왕릉의 위치라던가 형태에 대한 기록이 전혀 남아 있지 않다. 여기에 패망국이란 문제도 있지만, 왕릉으로 잔존된 유적자체도 선명성이 높은 것은 아니다. 때문에 백제 왕릉을 검토하는데 적지 않은 한계가 있음도 사실이나. 이러한 환경을 고려할 때, 왕릉으로 알려진 유적만을 詳考하는데도 적지 않은 어려움이 있다. 다만 백제사회의 묘제 운영에 대한 개괄적 이해가 가능하기에 이에 비추어 각 왕릉군의 개별 분묘에 대한 검토가 이루어진다면 아직 미진한 채 남겨진 문제의 해결에 다소 도움이 될 수 있을 것이다.

이러한 문제의식에 입각하여 부여 능산리에 자리한 백제 왕릉군의 개별 분묘를 검토하고 약간의 성격을 추구하여 보고자 한다. 이 유적은 1917년

---

1) 百濟의 王陵 조영환경은 고대사회의 혈연구성원리와 밀접한 관련이 있을 것으로 추정할 수 있으나, 이는 어디까지나 추적적 논지일 뿐이고 구체적으로 검토하기에는 어려움이 있다. 다만 王陵의 조성이 1인 1구역인가는 판단이 어렵지만 後期의 王陵은 왕위계승이 부자관계로 이어지지 않고 돌발적 형태로 이루어진 경우 동일지역에 함께 능묘를 조성하지 않았다는 추정은 충분히 가능하다는 것을 이미 탐색한 바 있다.(李南奭, 1998,「公州 宋山里 古墳群과 百濟王陵」『百濟研究』28. 忠南大學校百濟研究所. 李南奭, 2000,「百濟古墳과 雙陵」『益山 雙陵과 百濟古墳의 諸問題』제15회 馬韓·百濟文化 學術會議)

1932년에 조사되었고[2], 그 후 백제 왕릉으로 의심없이 다루어져 왔다. 또한 최근 국가사적으로 지정 보호되고 있어 왕릉으로서의 암묵적 인식은 보편화된 감이 없지 않다. 물론 이 고분군이 왕릉군으로 의문을 가질만한 요소는 전혀 없다. 백제가 사비에 도읍한 이후에 조성된 왕릉으로서 유일한 것으로 밝혀져 있고, 유적내의 개별고분의 품격도 왕릉으로 보기에 문제가 없다고 여겨지기 때문이다. 다만 개별고분의 현황을 비롯하여 그들의 상호 관련문제, 나아가 피장자의 비정 등에 대한 세부적 고찰이 이루어진 바가 없기에 각 분묘에 묘제적 특성을 검토하고, 이를 토대로 가능한 피장자를 추정하여 보겠다.

2. 陵山里 古墳群은

陵山里 고분군은 백제의 마지막 도읍지였던 충남 부여군 능산리에 위치한다. 부여에는 부소산을 감싸면서 부여 시가지를 둘러친 나성이 남아 있다. 이 나성은 半月形으로 만들어져 있는데, 능산리 고분군은 이 나성의 동쪽 부분 바로 밖에 위치한다. 靑馬山城이 위치한 청마산의 남향사면 말단에 해당하며, 지형적으로 백제 횡혈식 석실묘의 입지환경으로는 전형을 보여주는 곳이다. 백제 석실묘의 대체적 입지는 산지이고, 그것도 후면에 비교적 높은 산지에서 발기된 구릉의 하단쪽 경사에 조영되는 것이 일반적인데, 능산리 고분군이 입지한 지역이 그러한 정형을 갖추고 있는 곳이다.

고분군이 주목된 것은 일제 강점기 때이다. 물론 '陵山里'란 지명은 『輿

---

2) 關野貞, 1915, 『朝鮮古蹟圖報解說』, 朝鮮總督府篇.
   關野貞 · 黑版勝美, 1915, 『朝鮮古蹟圖報』3, 朝鮮總督府.
   野守建 · 小川京吉, 1920, 『大正六年度古蹟調査報告』, 朝鮮總督府篇.

001 능산리 고분군의 입지

地圖書』에 그 흔적이 보이는 것으로 미루어 일찍부터 존재한 것임을 알 수
있다. 그러나 '陵山里'란 지명이 왕릉으로 인식되지는 않은 것 같다. 『新增
東國輿地勝覽』을 비롯하여 『輿地圖書』 등의 조선시대 지리지에 적은 고적
조에는 부여지역의 왕릉에 대한 언급이 전혀 없기 때문이다[3]. 그러다가 일
제 강점기 능산리 고분군에 대한 주목은 당시 우리나라 유적에 대한 종합적
조사차원에서 이루어졌다. 이때 백제 유적에 대한 탐사가 본격적으로 진행
되었고, 그 첫 작업이 능산리 고분군을 대상으로 이루어졌다. 이는 아마도
백제와 일본 고대사의 관련성을 염두에 두고 시작한 것으로 추정된다.

  구체적으로 1915년쯤에 八木奘三郎에 의해 정확한 위치를 알기는 어
렵지만 그 지역의 고분의 존재가 알려지면서[4] 1916년에 黑板藤美와 關野

---

3) 지리지에는 陵山里라는 지명만이 제시된 상태이다.
4) 八木奘三郎, 1916, 「扶餘地方發見の古墳と水門」『人類學雜誌』 29-4, 9號.

002 일제강점기 발굴된 무덤   003 능산리 고분군내 6기 고분의 배치현황

貞에 의해 조사가 시작되었다. 이후 1917년에 谷正齊一에 의해 2차의 조
사가 진행되었는데, 1916년과 1917년의 兩次에 걸쳐 이루어진 조사는 현
재 능산리 고분군으로 알려진 6기의 고분(중상총·중하총·서상총·서하총·동
상총·동하총)과 이외에 전상총·할석총·체마대총 및 석곽묘로 분류된 분묘
를 대상으로 진행한 것이다. 이들 조사결과는 간략한 보고문과 더불어 도
면 및 사진이 제시되었다. 1차년도의 것은 『大正6年度古蹟調査報告』에 있
으나 이중에 서하총은 사진만 제시되었을 뿐이고, 동상총은 사진이나 도면
이 전혀 없는 상태이다. 한편 2차년도의 조사에서는 왕릉군으로 추정된 구
역에서 3기의 고분을 조사한 외에 할석총·전상총 외에 인근의 체마소 고분
까지 조사한 내용이 『朝鮮古蹟圖譜』에 제시되어 있다. 이들은 비록 내용이
소략하고, 조사자체도 간략하지만 고분군의 전반적 환경을 파악하는 것은
가능할 정도이다.

　능산리 고분군의 조사는 1937년에 다시 이루어진다. 이미 조사된 고분군
의 동쪽지역을 대상으로 진행한 것으로 1915~1917년 조사된 동하총 이하
의 고분군에서 동쪽으로 약 200cm정도의 거리를 두고 위치한다. 梅原末治

를 중심으로 진행된 조사는 동고분으로 분류된 5기를 대상으로 하였다[5].

능산리 고분군은 일제 강점기에 이미 그 구체적 면모가 드러났지만, 이미 조사당시에 대부분이 도굴되어 잔존유물이 극히 일부에 지나지 않은 것으로 보고되어 있다. 이후 조사는 해방 후 고분군의 정비과정에서 인근에서 조사된 옹관묘 자료 등이 제시되어 있다. 최근 능안골 고분군의 조사도 있지만[6] 이들은 왕릉군과는 약간의 거리를 두고 있는 것이다. 이로써 확인된 陵山里 고분군내의 분묘는 다음과 같다.

(1) 동상총

1917년에 조사된 이 고분은 관련 기록이 단지 사진 1매만 남겼을 뿐이다. 오히려 별도의 기록에서 확인할 수 있다.[7] 그에 따르면 직경 21m의 봉분이 원형으로 남았었고, 기석시설이 마련된 것으로 묘실은 고임식 구조를 지닌 횡혈식 석실묘임을 알 수 있다. 묘실은 길이 325cm에 너비 200cm정도이고, 높이는 211cm로 제시되어 있다. 남쪽에 설치된 입구 및 연도는 너비 125cm이고, 묘실의 입구 쪽은 121cm로 정리된 것으로 미루어 단을 두어 연도가 시설된 것을 알게 한다. 한편 묘실을 구축한 석재는 동서의 장벽은 2매, 북벽은 1매의 화강판석을 사용하였고, 입구에는 문틀시설이 마련된 것이다. 바닥에는 2개의 관대가 대판석으로 시설되었음이 알려져 있다.

(2) 동하총

동하총은 벽화분으로 조사당시에는 벽화의 형태가 비교적 선명하였으나

---

5) 梅原末治, 1938, 「扶餘陵山里東古墳群の調査」『昭和12年度古蹟調査報告』, 朝鮮古蹟研究會.
6) 國立扶餘文化財研究所, 1999, 『陵山里』.
7) 有光敎一, 1979, 「扶餘陵山里傳百濟王陵·益山雙陵」『彊原考古學研究所論集』 4.

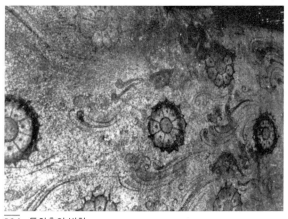
004 동하총의 벽화

지금은 많이 퇴색되어 희미한 형체만 있다. 곱게 다듬은 화강석으로 축조하였고, 횡혈식 석실묘로 횡단면이 사각인 수평식 구조이다. 후에 계측된 결과에 의하면 묘실은 길이 250cm에 너비가 112cm이고 높이는 122cm로 규모로 확인되어 있다. 남쪽 전면에 연도를 중앙식으로 설치하였다. 묘실은 네 벽면을 물갈이한 화강석 1매로 결구허였고, 천정석도 1매의 물갈이한 화강석을 사용하였다.

벽화는 네 벽면에 사신도를, 그리고 천정에는 연화와 비운문을 그렸지만 형상이 구체적으로 남아 있는 것은 천정의 연화문뿐이다. 연화문은 8엽 중 7엽이 남아 있는 바, 주변에 구름이 배치되어 비운문과 결합된 것으로 판단이 풍만하게 퍼지고, 연꽃은 돌기점이 표현되어 있으면서 자방이 아닌 연판의 판근 부분에 연자를 배치하는 특징이 있다. 벽면 사신도는 동쪽의 벽에 붉은 색으로 그린 백호의 형태만 희미하게 확인될 뿐, 나머지는 색감만 있다. 벽화는 송산리 6호분 벽화가 프레스코 기법으로 작성된데 반해서 화강석을 곱게 다듬어 직접 그렸다는 차이가 있다.

(3) 중상총

중하총보다 규모가 약간 작지만 다른 고분에 비해서는 큰 편이다. 이도 조사당시 이미 봉토의 일부가 훼손되어 도굴된 것을 알 수 있다. 봉토는 흘러내려 원형을 확인하기가 어렵다. 묘실은 장방형으로 전면에 짧은 연도를 둔 횡혈식 구조이다. 동서의 너비 145cm이고 길이는 325cm이다. 연도는 약간 서쪽으로 치우쳐 설치한 것으로 중상총과 마찬가지로 입구부분은 좁게, 너비는 넓게 만들었다. 연도는 너비 125cm이고, 길이가 100cm에 지나지 않아 단연도라는 것을 알 수 있다. 입구는 두꺼운 문비석을 사용하여 폐쇄하였다.

모두 대형의 화강판석 1매로 벽체를 조성하였으며, 120cm정도의 높이이다. 수직의 벽체위에 하나의 대형장대석을 올려 이를 안으로 기울인 다음 대형석 1매를 천정석으로 사용한 것이다. 이로써 구조형식은 고임식으로 분류할 수 있다. 석재는 모두 표면을 곱게 연마하였다. 바닥도 마찬가지로 1매석을 깔고 있는데 바닥 위에는 너비 70cm, 길이 240cm에 높이 15cm의 석제 관대를 두고 있다. 관대 위에는 목관의 조각이 횡으로 걸친 채 남아 있었고, 두껍지만 약간 휘어진 것으로 보고되어 있다. 그러나 목관에는 옷칠이 있고 더불어 두개골 파편과 같은 인골이 남아 있었다. 이외에 두개골 부근에서 관식구로 보이는 금동투조의 금구와 8엽의 크고 작은 장식편 등이 발견되어 있다.

(4) 중하총

중하총은 규모가 가장 큰 것으로 초기 조사된 6기의 고분 중에서 정 중앙에 위치하고 있다. 도굴된 것을 조사한 것으로 이미 봉분 부분에 훼손의 흔적이 있었고, 훼손된 부분에서 관재편을 비롯한 관정 등 묘실 내에서 유출된 것으로 보이는 유물이 상당수 포함되어 있었던 것으로 전한다. 고분의 외형을 갖추고 있는 봉토는 형상에 대한 언급이 없고 다만 표면토가 흘러내려 외형은 분명하지 않다고 기록되어 있다.

묘실은 다듬은 돌로 축석한 장방형의 평면을 지닌 것이다. 규모는 길이 321cm이고, 너비는 198cm이며 천정의 정상부까지 높이는 215cm이다. 매장부는 횡혈식으로 축조한 바, 전면에 입구와 연도를 개설하고 있다. 연도는 장연도로 입구부분이 잘록하게 좁혀져 있지만 너비가 약 1m정도의 규모이다. 천정은 터널식으로 이루어져 있다. 벽면은 다듬은 긴 장대석을 길이로 쌓아 좌우의 양벽면을 구성하는데, 중간부분에서 위로 올라가면서 안으로 기울여 터널형의 천정을 구성한다. 벽면에 두꺼운 회바름이 남아 있다. 바닥에는 방형의 다듬은 돌을 깔았으며, 입구에는 판석을 세워 이를 막았다. 또한 연도의 입구에는 벽돌형태로 만든 돌을 보강토와 섞어서 쌓아 연도를 거듭 폐쇄하고 있다. 이들 폐쇄석에는 "巳三"·"辛二" 등의 묵서가 발견되기도 하였다.

부장품은 전혀 없었던 것으로 전한다. 다만 묘실내에 옻칠 편이 흩어져 있었으며, 금동으로 머리를 도금한 장식못과 쇠못을 발견하였던 것으로 확인된다.

(5) 서상총

1917년대 즈음에 조사된 것으로 사진만 제시된 것이다. 봉분의 규모는 알 수 없지만 외변에 기석이 돌려져 있다. 입구쪽의 현황으로 미루어 지하로 묘광을 굴착하고 화강판석으로 묘실을 구축한 것이다. 연도가 비교적 길게 구축되었고, 폐쇄석은 중앙에 牙孔이 있어 출입시 편의를 도모한 것으로 보인다. 묘실은 장방형이고, 천장부는 고임식으로 구축한 것인데 북쪽의 단벽은 1매석, 좌우의 장벽은 하단에 1매의 장판석을 세우고, 그 위에 1매의 고임석을 올렸다. 묘실 내부에는 좌우로 2매의 장대판석을 관대로 시설하고 있다.

(6) 서하총

서하총은 중하총의 서쪽에 자리한 고분으로 규모가 작은 것이다. 봉분의 형상이 어느 정도 확인되는 것으로 판단되나 단지 토분으로 보고 있어 자세하지 않다. 묘실 내부는 중상총과 같은 형식으로 평면은 장방형이고 너비는 125cm, 길이는 285cm이다. 입구는 약간 편재되어 설치되어 있다. 연도는 길이 127cm이고 너비는 110cm로 단연도이다. 묘실의 벽면 구축은 모두 화강석 1매를 사용하여 구축하였는데, 좌우의 벽면 상단에 장대석의 고임석을 올려 천정을 고임식으로 조성하고 있다. 천정도 역시 1매석을 사용하여 구성하였고 바닥에서 천정까지의 높이는 150cm이다. 바닥역시 석재를 깔고 있는데 대형의 판석을 깔았다.

(7) 할석총

능산리 고분군에서 유일하게 할석으로 축조된 횡혈식 석실묘이다. 묘실은 장방형인데 천장이 비교적 낮으며, 연도는 좌측에 편재된 형태로 있는데, 묘실의 입구는 할석으로 폐쇄한 것이다. 묘실의 규모를 보면 길이 264cm이고, 너비는 127cm, 그리고 높이도 128cm이다. 묘실의 입구는 우편재로 시설된 것으로, 너비는 70cm이고, 길이는 약 60cm이다. 천장의 가구는 남북의 단벽이 하단에서 중간쯤 올려진 후에 점차 안으로 내경되어 올려 맞조임하였고, 좌우의 장벽은 상단에서 약간만 좁혀 올린 형상으로 있다.

(8) 전상총

묘실의 네벽면은 판석으로 축조하였지만 바닥에 벽돌을 깐 형식의 것이다. 우편재의 연도를 지닌 횡혈식 석실묘인데 고임식 천장구조를 지녔다. 묘실은 장방형으로 길이 243cm, 너비 110cm, 그리고 묘실의 높이는 165cm이다. 북쪽의 단벽은 1매석 동서의 장벽은 2매의 화강판석을 세워 구축하고, 그 위에 고임석을 올렸으며, 천장석은 4매로 구성되어 있다. 입구는 우편재로 작은 단연도인데 묘실 입구를 폐쇄하였다.

(9) 체마소대총

이 고분은 묘실의 형상이 터널형을 띠는 횡혈식 구조인데, 대형석재를

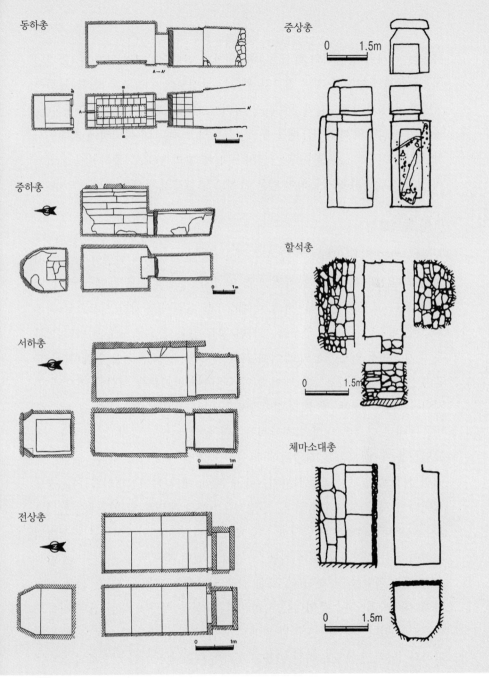

동하총

중상총

0　　　1.5m

중하총

서하총

전상총

0　　　1m

할석총

0　　　1.5m

체마소대총

0　　　1.5m

사용한 관계로 고임식의 형상을 나타내기도 한다. 비교적 규모가 큰 것인데, 우편재의 연도를 지닌 것으로 연도는 단연도이며 입구는 작다. 묘실은 장방형의 평면이고, 길이 260cm, 너비 130cm, 높이 145cm 규모이다. 북벽은 반원형의 대판석 1매를 두고, 좌우의 벽체는 이 북벽석에 기대면서 하단은 수직으로, 중간 이후는 점차 곡면에 따라 안으로 좁히면서 올렸는데 천장을 대판석을 사용하여 덮은 관계로 평천장의 형상을 지니고 있다.

(10) 동 1호분

분구가 외형상 정확하지 않지만 측면에서 보면 비교적 선명한 형상을 지닌 것이다. 약 1.5m의 높이에 직경 약 13m정도의 규모로 계측되었는데 원형이다. 묘실은 횡혈식구조로서 매장부를 봉분에서 약간 서북으로 치우쳐 시설하고, 남쪽으로 입구를 개설한 형식이다. 참고로 묘실의 바닥은 봉분의 정상에서 약 5.3m의 깊이에 위치하여 완전 지하식임을 알게 하며, 묘광은 2.3m의 깊이로 굴착되어 있다. 전면에 단연도를 시설한 것으로 화강암을 다듬어 만든 것이다. 길이 268cm이고 너비는 110cm의 규모이다. 벽돌형태로 다듬은 대형의 화강석을 5단 높이로 쌓고 다시 그 위에 1단의 고임석을 두어 묘실은 장방형에 고임식 천정을 구성하고 있다. 입구는 4매의 석재로 결구한 문틀식이며, 너비 79cm에 높이 94cm이고, 1m정도 길이의 연도가 설치되어 있다. 천정석은 2매로 꾸몄는데 바닥에서 높이는 145cm이다. 바닥은 지반상에 두겹으로 자갈돌을 깔았으며, 큰 판석형의 할석이 있는 것으로 미루어 이를 그 위에 덮었던 것으로 추정한다. 이 할석은 관대의 역할을 한 것이다. 묘실 입구의 폐쇄는 1매의 다듬은 돌을 사용하여 실시하였으며, 문비석을 고정시킨 후 틈을 메꾸기 위한 점토 바름도 확인되어 있다. 일찍이 도굴된 관계로 묘실 내에 남아 있던 유물은 매우 빈약하다. 남겨진 유물은 목관 편을 비롯하여 여기에 장식한 것으로 추정되는 금박편이 있고 이외에 금과 은으로 도금된 철정을 포함한 관정이 전부이다.

(11) 동 2호분

동 2호분은 1호분에서 서남쪽으로 약 60m의 거리를 두고 있다. 이곳은 봉우리에서 흘러내리는 구릉의 말단부에 돌출된 지점이기도 하다. 북쪽에서 보면 평범한 구릉의 말단부에 불과하지만 측면에서 보면 융기된 형상이 목도되는 곳이다. 따라서 이를 봉분으로 보고 남쪽에서 그 높이를 계측하면 약 5m정도가 확인된다. 묘실은 1호분과 마찬가지로 남쪽으로 입구를 개설한 횡혈식 석실묘로, 길이 275cm이고, 너비는 112cm이며, 높이는 155cm이다. 1호분과 마찬가지로 다듬은 석재로 좌우벽면을 축석하고, 고임석을 올린 점, 전면에 입구와 연도를 시설한 내용과 형태가 동일하다. 다만 바닥은 1호분이 자갈돌을 깔았던데 반해서 2호분은 할석형의 잡석을 깔고 있다. 나아가 입구 바깥의 연도부분은 부석이 전혀 이루어지지 않았다. 출토된 유물이 없었던 것으로 전하는데, 다만 내부에 매몰된 토사중에서 관재편과 금박편 그리고 관못만이 수습되었다.

(12) 동 3호분

2호분과 마찬가지로 구릉의 말단부에 조성되어 있다. 외형은 2호분과 비슷하면서도 봉분으로 추정되는 부분에 손상이 많다. 봉분은 동서의 양쪽에서 약 2m정도가 계측되며, 직경은 약 20m정도를 확인할 수 있다. 매장부는 봉토의 중심부에서 약간 서쪽으로 치우쳐 자리한다. 매장부는 횡혈식 석실묘로 묘실과 입구 연도로 이루어져 있다. 지하에 토광을 조성하고 석축으로 조성한 것이다. 묘실은 대형의 판석을 사용하여 좌우에 4매씩의 석재를 결구해 벽면을 구성한 후 그 위에 다시 고임석을 올려 고임식으로 조성하였는데, 천정은 4매로 가구되어 있다. 이로써 묘실은 길이 250cm에 너비 114cm, 그리고 높이는 137cm의 규모가 된다. 입구 바깥은 길이 54cm에, 너비 89cm로 시설하여 단연도를 꾸미고 있는데 약간 편재된 연도이다. 묘실내의 부장품은 도굴로 말미암아 거의 남겨지지 않았던 것으로 보고되어 있다. 다만 묘실의 벽면에 붉게 물든 형태가 남아 있었고, 목관 편을 비롯한 도금된 관못 등이 수습되었으며, 이외에 관장식을 비롯하여 금실도 일부 수습되어 있다.

(13) 동 4호분

동 4호분은 3호분에서 북쪽으로 약 25m의 거리에 있는 4호분은 조사 당시 고분이 위치한 곳이 빗물로 유실되어, 분구로 인정할 수 있는 부분이 매우 미약하였던 것으로 보고된 것이다. 특히 유구의 일부가 노출되어 있던 것으로 이를 통해 고분이 확인되고 조사된 것이기도 하다. 그러나 이 4호분은 당시 조사고분 중에서 가장 규모가 큰 것으로 분류되고 있다. 매장부의 구성은 묘실과 입구 그리고 연도로 이루어져 있는데, 특히 연도의 외면 벽면을 축석한 점을 조사자는 주목하고 있다. 즉 묘실의 전면에는 긴 묘도가 형성되어 있는데 길이는 6m정도이다. 더불어 묘도의 안쪽 즉 연도와 접합지점에 할석으로 묘도벽을 축석하고 있으며 약 1.5m의 범위이다. 그리고 연도는 230cm의 길이로 좌우벽은 거대한 판석 2매를 세워 구성하면서 천정은 3매로 덮었다. 연도의 바닥에는 평평한 석재를 깔았으며, 비교적 정제된 재료를 사용하였다. 묘실은 입구가 약간 편재되게 시설된 것으로 길이 300cm에, 너비 173cm로 규모가 크다. 묘실의 축조상태를 보면 양벽은 각기 3매의 대형 석재를 세운 후 그 위에 3단의 축석을 올리는데, 이들 3단중 위의 2단은 안으로 기울여 축조함으로써 고임식의 천정을 이루도록 하였다. 더불어 전후의 단벽은 1매석을 사용하였는데, 특히 후면의 벽석에는 고분 조성시 남긴 묵적이 있기도 하다. 묘실의 바닥은 화강암질의 암반으로 이루어져 있으며, 中자 형태의 홈이 파여져 있어 배수로가 시설된 것을 알 수 있다. 수습된 유물은 관재와 관못등에 불과하다. 대부분의 유물이 이미 도굴되어 있었는데 봉분 속에서 약간의 토기편이 수습되어 있다.

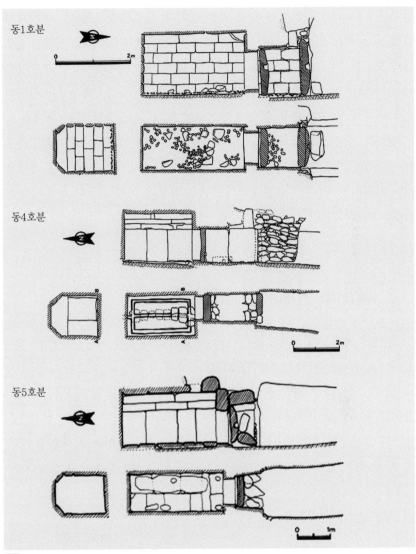

동1호분

동4호분

동5호분

006 능산리 동고분군 분묘

(14) 동 5호분

東 5호분은 2호분의 북쪽에 있는 높은 지역을 중심으로 2호분과 서로 정확하게 30m정도 간격을 두고 있는 것이다. 3호분과 4호분도 마찬가지인데 이는 지세를 이용하여 고분을 축조하였기 때문으로 보고 있다. 5호분의 묘실은 지표하 약 3.4m의 깊이에 위치하며, 봉토의 형태로 추정하는 것이 없는 점으로 미루어 완전 지하식으로 볼 수 있다. 매장부는 횡혈식으로 남쪽에 입구와 짧은 연도가 개설되어 있다. 사용한 석재는 정제된 감이 덜하여 다른 고분에 비해 격이 떨어지는 것인데, 묘실의 규모에 대해서는 구체적이지 않다. 다만 묘실의 구조는 고임식의 태동기에 만든 것으로 이미 지적된 바 있다.[8] 묘실내에서 수습된 유물은 이미 도굴된 후에 남겨진 관재와 관장식 그리고 관못이 주종을 이룬다.

3. 陵山里 古墳群의 墓制檢討

능산리 고분군의 개별고분은 모두 횡혈식의 구조를 지녔다는 공통성이 있지만 구조에서는 각각 차이를 보인다. 횡혈식 석실묘는 초기 도입 후에 묘제간의 영향과 자체적 변화과정을 겪고 있으며, 이러한 구조의 변화는 일정한 방향으로 이루어지고 있음도 알 수 있다[9]. 그런데 이러한 변화상은 능산리 고분군의 조영시기의 추정 나아가 선·후순의 확인에 적지 않은 도움이 될 것이다. 앞서 정리한 고분군의 현황을 정리하면 다음의 표와 같다.

〈표 1〉 능산리 고분군의 현황

고분	형식	재료	규모	묘실 형태	장축	바닥	입구 형태	규모	위치	연도형태	배수로	기타
동상총	고임식	판석	325×200×211	장방형	남북	관대	현문식			단연도		

---

8) 李南奭, 1992, 「百濟橫穴式石室墳의 構造形式研究」『百濟文化』22, 百濟文化研究所.
9) 李南奭, 1992, 앞의 글.

동하총	수평식	마연석	325×112×122	장방형	남북	판석관대	현문식	64×100×138	중앙	단연도		벽화
중하총	터널식	장대석	321×198×215	장방형	남북	부석	현문식	266×170×116	중앙	장연도		벽면회바름
서하총	고임식	판석	285×125×150	장방형	남북	판석	현문식		중앙	단연도		
중상총	고임식	판석	325×145×170	장방형	남북	관대	현문식	110×	중앙	단연도		
서상총	고임식	판석		장방형	남북	생토	현문식		중앙	장연도		
할석총	고임식	괴석	264×127×128	장방형	남북	벽돌	현문식	70×60	중앙	단연도		
전상총	고임식	판석	243×110×165	장방형	남북	부석	개구식		편재	단연도		
체마대총	터널식	장대석	260×130×145	장방형	남북	부석	현문식		편재	단연도		
동1호분	고임식	정치석	268×110×145	장방형	남북	부석	현문식	100×79×94	편재	단연도		
동2호분	고임식	정치석	275×112×155	장방형	남북	부석	현문식	125×101×	중앙	장연도(?)		
동3호분	고임식	장판석	250×114×137	장방형	남북	부석	현문식		중앙	단연도		
동4호분	고임식	판석	300×173×200	장방형	남북	부석	현문식		우편재	장연도	시설	
동5호분	고임식	판석	277×107×140	장방형	남북	관대	현문식		중앙	단연도		

　　정리된 14기의 분묘 외에 석곽묘로 제시된 것도 있고, 이후 조사된 옹관묘 등을 고려할 때, 이 지역의 고분들은 동서로 구분된 채 약 20여기가 있었던 것으로 추정할 수 있다. 이들은 동상총 이하 서상총까지 6기는 비교적 밀집된 형태로 단위 군을 이루고 있다. 이에서 동쪽으로 200m의 거리에 다시 동고분군 5기가 제시되어 일단 작은 단위로 2개 권역화 될 수 있음을 알 수 있다. 물론 이러한 현황은 조사가 전면제토가 아닌 노출된 것만 대상으로 하였다는 한계로 전반적 상황이 아님은 물론이다. 다만 지형적 조건을 볼 때 서쪽과 동쪽으로의 작은 단위로 구분된다는 것은 알 수 있는데, 개별 고분의 숫자는 보다 많았을 것으로 추정할 수 있을 것이다.

　　표에 제시되지 않았지만 조사된 대부분의 고분에서 봉분문제가 언급되어 있다. 특히 서쪽의 6기는 봉분만이 아니라 기석까지 제시되고 있는데, 거칠게 다듬은 할석재를 사용한 것이지만 비교적 정연한 배치를 보일 뿐만 아니라, 이 기석의 존재로 비교적 장대한 외형상을 지녔음을 추정하기 어렵지 않다. 사실 백제 횡혈식 석실묘의 상부구조, 즉 봉분 문제는 정확한 판단기준이 결여된 상태이다. 지금까지 적지 않은 횡혈식 석실묘 자료가 적지 않게 집적되었음에도 봉분형상을 분명하게 보여주는 것은 거의 없다.

결국 능산리 고분군의 일부에 기석시설이 확인된 것은 백제 횡혈식 석실묘에도 매장부를 보호한다거나 표식시설로 봉분이 갖추어질 수 있음을 보여주는 사례라 하겠다. 다만 이 능산리 고분군이 왕릉이란 특수성을 감안하면 여기에 나타난 봉분을 백제고분 일반에 모두 적용하는 것은 좀 더 검토가 필요하기는 하다.

정리된 능산리 고분군의 개별 유구 구조형식을 보면 우선 14기는 모두 전형적 횡혈식 석실묘이다. 횡혈식 석실묘는 지하로 묘광을 파고, 그 안에 석축의 묘실을 구축한 다음에 전면에 입구를 개설하면서 이 입구에 잇대어 연도 및 묘도가 이어지는 것이다[10]. 물론 연도의 형태나 묘도의 존재는 개별 자료에 따른 차이가 있지만 입구가 전혀 갖추어지지 않은 수혈식 석곽묘라던가[11] 벽면 전체를 개구하여 입구로 사용하는 횡구식 유형과는 판이하게 구별되는 구조를 지닌 것이다. 이 능산리 고분 14기는 횡혈식 구조에서 벗어나는 것은 전혀 없기에 일단 횡혈식 석실묘의 범주에서 형식적 고찰이 가능하다.

백제 횡혈식 석실묘는 4세기 후반에 백제 사회에 수용되면서[12] 점차 백제 전사회의 보편적 묘제로 확산되는데 이 과정에서 형식적 변화단계를 거친다. 변화는 초기 도입된 유형이 백제적인 것으로 정착된다거나 무령왕릉과 같은 전축묘의 영향으로 구조적 변화가 나타나 그것이 다시 백제적 유형으로 정착되는 등의 과정적 요소가 있다. 이를 토대로 묘실의 평면, 천장가구의 형태, 입구 및 연도의 위치 등의 속성차이를 나타내고 있다. 필자는 이러한 요소를 근거로 백제 횡혈식 석실묘를 8가지로의 구분한 바 있고, 이를 속성구분이 편리한 천장의 형태에 따라 네벽조임식·양벽 조임식·

---

10) 李南奭, 1992, 앞의 글.
11) 李南奭, 1994,「百濟 竪穴式 石室墳研究」『百濟論叢』, 百濟文化開發研究院.
12) 李南奭, 1992,「百濟初期 橫穴式 石室墳과 그 淵源」『先史와 古代』3. 韓國古代學會.

궁륭식·터널식·아치식·고임식·수평식·맞배식으로 명칭한 바 있다. 여기에
이들 개별 형식은 시간순에 따른 변화상이 뚜렷한데 초기의 네벽 조임식이
궁륭식과 아치식으로 정착되나 무령왕릉과 같은 중국 전축묘제의 영향으로
터널식이 발생하였다가 다시 고임식에서 수평식이란 백제의 정형적 횡혈식
석실묘로 변화된다는 검토도 진행한 바가 있다[13]. 이러한 검토결과는 아직
은 큰 문제가 없다고 보아지며, 능산리 고분군의 개별 고분도 이 범주에서
고찰이 가능하다고 본다. 이러한 횡혈식 석실묘의 분류결과에 따라 능산리
고분군의 개별 자료를 대비할 경우 일단 묘제형식으로 보면 터널식과 고임
식, 그리고 수평식에 속하는 것이 있음을 알 수 있다.

터널식 구조를 지닌 것은 중하총과 체마대총의 2기이다. 백제 횡혈식
석실묘로 터널식 유형의 발생은 무령왕릉으로 대표되는 중국 전축묘제의
도입에서 비롯된다. 터널식 유형의 발생이전 백제 횡혈식 석실묘는 궁륭식
으로 대표되는 것이었다. 궁륭식은 묘실의 평면이 대체로 방형에 가깝고,
벽체의 하단은 수직으로 중간부는 안으로 내경하여 올리다가 상단에서 원
형으로 좁혀 올리는 도움형식의 구조를 나타낸다. 더불어 편재된 입구와
연도를 갖춘 것인데 대체로 벽돌과 같은 할석으로 축조하는 것이 일반적으
로 서울의 가락동 3호분[14], 공주의 송산리 고분군중의 1-4호분[15], 익산 입
점리 1호분[16]을 그 예로 볼 수 있다. 반면에 터널식은 묘실의 평면이 장방
형, 벽체의 경우 전후의 단벽은 수직으로, 좌우의 장벽은 하단을 수직으로
쌓지만 점차 안으로 내경하여 천장부에서 맞닿아 터널형상의 묘실을 갖게

13) 李南奭, 1992, 앞의 글.
14) 蠶室地區遺蹟調査團, 1975, 『蠶室地區遺蹟址發掘調査報告書』.
15) 野守建外, 1935, 「公州宋山里古墳調査報告」『昭和2年度古蹟調査報告』, 朝鮮古蹟研
     究會.
16) 文化財研究所, 1990, 『盆山笠店里 古墳』.

한다. 입구 및 연도의 위치는 편재된 것이 있는가 하면[17], 중앙에 시설하는 것도 있다. 석재는 궁륭식과 같은 할석재를 사용하는 것 외에 장대석을 사용하는 것도 있다.

터널식의 발생은 이전의 횡혈식 묘제인 궁륭식에서 변화 요인을 찾기는 어렵다. 오히려 백제가 웅진에 도읍하던 시기에 이루어졌다는 것과, 구조적으로 선진적 중국묘제인 전축분 유형과 상통한다는 점, 그리고 백제의 두 번째 도읍지역인 웅진에 중국의 전축묘제가 존재한다는 점에서 이의 영향에서 갑작스런 전환이 이루어졌다고 볼 수 있다. 이는 묘실의 구조양식이 터널식이지만 이외의 요소는 이전의 궁륭식의 속성이 여전히 간직되어 있음에서 알 수 있다. 예컨대 공주 금학동 1호분[18]의 경우 묘실이 터널식의 전형을 이루고 있지만, 벽면에 회바름이 남았고, 연도가 우편재 되었다든가 입구가 개구식에 장연도로 이루어져 있어 궁륭식의 개별 속성을 여전히 간직하고 있다.

무령왕릉과 같은 전형적 전축묘제의 요소를 완벽하게 갖춘 것은 능산리의 중하총을 꼽을 수 있다. 그런데 능산리 고분군 중에 터널식 유형을 지닌 중하총과 체마대총은 대체적 구조속성에 터널식의 기본 형상을 갖추고 있지만, 세부적으로 차이가 있다. 우선 중하총의 경우 묘실의 평면이나 벽면 및 천장가구의 형상, 그리고 묘실의 입구 등에서 전형적 전축묘제의 요소가 많다. 반면에 체마대총의 경우 묘실이 장방형인 점, 벽체 중에 전후의 단벽은 수직, 좌우의 장벽은 하단을 수직으로 올리고 상단에서 곡률을 주어 좁히고 있어 기본적 형상은 터널식이다. 그러나 입구 및 연도가 우편재 되어 있다는 점은 오히려 궁륭식의 요소로 볼 수 있는 것이다. 다만 중하총

---

17) 예로 공주 금학동 1호 석실묘가 그것이다.(安承周·李南奭, 1992, 『公州 金鶴洞 新基洞 古墳發掘調査報告書』, 公州大學校博物館.)
18) 安承周·李南奭, 1992, 앞의 報告書.

은 터널식으로서 정형적 형상을 갖추고 있으면서 오히려 변형된 치장적 형상이 감지되기도 한다. 여기에 사용재료의 차이 외에 연도가 입구의 바로 전면에서 한단 좁혔다가 긴 연도를 낸 점이라던가, 대형의 장대석을 사용하여 결구한 중하총은 오히려 백제 횡혈식 석실묘 중에 터널식 구조의 완성형이라 할 수 있을 것이다. 반면에 체마대총은 비록 궁륭식의 요소가 있지만 천장부가 평천정으로 변질되었다는 점, 축조재료가 보다 조잡하다는 사실 등을 고려하면 이는 터널식에서 평천장으로의 변화과정에 있는 것으로 판단할 수 있을 것이다.

고임식 구조를 지닌 것은 앞의 터널식 유형 외에 평천정이 동하총을 제외한 모두가 이에 해당한다. 고임식 구조의 석실묘가 능산리 고분군의 주류를 이루고 있음을 알 수 있는데, 발생이 터널식의 변화에서 비롯되며, 그것은 할석재에서 판석재로 사용재료의 변화와 더불어 고분 축조기술의 발전에 비롯된 것일 뿐만 아니라, 외부에서 수용된 묘제가 백제적인 것으로 정착된 결과로 볼 수 있는 것이다. 대체로 백제 후기의 횡혈식 석실묘제는 이 고임식이 주류를 이루고, 분포범위도 매우 넓다. 논산 육곡리 7호분,[19] 나주 대안리 5호분[20] 등을 예로 들 수 있다. 능산리 고분군의 14기 분묘중에 10여기가 이 고임식 구조인데, 구조형상은 대체적 통일성을 지니고 있다. 묘실의 평면이 장방형이거나 세장방형이라던가, 벽체를 수직으로 올린 다음 좌우의 장벽 상단에 안으로 절각하여 고임석을 두고, 평천장을 구성하는 것, 입구에 문틀시설을 갖추고 여기에 연도가 잇대어진 것이 그것이다. 그러나 연도의 형상이나 고임석의 형상에서 약간의 차이는 있다.

고임식으로 동상총은 관련 자료가 부족하여 자세히 검토할 수 없지만

---

19) 安承周·李南奭, 1988,『論山六谷里 百濟古墳發掘調査報告書』, 百濟文化開發研究院.
20) 崔夢龍外, 1979,「羅州大安里 5號百濟石室墳 發掘調査報告」『文化財』12, 文化財管理局.

서하총과 중상총은 일단 구조적으로 큰 차이가 없다. 묘실의 평면이라든가 벽체 및 천장의 구성에서 정형적 갖춤새를 보인다. 천장 고임석의 절각 정도가 좁고, 묘실 평면이 세장화된 것으로 미루어 고임식에서는 이미 발전된 형식으로 볼 수 있다는 것이다. 다만 연도의 경우 입구인 문틀시설이 마련하고, 연도가 이보다 약간 넓게 만들어지면서 약간 우측으로 치우쳐 시설되어 정확한 중앙연도는 아니지만 그러한 현황은 발전된 양식에서도 자주 발견되는 것이다.

한편 동고분군의 5기중에 도면 등의 관련 자료가 미비한 2호분을 제외한 1호분, 3호분, 4호분, 5호분의 경우 1호분만이 사용한 석재가 벽돌형의 대석을 사용하였다. 그러나 나머지는 판석재를 사용한 차이 외에 대체적 양상은 거의 같다. 다만 천장의 가구에서 동4호분의 경우 고임석의 너비가 크게 이루어졌다는 점에서 주목할 수 있는데, 연도가 장연도이면서 거의 우편재에 가깝게 시설된 특징도 있다. 전체적으로 동 고분군의 개별 고분들은 규모에서 앞의 서하총 등보다 작다는 점, 그리고 축조재료가 보다 조악하고 여러 매의 석재를 사용한 점에서 차이가 있다. 더불어 묘실내에 시설된 관대의 경우 중상총은 1인용의 관대만 시설되었는데, 동일한 형상의 서하총도 관대는 없지만 단장의 묘실이 아니었나 추정된다. 그러나 동고분군은 관대의 흔적이 없기에 단장인지 다장인지의 판단이 어렵다.

수평식 구조를 지닌 것은 동하총 1기가 유일하다. 물갈이한 석재를 사용한 것으로 축조수법에서는 매우 뛰어난 갖춤새이다. 중앙입구에 이어진 연도는 입구보다 확대된 형상으로 있어 특이성을 지적할 수 있다. 동형의 자료로 논산 육곡리 6호분[21]을 예로 들 수 있겠는데 능산리 일원에는 그러한 유형이 적지 않게 조영되어 있다. 이 묘제는 고임식의 구조가 변화되어

---

21) 安承周·李南奭, 1988, 앞의 報告書.

보다 간략화된 것으로 볼 수 있는 것인데, 사용 시기에 대해서는 고임식보다는 늦겠지만 동시사용도 적지 않은 것으로 추정되는 것이다. 한편 할석총은 구조상 네벽 조임식으로 분류할 수 있는 것이다. 물론 천장부가 파괴된 형상으로 조사되어 구조적 검토에 어려움이 있지만 전후의 단벽 상단을 안으로 좁힌 점은 터널식이나 고임식과는 차이가 있는 것이다. 이러한 기법은 네벽 조임식에서 전형적으로 나타나는 것이나 아치식도 동형의 수법이 있음을 고려하면 터널식과 아치식의 중간형태가 존재하는 것이 아닌가 추정할 수도 있다.

요컨대 능산리 고분군내 14기의 횡혈식 석실묘는 터널식 2기, 수평식 1기 그리고 네벽 조임식으로 볼 수 있는 것 1기외에 나머지는 고임식이다. 이들을 구조적으로 검토한 결과 터널식은 동형의 분묘로서는 가장 발전된 형식으로 볼 수 있을 것이다. 여기에 고임식의 경우 터널식에서 고임식으로 변천과정을 나타내는 것이 있는가 하면, 대다수는 이미 충분한 발전을 거쳐 고임식으로 완벽한 형상을 갖춘 것도 있다. 나아가 수평식은 고임식과 천장가구에서만 차이를 지닌 것이나 동형의 묘제가 능산리 고분군에 자리함은 고임식이 이미 수평식으로 변천되었음을 보여주는 증좌라 할 수 있다. 결국 구조형식에서 능산리의 각 고분은 평면구조가 장방형에 남벽의 중앙에 입구 및 묘실을 개설한 횡혈식이라는 점에 공통점이 있다. 여기에 입구는 문주석, 문지방석, 문미석 등을 갖춘 현문식이 대부분이고, 연도는 장연도보다 단연도가 지배적이다. 다만 평면 플랜이 중하총처럼 길이와 너비가 3:2의 황금비로 구성된 것이 있는가 하면, 세장된 장방형도 있다. 나아가 연도도 단연도와 함께 장연도의 흔적도 있고, 형태도 나름의 차이는 발견된다. 그런데 이러한 차이는 천정의 구성형태, 사용된 재료 등과 밀접한 관련을 보인다.

4. 陵山里 古墳群과 百濟王陵

앞서 살펴본 능산리 고분군내 개별 자료는 백제 횡혈식 석실묘로 후기에 등장한 유형이 대부분 망라되어 있음을 알 수 있다. 터널식과 고임식 그리고 수평식과 같은 다양한 형식이 있지만 이들은 웅진도읍말기에서 사비시대에 유행한 것들로 백제가 사비에 도읍하던 시기에 조성된 것임을 단적으로 보여주는 것이다. 그러나 이들 분묘들은 능산리 고분군을 이루는 단위요소로 존재할 뿐이다. 나아가 그 중요성이 그것이 백제의 사비도읍시기 왕릉으로 인정되는 점에 있음에도, 개별 분묘자료가 백제의 어떤 왕에 소속될 수 있는 것인지 등의 문제는 미해결로 남아 있어 이 고분군을 왕릉으로 인정하는 것을 주저케 한다.

사실 이 유적이 조사되면서 피장자에 대한 논급은 적지 않게 있어 왔다. 예컨대 중상총의 경우 조사자는 분묘 내에서 출토된 금구가 두개골 부근에서 출토된 점을 근거로 이 고분을 백제 왕릉으로 보았다. 즉 관식이 금구라는 점을 들면서 백제의 관식 착용규정에 금제의 착용은 왕만이 가능하다는 점을 근거하고 있다. 나아가 이 고분은 성왕이나 위덕왕의 무덤이 아닐까 추정하는데, 이는 혜왕이나 법왕이 단명의 군주였기 때문에 이와 같은 대형의 고분이 조성할 수 없었을 것이라는 판단에 근거하고 있다[22]. 더불어 중하총은 묘실 내에서 수습된 유물 중에 금동으로 머리가 장식된 못이 있었고, 더불어 옻칠을 한 목관이 있음에 비추어 이것이 성왕이나 위덕왕의 능이 아닌가 추정한 것이 그것이다[23].

이러한 의견은 그것이 비록 추정적 논지에 불과한 것이지만 그 可否를 떠나 능산리 고분군을 백제왕릉으로 인정하고, 나아가 그 속에서 개별 무

---

22) 關野貞·黑板騰美. 1915, 앞의 報告書.
23) 野守建·小川京吉, 1920, 『大正六年度古蹟調査報告』, 朝鮮總督府篇.

덤의 피장자를 추구하였다는 점에서 주목할 부분이 적지 않다. 다만 전체
고분군의 성격이나 개별고분의 고고학적 편년 속에서 검토한 것이 아니라
는 점, 묘실의 규모라던가 출토유물을 통한 추정이기에 타당성을 부여하기
에 주저되는 것도 사실이다.

　능산리 고분군의 조영 시기는 앞서 간략하게 언급된 바 있듯이 백제가
사비에 도읍하던 시기에 조성된 것임은 분명하다. 대체로 백제 횡혈식 석
실묘의 사용이 도읍지를 중심으로 진행되었고, 이들은 지역적 차이는 있겠
지만 대체로 일정한 형식변화를 거친다는 것은 앞서 언급한 것과 같다. 능
산리 고분군도 그러한 과정에서 검토될 수 있겠는데, 고분군내에 남아 있
는 자료는 대체로 백제의 후기 즉 사비도읍기에 조성된 것만 있다. 왜냐
하면 고분군내에 궁륭식, 아치식, 합장식과 같은 웅진도읍시기에 조성되
는 형식은 확인되지 않기 때문이다. 이는 시간성을 반영하는 것으로 능산
리 고분군은 백제가 사비에 도읍하던 시기에 조성되었다는 것을 단적으로

보여준다. 횡혈식 석실묘로 터널식도 있지만 대부분 고임식이 중심을 이루고, 여기에 수평식까지 포함되어 있어 일단 개괄적 범위에서 보면 사비도읍기에 조성된 것이 분명하다. 나아가 이들을 형식에 따라 시간순에 따라 나열할 경우 터널식이 가장 이른 것이다. 체마대총처럼 후기적 요소가 있는 것도 있지만, 이 터널식의 발생이 웅진도읍후기에 이루어진 것에 비추어 그러한 존재는 능산리 고분군이 사비도읍기에 조영된 것으로 보는데 적극적 증거가 될 수 있을 것이다.

한편 능산리 고분군의 개별 고분들은 횡혈식 석실묘란 단일유형에 한정되어 있다. 나아가 개별 고분들은 횡혈식 석실묘로 구조적으로 사비천도 후에 조영된 터널식과 고임식 그리고 수평식에 국한되어 단순성을 보인다. 이러한 단순성은 고분군의 마련이 사비천도 전이라던가 백제의 사비시대이후인 멸망 후와 연결되지 않는다는 점을 대변하는 것으로, 백제가 사비로 천도한 후에 성격이 분명한 집단에 의해 고분군의 조영이 이루어졌다는 것을 알게 한다. 즉 고분군의 조영주체가 복합적 성격의 집단이기보다는 오히려 단일집단이고, 여기에 백제가 사비에 도읍하던 시기에만 만들어졌다는 점으로 미루어 이전과 이후에 지역성을 지닌 집단과는 무관한 것을 나타내는 것으로 볼 수 있을 것이다. 더불어 그러한 집단의 존재로 미루어 우선 왕실집단이 이 고분군을 조영하였다고 비정하는 것도 어쩌면 자연스러울 것이다.

능산리 고분군의 개별고분은 축조기법이나 규모에서 우수성이 인정된다. 축조기법에서 횡혈식 석실묘의 축재로 판석재를 사용하는 것이 많지만 능산리 고분군처럼 화강석을 정교하게 다듬어 사용하는 예는 특수한 경우에 국한될 뿐이다. 오히려 거칠게 다듬은 판석재나 괴석재의 사용이 대부분이기 때문이다. 여기에 능산리 고분군의 개별 고분은 입구의 시설과 연도의 형상에서 정교함이 두드러진 편인데 이는 고분군의 특수성을 대변하는 것으로 볼 수 있다. 다만 규모에 있어서는 개별 사례에 따른 차이가 있지만 전반적으로 보아 상급에 속하는 것으로 보는데 문제가 없다. 이러한 사실로 미루어 능산리 고분군의 개별 고분내 피장자의 위치가 나름의 특수 신분의 것이란 점을 인정할 수 있을 것이며, 동 시기의 다른 지역에 있는 횡혈식 석실묘와 견주어 왕릉으로 비정하는데 큰 문제는 없을 것으로 판단된다. 다만 현재 능산리 고분군에서 조사된 전체 고분이 왕릉이기 보다는 선별이 필요하기는 하다.

앞서 살핀 것처럼 능산리 고분군은 서쪽의 고분군과 동쪽의 고분군으로 나뉘는데, 축조기술과 규모로 미루어 서쪽의 고분 6기에 비해서는 동 고분군의 5기는 상대적 열악상이 드러난다. 이들은 일단 왕릉으로 보는데 주저되는 바가 없지 않으며, 여기에 체마대총이라던가 할석총 등도 일단 제외되어야 할 것이다. 따라서 능산리 고분군의 개별 고분 중에 왕릉으로서의 위치를 부여할 수 있는 것은 서쪽의 고분 6기가 그 대상이 될 수 있을 것이다.

문제는 6기의 고분이 모두 왕릉인가 아니면 이중에 1기 아니면 일부만이 왕릉인가의 문제가 남기는 한다. 물론 이러한 이해에는 사비지역에 또 다른 왕릉군의 탐색이 가능하다면 포괄적 검토가 가능할 것인데 현재로는 그 적극적 대안의 마련이 어렵기에, 일단 능산리 고분군만이 왕릉으로 볼수밖에 없는 형편이다. 따라서 분묘의 피장자 비정을 위해서는 이에 대응되는 분묘의 시간 순에 따른 순서배열이 이루어져야 할 것이다.

우선 능산리 고분군의 개별 고분 전체가 모두 횡혈식 석실묘라는 점에는 공통이지만 중하총과 같은 터널식이 있는가 하면, 중상총과 같은 고임식의 구조가 있다. 나아가 동하총과 같은 수평식도 있어 일단 시간상의 배열이 가능하다. 우선 가장 이른 것이 중하총으로 보아야 하는데 중하총의 경우 터널식 석실묘의 일반적 형태에서 재료가 보다 세련된다거나 연도가 중앙으로 정착되는 등의 발전된 모습을 보이지만 벽면의 회바름 등의 기법은 아직 전단계의 요소를 그대로 간직하고 있다. 따라서 능산리 고분군 중에서는 일단 중하총이 가장 이른 시기의 것으로 볼 수 있다.

한편 백제 횡혈식 석실묘의 변천과정에서 보면 수평식은 고임식의 다음에 등장하는 유형으로 백제 횡혈식 석실묘 중에서는 최말기에 속하는 것이다. 그런데 이 고분군 중에 순서본 중하총외에 나머지 5기의 분묘중 4기가 고임식이고, 동하총만 수평식일 뿐이다. 나머지 4기의 분묘 중에 동상총에 대한 내용은 확인이 어렵다. 반면에 중상총과 서상총, 그리고 서하총은 구조적으로 매우 近似하다는 특징이 있어 단순 비교에 의하면 거의 비슷한 시기에 조성된 것이란 추정이 가능할 뿐 더 이상 구조속성에 의한 선후구분은 어렵다. 그런데 여기에서 주목되는 점은 묘실내의 시신 안치가 단장으로 이루어졌는가 아니면 여전히 다장적 속성을 지니고 있는가의 차이가 발견된다는 점이다.

백제 횡혈식 석실묘의 특징은 입구가 마련된다는 점이고, 입구의 마련은 출입을 위한 것으로 이는 장제의 추가장과 합장 같은 다장제와 밀접한 관련이 있음은 자주 언급된 바와 같다. 이러한 다장제는 백제의 웅진도읍기에는 보편적으로 이루어진 것이고, 묘제적으로 궁륭식과 터널식의 묘제에서는 일반적이다. 나아가 고임식에서도 매우 유행한 것으로 볼 수 있다. 그런데 다장제는 다시 단장제로 변화되었음이 감지된다. 대표적 사례가 익산 쌍릉이 묘실내에 1개의 관대만 마련되어 있어 대왕릉과 소왕릉이란 별개의 분묘가 부부의 것으로 존재하는 것이라든가[24], 그리고 최근 조사된 염창리 고분군에서 변화의 형적이 분명하게 확인되어[25] 횡혈식 석실묘의 확대사용과 더불어 백제사회의 보편적 장제로 정착된 것으로 추정할 수 있다. 다장제가 단장제로의 변화는 사비도읍기 후반 즉 7세기의 어간에 나타난 것도 확인된다.

---

24) 谷井濟一, 1920, 「益山雙陵」, 『大正六年度古蹟調査報告』, 朝鮮總督府.
25) 公州大學校 博物館, 2000, 『鹽倉里 古墳群』.

이를 고려하면 앞서 살핀 중하총은 터널식 구조이고, 이는 당연히 부부합장이란 전제를 마련할 수 있을 것이다. 또한 동상총은 관대가 2개 있어 그것도 합장이 전제되었음을 알 수 있다. 반면에 중상총은 단장을 실현한 것으로 중앙에 1개의 관대가 있을 뿐이다. 다만 서하총은 관대시설이 없고, 단장인가 다장을 추정할 수 있는 근거가 없어 판단이 어려운 상태이다. 여기에서 단·다장을 파악할 수 없는 서하총을 예외로 하면 일단 능산리 개별고분 중에 동상총은 합장이고, 중상총은 단장이란 것을 알 수 있다. 다만 서하총의 경우 관대시설이 없지만 동형의 고분에서 특별히 관대가 없는 경우 다장인 경우가 많다는 점은 일단 주시할 필요가 있어, 고임식 구조로서 동상총이 가장 이른 것이고, 중상총이 늦은 것으로 추정할 수 있다. 이상의 검토결과에 따르면 능산리 고분군 중에서 가장 이른 것은 중하총이고, 이어 동상총 및 서하총, 그리고 중상총과 동하총의 순서로 축조된 것으로 정리할 수 있을 것이다.

그러면 이들 6기의 고분은 어떤 왕들의 무덤일까라는 문제가 남는다. 이들 왕릉의 피장자를 비정하기에 앞서 여기에는 다음과 같은 문제, 즉 능산리 고분군이 백제의 사비 도읍시기에 조성된 왕릉으로 유일한 것인가라는 점부터 검토되어야 할 것이다. 물론 이를 적극적으로 뒷받침할 만한 자료는 전혀 남아 있지 않다.

지금까지 백제 왕릉으로 성격이 분명하게 확인된 유적은 많지 않다. 익산의 쌍릉을 무왕릉으로 비정할 수 있다면 이와 함께 공주 송산리 고분군내의 무령왕릉과 더불어 2지점에 불과하다. 그런데 이들 2지역의 왕릉의 존재는 능산리 고분군이 백제의 사비도읍기에 조성된 유일한 왕릉이란 단정에 적지 않은 혼란을 가져오게 한다. 특히 공주 송산리 고분군은 그것이 무령왕과 관련된 가계 구성원의 분묘군이고, 무령왕 이전에 재위했던 왕들의 陵은 함께 있지 않다는 결론이 인정된다면, 이는 백제시대에 왕릉은 도읍지별로 한 구역에만 마련된 것이 아니라는 것과 왕별로 별도의 능역을 조성하였을 것이란 추정도 가능하기 때문이다. 다만 현재의 백제 왕릉은 혈연의 차이에 따라 陵域을 달리하였음이 일단 확인되었다고 볼 수 있기는 한데 그 親緣의 정도가 어떠하였을까도 알기 어렵다. 그리고 왕마다 별도의 陵域을 조성하였을까의 의문도 여전히 남는다. 따라서 사비도읍기의 백제 왕릉은 능산리 고분군뿐이란 정황만이 남기에 사비 지역의 백제왕릉은 이것이 유일한 것이란 조건에서 논의를 진행할 수밖에 없을 것이다.

백제가 문주왕대 웅진으로 천도한 이후 재위한 왕은 의자왕까지 모두 10명이다. 이중에 의자왕은 중국에서 생을 마감하였기에 이를 제외하면 모두 9명의 왕들이 남천 후 지역에서 타계하였다. 그리고 그들의 무덤이 남천 지역인 웅진과 사비지역에 마련되었다고 볼 수 있다. 여기에 웅진도읍기의 능묘인 송산리 고분군에 25대 무령왕의 무덤이 확인되었기에 무령왕 이전의 문주·삼근·동성왕의 능묘는 당연히 웅진지역인 지금의 공주에 조성되었다고 볼 수 있다. 나아가 이전에 공주 송산리 6호 전축분이 성왕릉일 가능성도 타진된 바 있다. 그러나 이는 무령왕비의 분묘로 보는 것이 타당할 것이기에[26] 사비기의 능묘는 이후의 왕인 성왕, 위덕왕, 혜왕, 법왕, 무왕 5명의 것들이 있어야 할 것이다. 그리고 이중에서 무왕릉은 능산리 고분군에서 탐색되지 않아도 될 것 같다. 이는 익산의 쌍릉이 여러 정황으로 미루어 무왕릉일 가능성이 높기 때문이다[27]. 따라서 능산리 고분군내에는 성왕과 위덕왕, 혜왕, 법왕인 4명의 왕릉만이 탐색될 수 있을 것으로 본다.

4명의 군주중에 성왕은 6세기 중반에, 그리고 위덕왕은 그보다 약 40여년 후인 6세기 최말기에, 그리고 혜왕과 법왕은 단명의 군주이기에 위덕왕과 거의 동시기에 사망하였다. 따라서 묘제는 성왕의 경우 6세기 중반의 유형을 그리고 이외 위덕왕, 혜왕, 법왕의 분묘는 거의 동형의 분묘가 조성

---

26) 李南奭, 1998, 앞의 글.
27) 李南奭, 2000, 앞의 發表要旨.

되었을 것으로 볼 수 있다. 물론 능산리 서고분군의 분묘는 6기이다. 그보다 숫자가 많을 수도 있겠지만, 현존의 상황에 국한한다면 이들 6기가 4명의 군주와 관련된 분묘로 보아야 할 것이다. 이러한 논지에서 본다면 성왕릉은 당연히 중하총이 되어야 할 것이다.

잘 알려져 있듯이 백제의 사비천도는 성왕에 의해 이룩되었다. 따라서 사비도읍기 백제왕으로 처음 능묘를 조성한 것이 성왕이기에 형식적으로 가장 이른 것이 될 수밖에 없다. 나아가 백제의 횡혈식 석실묘의 변천과정을 보면, 웅진도읍시기에 등장한 터널식의 유형은 사비도읍 초기에도 여전히 사용되기에 성왕릉은 이 터널식 구조를 지니고 있다고 보아도 문제가 없다. 사실 성왕의 능묘에 대해서는 그의 역사적 위치로 말미암아 공주 송산리 고분군의 6호 전축묘가 그의 능이라던가 아니면 능산리 고분군내에 있다는 의견 등이 제시되어 왔었다. 그런데 최근 발견된 능산리 절터의 불사리감 명문에 의하면 성왕의 묘가 이 불사리감과 인근한 지역에 조성된 것으로 판단할 수 있다[28]. 즉 성왕릉이 능산리 고분 중에 있는 것으로 확인할 수 있는데 성왕이 웅진과 사비에 걸쳐 존재하면서 부여시기 왕릉조성을 출발케 하였다는 점을 근거로 보면 능산리 고분에서 성왕릉은 당연히 중하총이 되어야 한다.

문제는 나머지 위덕왕, 혜왕, 법왕릉의 문제이다. 이들의 무덤이 능산리 고분군 그것도 서고분군에 있다면 나머지 4기의 분묘 중에서 탐색되어야 할 것이다. 그런데 수평식 구조를 지닌 동하총은 일단 제외되어야 할 것으로 본다. 왜냐하면 이들 3명의 군주보다 늦은 7세기 전반에 타계한 무왕릉이 고임식의 구조를 지니고 있기에 이들의 능묘는 터널식 아니면 고임식의 구조로 조성되었다고 보는 것이 자연스럽기 때문이다. 따라서 위덕왕,

---

28) 이는 최근 조사된 능산리 陵寺의 塔址에서 출토된 佛舍利龕의 銘文중에 創寺가 昌王姉妹의 願刹임을 밝히고 있음에 비추어 사찰이 聖王을 위한 것으로 판단하는 것이다.

혜왕, 법왕의 능묘는 성왕릉인 중하총과 그리고 보다 후대의 것인 동하총을 제외한 중상총, 서하총, 서상총, 동상총이 그 대상이 되어야 할 것이다.

먼저 주목되는 것이 동상총이다. 동상총은 규모도 크지만 2개의 관대가 마련된 것이고, 더불어 부장품으로 金具가 남겨진 것으로 보아 왕릉으로 이미 추정한 바가 있는데, 구조형상이나 장제적 특징으로 미루어 이것이 위덕왕릉이 아닌가 추정할 수 있을 것이다. 위덕왕의 사망시기가 뒤의 혜왕이나 법왕과 큰 차이가 없지만, 전체적으로 보아 빠른 시기로 볼 수 있기에 보다 이전의 묘제적 특징을 간직한 중상총을 그 대상으로 봄이 타당할 것이기 때문이다.

그러면 혜왕과 법왕의 능묘는 어떻게 판단되어야 할까라는 점이다. 익산의 쌍릉을 제외한 사비도읍기 백제왕릉으로 능산리 고분군이 유일한 것이라면 법왕과 혜왕의 무덤도 여기에서 비정되어야 한다. 그리고 이는 중하총과 동상총을 제외한 나머지 서상총, 시하총, 중상총, 동하총에서 찾아질 수밖에 없을 것이다. 그런데 이들은 모두 단장묘로 남았기에 4기의 무덤이 왕과 왕비의 것으로 비정할 수 있겠지만 더 이상의 검토는 어렵다.

능산리 고분군이 왕릉으로서의 품격은 충분하다고 본다. 나아가 이중에서 중하총은 26대 성왕릉이 분명하다고 판단되며, 만일 여기에 또 다른 왕릉이 있다면 성왕을 이어 재위한 위덕왕의 陵은 동상총이 될 수 있을 것으로 보아진다. 이외 혜왕이나 법왕릉은 나머지 중상총이나 서하총 그리고 서상총으로 비정되어야 할 것인데, 정확한 판단은 어렵다. 다만 나머지 4기의 분묘중에 1기는 정확하게 단장을 실현한 것이기에 각각 왕과 왕비의 능이라면 백제 역대 왕릉을 모두 여기에서 비정할 수 있다는 전제는 마련될 수 있을 것이다. 능산리 고분군이 백제 왕릉으로서 분명한 위치는 중하총인 성왕릉에서 비롯되는 것이다. 오히려 여타의 군주 무덤이 능산리에 있었을까에 의문이 없지 않은데 이는 왕릉조성의 배경, 무덤의 배치상에서 나름의 의문이 제기되기 때문이다.

5. 結言

백제는 모두 31대의 왕이 재위하였다. 이중에서 마지막 의자왕을 제외하면 30명의 왕들이 백제라는 강역내에서 사후를 맞이하였다고 볼 수 있다. 더불어 왕릉은 서울의 석촌동, 공주의 송산리, 부여의 능산리 고분군이 알려져 있다. 이러한 왕릉군의 존재는 개별 도읍지별로 하나씩만 확인되어 각 도읍시기의 왕릉조영이 한 지역에만 국한된 것으로 이해될 수 있다. 그러나 한성도읍기의 왕릉현황을 구체화하기는 어렵지만 공주 송산리고분군의 검토에서 알 수 있듯이 백제왕릉의 조성이 도읍지별로 하나씩만 이루어진 것에는 다소 의문이 있음을 알 수 있다.

능산리 고분군도 일찍부터 주목되어, 이미 일제 강점기 능산리 고분군의 대부분이 발굴조사 되었다. 나아가 해방 후에도 잔존된 고분들이 조사됨으로써 이 지역 고분은 대부분 확인되어 있다. 더불어 고분조사를 토대로 추정적 논지지만 개별고분의 피장자도 언급되어 있다. 다만 이후 검토는 대체로 백제고분의 종합적 견지에서 언급될 뿐, 왕릉으로서의 성격 및 피장자 문제, 그리고 이를 통한 백제사회의 왕릉조영에 대한 이해의 접근은 아직 마련되지 않았다.

물론 이는 백제고분에 대한 종합적 이해의 부족과 관련 자료의 부족에서 비롯된 것으로 볼 수 있다. 그런데 최근 능산리 사지에서 명문이 있는 불사리감이 출토되어, 웅진에서 사비로 천도를 단행한 성왕의 능은 능산리에 있어야 한다는 전제를 마련할 수 있게 되었다. 여기에 백제묘제에 대한 이해도 적지 않게 진행되었다고 볼 수 있다. 따라서 본고는 기왕의 백제묘제 이해를 바탕으로 고분군을 재검토하면서 그 성격 및 피장자를 살펴보았다.

능산리 고분군은 모두 14기의 분묘로 구성되었으며, 묘제적 측면에서 보면 매우 단순한 구성이라는 특징이 있다. 같은 왕릉군으로 공주 송산리고분군이 전축묘를 비롯하여 석실묘가 있고, 수혈식도 있어 비교적 다양성을 보인다. 그러나 능산리 고분군에서 전축묘는 전혀 확인되지 않으며 아직 수혈식 묘제는 확인된 바 없다. 단지 횡혈식 석실묘만 통일적으로 조성되어 있을 뿐이다. 동·서로 구분된 고분군은 東古墳群의 경우 서쪽의 고분군에 비해서 규모가 작을 뿐만 아니라 축조형태에서도 특이성이 적다. 모두 고임식 천정에 장방형의 묘실, 규모와 축조방식에서 서쪽의 고분과 비교할 경우 열세적 위치에 있다.

따라서 능산리 고분에서 왕릉급의 형상을 분명히 지닌 것은 서쪽의 고분 6기가 그 대상이 될 수 있다고 본다. 이들 서쪽의 고분 6기는 구조형식에서 차이가 있는데, 천정가구의 형태 차와 밀접한 관련이 있는 상태로 있다. 중하총과 같은 터널식이 있는가 하면, 중상총과 같은 고임식의 구조가 있고 나아가 동하총과 같은 수평식이 있다. 그런데 중하총은 터널식 석실묘의 일반적 형태에서 재료가 보다 세련된다거나 연도가 중앙으로 정착되는 등의 발전된 모습을 보이지만 벽면의 회바름 등의 기법은 아직 전단계의 요소를 그대로 간직하고 있기도 하다. 나아가 단·다장적 측면에서 보면 중상총과 같은 고임식이 다른 분묘보다 이른 시기의 것이고, 동하총은 수평식으로 백제 말기에 성행한 형식이다.

능산리 고분군이 백제왕릉으로 명실상부한 위치를 갖는 것은 사비도읍기에 처음 타계한 성왕이 여기에 묻혔기 때문이다. 묘제는 그의 부친인 무령왕의 능과 어느 정도 상통하면서 보다 발전된, 즉 백제화된 것이 사용되었을 것일 뿐만 아니라 고분군내에서 가장 이른 시기에 조성된 것으로 이는 중하총이 그 대상이 될 수 있을 것이다. 중하총은 능산리 고분군의 고분배치에서 중심적 위치를 차지하고 있다는 점도 주목할 필요가 있다.

이외 성왕이후 위덕왕이나 혜왕과 법왕의 무덤은 만일 그들이 동일혈연이고, 동일 능역내에 안장되었다면 성왕릉인 중하총 주변에 일단 함께 조성되었다고 볼 수 있을 것이다. 이러한 전제가 성립될 수 있다면 능산리 고분군내에서 성왕 다음에 등장한 위덕왕의 릉은 동상총이 가장 유력할 것이다. 이외 혜왕이나 법왕의 능묘는 단장으로 남겨진 중상총, 서상총, 서하총 그리고 동하총을 대상으로 왕과 왕비 4인의 무덤으로 추정할 수 있을 것이다. 다만 능산리 고분군이 성왕 능역에 국한되는가 아니면 사비도읍기의 왕들의 공동 능역인가의 판단이 유보된 상황에서의 결론인 점은 유념되어야 할 것이다.

VI 사비시대 백제의 불교유적
泗沘時代 百濟의 佛教遺蹟

1. 序言

한국고대사에서 불교라는 특정 주제가 차지하는 비중은 결코 적지 않다. 고대국가 성장의 동력이 불교와 무관하지 않다는 것은 널리 알려진 사실이고, 우리의 고대문화 성립과 발전의 저변에 불교가 자리하고 있다는 것도 이미 주지된 사실이다. 4세기 중후반 무렵에 이르면, 한반도에 터전한 고대국가들은 상호의 극한적 경쟁체제에 돌입하면서 보다 안정적인 생존기반을 구축하기 위하여 불교라는 고등종교를 수용한 것으로 평가한다. 특히 신앙체계로도 불교는 融合的 특성이 있기에 다원성에 기반한 고대사회에 강력한 왕권중심의 통치체제를 마련하는데 그 유용성은 매우 큰 것으로 본다. 불교의 이러한 특성에 기인하여 고대국가로 성장하던 고구려(372년)와 백제(384년)가 이를 공인하기에 이른 것이다.

백제의 불교공인은 『三國史記』의 표현대로 서기 384년 침류왕 원년의 일로, 공인된 백제불교는 국운의 부침에 따라 성쇠가 있었지만 6세기 전반의 중반 무렵이 되면 다시금 백제의 중심문화로 등장하기에 이른다. 특히 사비도읍기인 백제후기에는 불교가 사회 전면에 부각되기도 하였다. 그러나 이러한 불교전개의 세부적 실상은 구명에 어려움이 있는데, 불교를 통시대적으로 照鑑할 기록의 결여와 무관치 않을 것이다. 다행히 불교는 종교적 목적을 구현하기 위하여 다양한 시설을 갖추면서 그것이 물질자료로 남겨져 고고학적 검토를 가능하게 한다. 백제는 중국 사서에도 절과 탑이 많은 나라[1]로 불렸듯이 불교가 성행하였고 그 문화유산이 풍부하게 남겨져 있다. 여기에 최근에는 활발한 발굴조사를 기회로[2] 베일에 가렸던 백제불교의 실상과 그 문화 면모를 밝히는 작업이 지속적으로 진행되고 있다. 그로 말미암아 백제 불교문화 실상에 대한 이해를 기반으로 백제가 삼국시대 불교문화의 중심에 있었다든가 불교문화를 자산삼아 동아시아에서 문화강국으로 자리하였다는 평가도 가능하게 된 것이다.

기왕에 백제고지에서 불교유적의 조사 연구는 폭넓게 진행되었고 주목되는 결과도 적지 않으며, 이를 토대로 백제불교문화의 진면목이 구체화되었다고 볼 수 있다. 다만 신앙과 종교라는 특수한 환경에서 산출된 것이기에 해석이나 이해에 선입관적 편견이 지적되거나[3], 미술사나 사상사 일변도의 접근으로 물질자료에 대한 편중된 이해도 없지 않다는 한계도 엿보인다. 본고는 이점을 유념하면서 기왕에 알려진 백제의 불교문화유산을 종합하여 고고학적 측면에서 검토하여 보고자 마련한 것이다.

사실 백제 불교유적의 중심에 사지가 있고 이 사지는 일찍부터 종합적

1) 『周書』卷第四十九 列傳第四十一 異域上 百濟條 --僧尼寺塔甚多--.
2) 백제불교유적의 조사현황과 그 내용은 국립부여문화재연구소에서 년차적 사업으로 정리한 결과가 있다.
   국립부여문화재연구소, 2008, 『百濟廢寺址』.
   국립부여문화재연구소, 2009, 『한중일고대사지비교연구(I)』 목탑지편.
   국립부여문화재연구소, 2010, 『한중일고대사지비교연구(II)』 금당지편.
3) 李基白, 1999, 「三國時代 佛敎受用의 實際-佛敎'下賜說'批判」 『百濟硏究』 29, 百濟硏究所.

검토[4] 뿐만 아니라 미륵사지나[5] 왕흥사지[6], 능사[7] 등 개별사지의 성격과 의미의 검토가 이루어졌다. 또한 사지의 건축학적 분석[8]뿐만 아니라 국제적 성격의 이해를 위한 검토도[9] 진행되어 대강의 이해수단은 마련되었다고 볼 수 있다. 여기에 불교유물의 상당수를 점유하고 있는 불상에 대한 고고학적 검토는 어려움이 있지만, 미술사적 측면에서 다양한 검토가 이루어져 그 이해의 일단은 마련되어 있기도 하다. 따라서 백제 불교유적의 개별현황이라든가 각각의 의미를 추구하는 것은 무의미할 것으로 여겨진다.

이에 본고는 백제의 불교유적을 종합하고 이를 고고학적 측면에서 조감하여 진정성에 문제는 없는가를 탐색하고, 이들 불교유적이 백제문화의 우수성을 대변하는 것이란 생각에 그 문화재적 가치를 정리하여 보고자 마련한 것이다.

이를 위해서 먼저 고대국가 백제사회에서 운영된 불교유적의 인지와 유형자산으로서 불교 문화재의 백제적 정형성을 담보하기 위하여 사서에 남겨진 불교유적 관련기록과 물질자료인 유적·유물의 현황을 정리하겠다. 그

---

4)   秦弘燮, 1971, 「百濟寺院의 伽藍制度」『百濟研究』2, 百濟研究所.
     安承周, 1985, 「百濟寺址의 研究」『百濟文化』16, 百濟文化研究所.
     洪在善, 2009, 「백제의 가람」『백제의 가람에 담긴 불교문화』, 국립부여박물관.
5)   金正基, 1984, 「百濟伽藍의 特性-益山彌勒寺址 遺構를 中心으로」『馬韓 百濟文化』7, 馬韓百濟文化研究所.
6)   김혜정, 2008, 「王興寺址 發掘調查 成果」『부여 왕흥사지출토 사리기의 의미』, 국립부여문화재연구소.
     양기석, 2009, 「百濟 王興寺의 創建과 變遷」『百濟文化』41, 百濟文化研究所.
7)   金鐘萬, 2000, 「扶餘 陵山里寺址에 대한 小考」『新羅文化』17·18, 新羅文化研究所.
     신광섭, 2003, 「陵山里寺址 發掘調查와 伽藍의 特徵」『百濟金銅大香爐와 古代 東亞細亞』, 국립부여박물관.
     李炳鎬, 2008, 「扶餘 陵山里寺址 伽藍中心部의 變遷過程」『韓國史研究』143, 한국사연구회.
8)   국립부여문화재연구소, 2009, 『한중일고대사지비교연구(I)』 목탑지편.
9)   이병호, 2010, 「동아시아 古代 佛教寺院과 佛殿에 대하여」『한중일고대사지비교연구(II)』 금당지편, 국립부여문화재연구소.

리고 백제 불교유산인 이들 유적·유물의 진정성을 살펴 그 문제점을 상기하여 보고, 이를 기회로 백제 불교 문화유산의 시·공간적 존재양상과 문화정형에 나타나는 특성과 가치를 살펴보겠다.

2. 百濟 佛敎遺蹟 資料

불교유적 자료는 기록과 함께 물질자료로 담보된 것들이다. 기록의 경우 불교행위가 아니라 물질자료와 관련된 언급으로, 예컨대 사찰의 조성이나 그 존재를 인지할 수 있는 것이든가 불상의 조상 등과 같은 행위가 기록된 것들이다. 그리고 물질자료는 신앙으로서 불교의 구현을 인지할 수 있는 유적·유물을 말하는데 사찰관련 시설과, 불상 등의 佛具가 포함될 수 있다.

먼저 백제의 불교유산과 관련된 기록은 다양한 형태로 전할 수 있겠으나 백제라는 고대국가의 범주에서 시공간을 한정한다는 점에서 우선은 사료적 가치에 문제가 없다고 보는 『三國史記』나 『三國遺事』가 중심이 될 수 있을 것이다. 이 두 사서에 전하는 백제의 불교유적에 관한 내용은 대부분이 사찰의 건립과 관련된 것이다[10]. 이를 정리하면 다음의 <표 1>과 같다.

〈표 1〉 『三國史記』 『三國遺事』의 百濟佛敎遺蹟 內容

	名稱	史料內容	文獻根據	備考
1	漢山寺	●創佛寺於漢山 度僧十人	百濟本紀 枕流王 二年條	한성

---

10) 관련 기록은 일찍부터 정리하여 백제 건축이나 불교유적의 이해의 기초로 활용되고 있다.
黃壽永, 1971, 「百濟의 建築美術」 『百濟硏究』 2, 百濟硏究所.
진홍섭, 1971, 앞의 글.
안승주, 1985, 앞의 글.

2	三國史記	漆岳寺	•二年, 春正月, 創王興寺, 度僧三十人. 大旱, 王幸漆岳寺, 析雨 夏五月, 薨. 上諡曰法.	百濟本紀 法王 二年條.	사비
3 - 5		王興寺	•二年, 春正月, 創王興寺, 度僧三十人. 大旱, 王幸漆岳寺, 析雨	百濟本紀 法王 二年條.	
			•三十五年, 春二月, 王興寺成. 其寺臨水, 彩飾壯麗. 王每乘舟, 入寺行香.	百濟本紀 武王 三十 五年條.	사비
			•六月, 王興寺衆僧皆見: 若有船楫, 隨大水, 入寺門.	百濟本紀 義慈 王 二十年條.	
6		烏含寺	•夏五月, 騂馬入北岳烏含寺, 鳴匝佛宇數日死.	百濟本紀 義慈王十五年條.	사비
7		道讓寺	•五月, 風雨暴至, 震天王 道讓二寺塔, 又震白石寺講堂. 玄雲如龍, 東西相鬪於空中.	百濟本紀 義慈王二十年條.	사비
8		天王寺	•五月, 風雨暴至, 震天王　道讓二寺塔, 又震白石寺講堂. 玄雲如龍, 東西相鬪於空中.	百濟本紀 義慈王二十年條.	사비
9		白石寺	•五月, 風雨暴至, 震天土　道讓二寺塔, 又震白石寺講堂. 玄雲如龍, 東西相鬪於空中.	百濟本紀 義慈王二十年條.	사비
10		大官寺	•六月, 大官寺井水爲血, 金馬郡地流血廣五步. 王薨. 諡曰武烈,	新羅本紀 太宗武烈王八年條.	사비
11	三國遺史	大通寺	•又於大通元年丁未, 爲梁帝創寺於熊川州, 名大通寺.	劵第三 興法第三 原宗興法猒髑滅身	웅진
12		水源寺	•汝往熊川(今公州)水源寺, 得見彌勒仙花也.	劵第三 塔象第四 彌勒仙化未尸郞眞慈師條.	웅진
13		王興寺	•明年庚申, 度僧三十人, 創王興寺於時都泗沘城(今扶餘), 始立栽而升遐,	劵第三 興法 第三 法王禁殺條.	사비
14		虎岩寺	•又虎嵓寺有政事嵓, 國家將議宰相, 則書當選者名或三四, 函封置嵓上, 須臾取看, 名上有 印跡者爲相, 故名之.	劵第二 紀異第二 南夫餘前夫餘北夫餘條.	사비
15		彌勒寺	•王許之, 詣知命所, 問塡池事, 以神力一夜頹山塡池爲平地. 乃法像彌勒三 會殿塔廊廡各三 所創之, 額曰彌勒寺(國史云王興寺),	劵第二 紀異第 二 武王條.	사비

16	師子寺	•薯童曰, 可. 於是, 聚金積如丘陵, 詣龍華山師子寺知命法師所, 問輸金之計	券第二 紀異第 二 武王條.	사비
17	三國遺史	烏會寺烏合寺	•現慶四年己未, 百濟烏會寺(亦云烏合寺)有大赤馬, 晝夜六時, 遶寺行道, 二月, 衆狐入義慈 宮中, 一白狐坐佐平書案上	券第一 紀異第一 太宗春秋公條.
18		資福寺	•或稱餘州者, 郡西資福寺高座之上, 有繡帳焉, 其繡文曰統和十五年丁酉五月日, -	券第二紀異第 二 南夫餘前夫餘北夫餘條.
19		修德寺	•釋惠現, 百濟人, 小出家苦心專志, 誦蓮經爲業, 祈禳請福, 靈應良稠, 兼攻三論, 染指通神. 初住北部修德寺,	券第五避隱第八 惠現求靜條.

정리된 것처럼 불교유적 관련 기록은 모두 19건이 있다. 사찰의 창건이나 사찰 내에서 진행된 불교행사의 장소로서 사찰의 이름이 전하는 것이다. 그런데『三國史記』나『三國遺事』의 불교유적 관련기록은 초기 불교 공인과 더불어 언급된 한산에 창사되었다는 사찰의 이름은 알 수가 없고 단지 사찰의 존재만 전하는 것이다. 따라서 한산의 사찰 외에 이후의 것도 중복기록을 고려하면 대통사, 수원사, 칠악사, 왕흥사, 오함사, 도양사, 천왕사, 백석사, 대관사, 호암사, 미륵사, 사자사, 자복사, 수덕사라는 14개의 백제사찰이 있었음을 알 수 있다. 이들 사찰관련 기록 중에 편년체의 연대기적 체제를 갖춘『三國史記』에 전하는 8개의 사찰은 사찰 이름 외에 백제라는 시대성에 어느정도 신빙성을 부여할 수 있을 것이다. 다만『三國遺事』의 9개 사찰은『三國史記』에 중복된 왕흥사나 오함사외에 새로운 것으로 창건연기나 신앙에 연계된 설화 속에 남겨진 것이다. 특히 사서 편찬 당시의 說談을 채록한 것이기에 그 시대성의 판단에 신중하여야 할 것으로 생각된다.

한편『三國史記』와『三國遺事』에 전하는 사찰 외에 제석사와 흥륜사 등의 또 다른 사찰이 백제 故地에 있었음을 전하는 사료도 있다. 즉 제석사가『觀世音應驗記』에 武廣王인 무왕때에 존재했던 사찰로 전하며[11], 흥륜사도 이능화의『朝鮮佛敎通事』「彌勒佛光寺事蹟」에 성왕 4년에 겸익이 주석하였던 사찰로 알려져 있는 것이다[12]. 이중에서 흥륜사는 한동안 신라의 사찰로 취급되었지만 오히려 백제 사찰로 보는 것이 타당하다는 고찰이[13] 주목될 수 있는 것이기도 하다. 따라서『觀世音應驗記』나『朝鮮佛敎通事』도 불교관련 자료로서 크게 평가되는 것임을 고려하면 이들도 백제의 사찰로 볼 수 있는 것이기에 사서상에서 백제 사찰은 모두 16개가 확인되는 것으로 정리할 수 있을 것이다.

사서에 전하는 백제의 사찰들이 일단 백제시대의 것이라 분류하였지만 시대나 내용의 구체적 검토가 필요하다. 상당수의 사찰은 비록 이름이 전하지만 위치나 창건시기, 기능에 대해서 알려진 것이 거의 없기 때문이다. 다만 불교가 공인되면서 승려를 초치하기 위해 창사된 한산에 있는 사찰은 공인 시점에 한성지역에 존재했을 것이다. 대통사나 흥륜사는 두 번째 도읍지인 웅진지역에 있으면서 웅진 도읍시기에 창건된 것으로 봄에 문제가 없을 것이다. 그러나 웅진지역에 있다고 보는 수원사의 창건 시기를 알 수가 없다. 이외의 사찰들은 대체로 사비시대에 존재했던 것이 분명하고 나아가 왕흥사 등의 많은 사찰은 사비도읍기에 창사되었음과 함께 발굴조사를 통해서 사찰의 위치가 정확히 입증된 것도 있다.

한편 문헌기록 외에 그동안 백제고지에서 백제의 불교유적으로 전하는

---

11) 百濟武廣王遷都. 枳慕蜜地. 新營精舍. 以貞觀十三年歲次己亥冬十一月. 天大雷雨. 遂災 帝釋精舍.

12) 彌勒佛光寺事蹟云. 百濟聖王四年丙午. 沙門謙益. 矢心求律. 航海以轉至中印度常伽那 大寺律寺. 學梵文五載. 洞曉竺語. 深攻律部. 莊嚴戒體. 與梵僧倍達多三藏. 齎梵本阿 曇藏五部律文歸國. 百濟王. 以羽葆鼓吹. 郊迎. 安于興輪寺. 召國內名釋二十八人. 與謙益法師. 譯律部七十二卷. 是爲百濟律宗之鼻祖也. 於是. 曇旭惠仁兩法師. 著律疏三十六卷. 獻于王. 王作毘曇新律序. 奉藏于台耀殿. 將欲剞劂廣佈. 未遑而薨.

13) 趙源昌, 1999,「公州地域 寺祉研究」『百濟文化』28, 百濟文化研究所.

것들로 사지와 여기에서 반출된 것, 각지에서 수습된 각종의 불상과 불구가 있다. 먼저 사지를 정리하면 다음의 <표 2>와 같다.

< 표 2> 백제의 것으로 알려졌던 사찰터들

구분	유적명	위치	구성	비고	
				조사	내용
공주지역	大通寺址	공주시 반죽동 일대	幢竿支柱, 石槽	시굴	유구 미확인
	水源寺址	공주시 옥룡동	탑지	발굴	신라-고려
	舟尾寺址	공주시 주미동	석등석	발굴	신라-조선
	西穴寺址	공주시 웅진동	금동보살입상	발굴	신라-고려
부여지역	佳增里寺址	부여읍 가증리 134일대	불상대좌편, 인명와편	지표	
	佳塔里寺址	부여읍 가탑리 273-1 일대	금동보살입상	지표	
	觀音寺址	부여읍 가탑리 201번지	건물지	지표	
	舊校里寺址	부여읍 구교리 84-1번지	石塔 寶輪, 인명와편	지표	
	軍守里寺址	부여읍 군수리 19번지	석조여래좌상, 금동보살상	발굴	백제
	陵山里寺址	부여읍 능산리 산 15	석조불상, 금동대향로, 사리감, 금동광배	발굴	백제
	東南里寺址	부여읍 동남리 211-1외	석조보살입상	발굴	백제
	東山里寺址	부여읍 동남리 503-3번지		지표	
	밤골寺址	부여읍 정동리 80번지		지표	
	扶蘇山寺址	부여읍 구아리 산 24외 1필지	석조불상	발굴	백제
	石木里寺址	부여읍 석목리 207-2	石造蓮花臺座 출토	지표	
	中井里建物祉	부여읍 중정리 550		지표	
	雙北里廢寺	부여읍 쌍북리 638	木塔 心礎石 수습	지표	
	雙北里寺址	부여읍 쌍북리 228-1일대	초석, 窯址	지표	
	龍井里寺址	부여읍 용정리 35외 2필지	木塔址, 金堂址	발굴	백제
	臨江寺址	부여읍 현북리 51외 15필	석조불상	시굴	고려
	傳天王寺址	부여읍 동남리 산16-1 금성산	瓦積基壇建物址	발굴	
	定林寺址	부여읍 동남리 254 255번지	오층석탑, 납석제삼존불, 석조불상, 금동탄생불	발굴	백제-고려
	鶴里寺址	부여읍 구교리 174-10일대		지표	
	향교밭寺址	부여읍 구아리 산 6-2일대		지표	
	縣北里寺址	부여읍 현북리 540번지 일대		지표	

	金剛寺址	은산면 금공리 12-2번지		발굴	백제-고려
	王興寺址	규암면 신리 37-2번지		발굴	백제-고려
	外里寺址	규암면 외리 212일대		지표	
	虎岩寺址	규암면 호암리 156-2번지		지표	
익산지역	大官寺址	왕궁면 왕궁리 480번지		지표	
	彌勒寺址	금마면 기양리 23번지	석탑, 금동소형여래입상, 석등옥개석,석등연화대석	발굴	백제-고려
	師子寺址	금마면 신용리 60		시굴	
	蓮洞里寺址	삼기면 연동리 220-2번지	석불좌상, 金堂址	지표	
	오금寺址	금마면 서고도리 연동마을부근		지표	
	帝釋寺址	왕궁면 왕궁리 궁평마을		발굴	백제-고려
기타	聖住寺址	보령시 성주년 성주리 72번지		발굴	고려-조선
	普願寺址	서산시 운산면 용현리		발굴	고려-조선

　　지금까지 백제 고지에서 확인된 불교관련 유적은 공주지역에 4건, 부여지역에 25건, 그리고 익산지역 6건 외에 보령과 서산의 2건 등을 포함하여 37건이 집계되는데, 대부분은 부여지역에 집중되어 있음을 알 수 있다. 다만 공주지역의 경우 제시된 서혈사외에 남혈사나 동혈사가 백제시대로 판단되기도 하였지만[14] 조사결과 백제시대의 것으로 볼 수 있는 근거는 없었다. 오히려 그동안 백제혈사의 상징으로 여겼던 서혈사지도 시대성에 의문이 제기된 상태인데[15], 여전히 수습된 금동불이 백제시대의 것으로 취급되어 일단 자료로 제시한 것이다. 대통사지를 비롯한 수원사지는 사서기록과 대비되는 것이다. 주미사지도 여전히 백제의 웅진도읍기 불교 특성을 이해하는 과정에 자주 언급되기에 제시한 것이다.

---

14) 經部慈恩, 1946, 『百濟美術』寶雲舍.
15) 安承周, 1985, 앞의 글.
　　趙元昌, 1999, 「公州地域 寺祉硏究」『百濟文化』 28, 百濟文化硏究所.

부여지역은 지금까지 사지로 알려진 25건을 정리하였다. 그동안 부여 폐사지로 대략 28건의 유적이 전하였지만 규암면의 진변리 청룡사지나 신리의 사지, 그리고 구아리 유적 등은 기초 조사결과 사지로 보기 어려운 판단이 이루어진 상태이다. 그리고 25건의 사지 중에서도 불교유적으로 구체적 성격을 갖추기 위해서는 발굴조사가 필요한 것이 적지 않다는 것도 알 수 있다[16]. 그러나 발굴조사가 이루어진 정림사지나 군수리사지, 왕흥사지, 용정리사지, 그리고 능사 등의 예로 미루어 사비지역 불교유적의 잔존 범위나 형상의 추정은 어렵지 않은 상황이다. 이외에 익산지역의 경우 미륵사지와 제석사지에 대한 발굴조사가 이루어졌다. 그러나 미륵사지 외에 여타의 사지를 백제사지로 볼 것인가의 문제는 추후에 보다 구체적 검토가 필요하다[17]. 더불어 기타로 구분한 성주사지나 보원사지는 관련 기록이나 유물의 출토가 있어 백제시대의 것으로 여기지만, 신빙성에 문제를 제기할 수 있는 것이기도 하다.

한편 사지 외에 불교유적으로 주목되는 것으로 불상 등의 유물이 있는데, 대체로 미술사적인 검토가 이루어져 백제시대 불교유물로 판단하는 것이다. 그중에서도 불상의 경우는 해당지역에 위치하고 있거나 알려진 것도 있다. 이들 자료도 정리하면 다음의 <표 3>과 같다.

〈표 3〉 백제시대의 것으로 전하는 불상들

	명칭	출토지	근거	비고
1	磨崖三尊佛	태안읍 동문리 817-2	黃壽永, 1962, 「忠南泰安의 磨崖三尊佛像」『歷史學報』17·18,	국보 307호
2	磨崖三尊佛	서산 운산면 용현리	黃壽永,1959, 「瑞山磨崖三尊像에 對하여」『震檀學報』第20號,	국보 84호

---

16) 국립부여문화재연구소, 2008, 『百濟廢寺址』.
17) 金善基, 2010, 「發掘調査 成果를 통해 본 益山의 百濟寺利」『百濟文化』43, 百濟文化研究所.

3	禮山四面石佛	예산 봉산면 화전리	朴永福, 1983, 「禮山百濟四面石佛調査 및 發掘」『文化財』16.	보물 794호
4	普化里 石造如來 立像	정읍 소성면 보화리	黃壽永 鄭明鎬, 「井邑「부처당이」石佛 立像 二驅에 대한 考察」『佛教美術』5.	보물 914호
5	石造菩薩立像	공주 계룡면 갑사	충청남도, 1985, 『文化財大觀』.	
6	金銅如來立像	보원사지	李殷昌, 1968, 「瑞山龍賢里出土百濟金 銅如來立像」『考古 美術』97, 東國大學 校 博物館.	
7	金銅如來立像	공주 계룡면 신 기리 능엄사지	百濟文化開發研究院, 1992, 『百濟彫刻 ・工藝圖錄』.	
8	石造半跏思惟像	부여 부소산	鄭永鎬, 2003, 「百濟半跏思惟像研究」 『百濟論叢』7, 百濟文化開發研究院.	
94	半跏思惟石佛	부여 석성면 현북리	鄭永鎬, 2003, 「百濟半跏思惟像研究」 『百濟論叢』7, 百濟文化開發研究院.	
10	鄭知遠銘金銅釋迦 如來立像	부여 부소산	秦弘燮, 1976, 『韓國의 佛像』.	보물 196호
11	金銅癸未銘三尊佛	출토지미상 간 송미술관 소장	文明大, 1980, 『韓國彫刻史』, 悅話堂.	국보 72호
12	金銅脇侍菩薩像	출토지미상 부 여박물관 소장	百濟文化開發研究院, 1992, 『百濟彫刻 ・工藝圖錄』.	
13	金銅菩薩立像	부여 가탑리	국립부여박물관・불교중앙박물관, 2009, 『백제가람에담긴 불교문화』.	
14	金銅菩薩立像	출토지미상(동 국대박물관)	百濟文化開發研究院, 1992, 『百濟彫刻 ・工藝圖錄』.	
15	金銅菩薩立像	부여 현북리 수습	百濟文化開發研究院, 1992, 『百濟彫刻 ・工藝圖錄』.	
16	金銅菩薩立像	예산 대흥면 교촌리	百濟文化開發研究院, 1992, 『百濟彫刻 ・工藝圖錄』.	
17	金銅菩薩立像	출 토 지 미 상 (국 립 부 여 박 물관)	강우방, 1990, 『三國時代佛教彫刻論』, 국립중앙박물관.	보물 285호
18	金銅菩薩立像	국립중앙박물관	百濟文化開發研究院, 1992, 『百濟彫刻 ・工藝圖錄』.	
19	金銅如來坐像	서울 성동구 뚝섬	김원룡, 1961, 「뚝섬출토금동불좌상」 『역사교육』5.	

20	金銅觀音菩薩立像	공주 금학동	秦弘燮, 1976, 『韓國의 佛像』, 一志社.	국보 128호
21	金銅觀音菩薩立像	공주 의당면	김영배, 1975, 「公州儀堂出土金銅菩薩立像」『百濟文化』 7·8,	국보 247호
22	金銅彌勒菩薩半跏思惟像	국립중앙박물관	文明大, 1980, 『韓國彫刻史』, 悅話堂.	국보 78호
23	金銅菩薩三尊立像	춘천출토리움소장	秦弘燮, 1976, 『韓國의 佛像』, 一志社.	국보 134호
24	方形臺座金銅彌勒菩薩半跏像	출토지미상 국립중앙박물관소장	鄭永鎬, 2003, 「百濟半跏思惟像研究」『百濟論叢』 7, 百濟文化開發研究院.	보물 331호
25	金銅僧像	부여부근	秦弘燮, 1976, 『韓國의 佛像』, 一志社.	
26	銅板三尊佛坐像외 3점	김제군 성덕면 대목리	黃壽永, 1980, 「全北金堤出土百濟銅版佛像」『佛教美術』 5, 東國大學校 博物館.	

  표에서 알 수 있듯이 유물의 대부분은 불상이 중심을 이루고 있다. 서산·태안의 마애불과 예산의 사면석불 외에 여래상 몇 점을 제외한 대부분의 유물이 금동불이다. 특히 <표 2>에 제시된 서혈사지, 가탑리사지, 군수리사지, 동남리사지, 정림사지에 포함된 금동불도 수습품으로 전하는 것이다. 이를 포함하면 상당수의 백제 금동불은 수습품 형태로 남겨졌다는 것을 알 수 있다. 또한 불상의 출토지역은 대체로 공주나 부여처럼 백제의 도읍지역에 밀집되어 있다. 그러나 도읍지 이외 지역에 자리한 서산·태안, 그리고 예산의 석불처럼 주목될 수 있는 자료가 적지 않고 정읍·김제처럼 원거리 지역에도 그러한 존재가 있다. 아울러 공주나 부여처럼 도읍지역에서 출토된 것도 수습지역이 백제사지와는 무관한 것이 많다는 점도 눈에 띈다.

  한편 사찰과 불상 외에 불교와 관련된 광배라던가 석등과 탑재, 석조 등은 공주 또는 부여 박물관에 전시된 형태로 전하는 것들이다. 예컨대 공주 금학동 출토로 전하는 석조광배라던가 납석제 연화대좌석[18], 그리고 도제

---

18) 百濟文化開發研究院, 1992, 『百濟彫刻 · 工藝圖錄』.

불상대좌는[19] 공주박물관에, 광배[20]와 각종의 석조 및 청동 소탑재가[21] 부여박물관내에서 확인된다.

3. 百濟佛教遺蹟의 考古學的 檢討

백제 불교유적의 정황은 앞서 정리한 사서의 내용, 그리고 유적·유물의 존재로 인지하기에 충분하며, 나아가 이들 각각의 자료의 검토를 통해 불교문화의 진면목을 이해할 수 있을 것이다. 예컨대 기록을 토대로 불교의 시·공간적 전개의 윤곽을 마련하면서 유적·유물을 통하여 백제 불교문화의 실상을 이해할 수 있을 것이다.

그러나 백제의 불교유적 자료를 종합할 경우 기록현황도 그러하지만, 고고학 자료의 시간적 편중은 크게 나타난다. 특히 한성도읍기의 것으로 판단할 수 있는 유적과 유물이 거의 없을 뿐만 아니라 지역적으로 동시기 도읍지역에서 불교유적 확인이 거의 전무한 상황이다. 때문에 한성도읍기에 불교유적의 조성은 없었으며, 따라서 불교유적도 不在한다는 결론이 가능할 것이다. 반면에 웅진시대 말기에 해당되는 무령왕대나 성왕대에 이르면 다시금 그 흔적이 보이지만 산발적 기록현황 외에 유적과 유물이 구체적이지 않다는 한계가 있다. 물론 사비도읍기에 이르면서 절과 탑이 많은 나라로 불릴 만큼 불교문화가 왕성하게 전개되었음을 알게 한다.

한성도읍기 백제 불교유적의 부재현상에 대하여 한산에 사찰 건립사실이라던가, 불교활동에 근거할 경우 그 존재자체를 부인하기가 어렵다. 특

---

19)　朴永福, 1992,「靑陽陶製佛像臺座調査報告」『美術資料』49.
20)　扶餘文化財硏究所, 1995,『扶蘇山城』.
21)　百濟文化開發硏究院, 1992, 앞의 책.

히 불교공인 후에 활동이 지속되었다면 어떤 형태로든 관련유적이 존재하여야 할 것이다. 그런데 한성도읍기 백제 불교의 정황을 보여주는 고고학 자료는 뚝섬에서 출토된 것으로 전하는 불상 1구가 있고[22], 최근 몽촌토성 발견품 중에 확인되는 연화문을 근거로 불교 흔적을 논급하기도 한다[23]. 그러나 이들 자료만으로 불교유적의 실체를 언급하기는 어려우면서 오히려 불교유적의 취약성을 보여주는 것이기도 하다. 그런데 이러한 불교 유적 유물의 부재 원인을 후대의 인멸이라든가 미발견이란 환경으로 치부하기에는 한계가 있다. 오히려 한성도읍기 불교 유적·유물의 부재현상을 초기불교의 정황이나 정치·사회적 환경으로 인하여 불교공인 후에 곧바로 활동자체의 위축이 나타난 것에 원인이 있지 않은가 추론된다.

웅진도읍기도 한성함락과 중앙지배세력의 붕괴라는 급박한 환경에서 잉태된 기간으로, 비록 짧지만 한성도읍기의 정체성이 그대로 이식된 것으로 보는 기간이다. 그리고 불교유적은 『三國遺事』의 기록이지만 대통사의 창건, 흥륜사나 수원사의 존재가 확인된다. 더불어 서혈사지의 조사를 기회로 공주 주변에 있는 穴寺를 백제의 것으로 추정하면서[24], 외견상 백제의 웅진도읍기 불교문화 유적이 풍부한 것으로 판단하는 계기가 되었다. 그런데 웅진 지역의 백제 불교유적은 기왕에 알려진 것과는 달리 흔적으로 확인된 것이 거의 없는 형편이다. 물론 웅진도읍기의 백제시대 사찰로 대통사나 흥륜사, 그리고 수원사의 존재가 기록상에 전하고 있다. 그리고 이들에 대한 실체 확인 노력도 경주되었는데, 아직은 존재를 인정할 만한 자료가 확보되지 않았다. 특히 기왕에 웅진시대 백제불교와 관련하여 주목되었던 혈사라든가, 대통사와 관련된 유적실체 등에 대해서는 재검토가 필요하다.

---

22) 김원룡, 1961, 「뚝섬출토금동불좌상」 『역사교육』 5.
23) 국립부여박물관, 2009, 『백제가람에 담긴 불교문화』.
24) 經部慈恩, 1946, 앞의 책.

혈사문제는 언급된 것처럼 공주 서혈사지의 존재확인 후에 추론된 것으로, 이후 웅진천도라는 급박한 상황적 논리와 함께 웅진도읍기에 백제불교의 또 다른 모습으로 설명되기도 하였다. 특히 서혈사의 존재확인과 여기에서 수습된 불상을 백제시대의 것으로 편년하면서 웅진도읍기의 백제불교는 혈사 중심으로 운영된 것이 아닌가 추정한다[25]. 이어 서혈사지의 발굴조사를[26] 기회로 혈사의 인식이 확대된 환경에서 주미사지나 동혈사, 남혈사 등도 같은 맥락에서 이해되기도 하였다[27]. 그러나 그동안 백제시대의 혈사로 추정된 이들 유적 중에서 단 하나도 백제시대의 것임을 증거할 수 있는 사지가 없다는 점은 주목되어야 할 것이다.

서혈사지나 주미사지[28], 남혈사지의[29] 발굴조사결과 이들 사찰의 초창시기는 아무리 빨라도 통일신라시대를 벗어나지 않는다. 아울러 당시의 일반적 불교 정황이거나 사서상에 백제가 웅진에 도읍하던 시기에 불교활동을 고려할 경우도, 그러한 활동이 혈사를 중심으로 운영되었다고 볼만한 자료를 찾기도 어렵다. 사실 웅진도읍기의 혈사문제는 일찍이 서혈사라는 유적의 인지와 함께 발견된 불상이 백제시대의 것이란 판단에서 시작되었음도 유의할 필요가 있다. 그런데 이 불상을 제외하면 현재로서 서혈사지를 비롯하여 혈사들이 백제시대의 것이라 입증할 고고학적 자료가 전혀 없다는 점은 충분히 유념하여야 한다. 오히려 서혈사지에서 수습된 백제시대로 편년된 연화문와당 1점은 그 희소성이 주목되지만, 그러한 유물이 남혈사지와 주미사지에서도 수습되고 있음에서[30] 고고학보다는 불교 법통의 연계

25) 李殷昌, 1969,「瑞山 龍賢里出土 百濟 金銅如來立像考」『百濟文化』3, 百濟文化研究所.
26) 金永培・朴容鎭, 1970,「公州 西穴寺址에 關한 研究(Ⅰ)」『百濟文化』5, 百濟文化研究所.
    安承周, 1971,「公州 西穴寺址에 關한 研究(Ⅱ)」『百濟文化』5, 百濟文化研究所.
27) 朴容鎭, 1968,「公州 百濟時代의 文化에 關한 研究」『百濟文化』2, 百濟文化研究所.
28) 李南奭・李勳, 1999,『舟尾寺址』, 公州大學校博物館, 公州市.
29) 國立公州博物館, 1993,『南穴寺址』.
30) 國立公州博物館, 1993, 앞의 보고서와 李南奭・李勳, 1999, 앞의 보고서.

측면에서 검토될 수 있는 것이 아닌가 판단되기도 한다.

한편 웅진도읍기의 백제 불교유적으로 널리 알려진 대통사와 그 유적과 관련한 문제이다. 대통사는 『三國遺事』를 근거로 527년 웅진도읍지역에 창사된 사찰임에 분명하고, 나아가 고고학적으로 그 흔적이 일찍부터 제시된 상황이었다. 유적과 관련하여 일찍이 공주 반죽동에 있는 당간지주, 그리고 한 쌍의 석조가 확인되어 있다. 이를 기회로 해당지역에 대통사가 있었다고 여기면서 관련 유물을 모두 대통사와 관련하여 해석되기도 하였다. 특히 수습된 "大通" 명의 기와는 대통사 존재의 적극적 방증자료로 삼기도 하였다[31]. 사실, 『三國遺事』에 명기된 대통사의 존재나 웅진기에 창사되었다는 문제를 의심할 자료는 거의 없다고 여겨진다. 그러나 대통사의 존재를 입증하는 현재의 고고학 자료들은 그 성격은 물론이고 이들을 백제시대 대통사 존재의 방증자료로 사용하는데 재고가 요구된다.

먼저 『三國遺事』에 전하는 대통사의 위치와 관련하여 일찍이 당간지주와 한 쌍의 석조가 있었다. 따라서 해당 지역이 대통사지로 비정된 바가 있으며 지금도 큰 의문없이 받아들여지고 있다. 그런데 이들 자료를 토대로 대통사의 위치를 가늠할 수 있는가는 적지 않은 문제가 있다. 그와 관련하여 먼저 주목할 것은 해당지역의 조사 결과로서[32] 비록 시굴조사였지만 사찰의 흔적이 전혀 없었다는 사실 외에 당간지주가 외부에서 옮겨 온 것이며, 시기는 19세기말이나 20세기 초반 무렵이라는 점이다. 이는 당간지주와 일정한 간격으로 배치되어 있던 석조의 입지에 의문을 가질 수 있게 한다. 즉 이러한 결과는 비록 해당지역에 사찰의 존재여부를 전체 지형탐색이나 보다 확대조사를 통해 확인할 수 있겠지만, 그동안 관행처럼 인식된 당간지주나 석조를 통한 대통사의 위치 추정은 재고되어야 한다는 것을 알게 한다.

---

31) 輕部慈恩, 1971, 『百濟遺跡の研究』, 吉川弘文館.
32) 李南奭·徐程錫, 2009, 『大通寺址』, 公州大學校博物館.

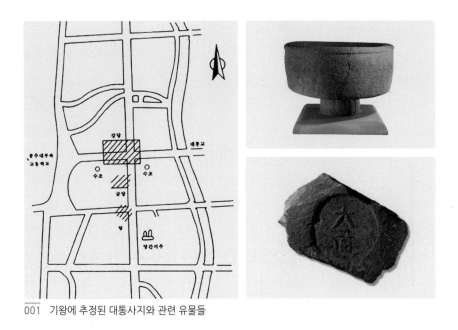

001 기왕에 추정된 대통사지와 관련 유물들

　더불어 웅진시대 대통사 존재의 상징으로 보았던 "大通"銘 기와도 사찰과 관련된 것인가의 검토가 필요하다. 이 기와는 3종 정도가 확인된 백제 특유의 인각와 형태에서 그것이 백제의 것임에는 의문이 없다[33]. 그리고 '大通'이란 두 글자 명문은 대통사라는 절의 이름 외에 중국 양 무제대의 연호이기도 하다. 따라서 이 기와는 중국의 연호인 대통을 표기한 것, 아니면 불교와 관련된 대통의 의미를 표현한 것으로 볼 수도 있으며, 기왕에는 대통사라는 사찰에 소용된 기와로 보는 것이 일반적이었다. 그런데 백제 인각와 출토는 빈번하게 이루어지고 나아가 내용도 비교적 다양한 것으로 판단된다. 다만 주목되는 것은 지금까지 확보된 자료에서 관청이나 사찰의

---

33)　李南奭, 2002, 「百濟 大通寺址와 出土遺物」『湖西考古學』 6-7집, 湖西考古學會.

이름을 인각한 기와가 전혀 없다는 사실이다[34]. 물론 통일신라나 고려시대의 경우 사찰 이름을 명기한 기와의 출토가 빈번하지만[35] 백제 기와에서는 '大通'銘 이외에는 발견된 바가 없다. 따라서 이'大通'銘 기와는 대통사 존재를 입증하거나 위치 탐색의 증거자료로 사용하는데 신중할 필요가 있다고 본다.

그와 더불어 기왕에 알려진 대통사의 상징인 석조의 경우도 그것이 본래의 위치였는가, 대통사란 사찰에 설치된 시설물이었는가의 판단에 보다 적극적인 방증자료가 필요할 것이다. 석조도 백제 대통사와 관련된 유물이라는 선입견에 기초하여 백제시대의 것으로 보는데, 백제의 것으로 판단할 수 있는 보다 적극적인 증거가 필요하기 때문이다. 이러한 현황을 종합하면서 기왕에 대통사지 출토 와당으로 분류된 자료도 같은 맥락에서 재검토되어야 할 것이다.

다음으로 백제의 마지막 도읍기인 사비시기에 조성된 불교유적은 매우 풍부하다고 볼 수 있다. 다만 현실적으로 기록에서 확인할 수 있는 불교유적과 고고학적으로 조사된 유적간 대비의 어려움도 있다. 그러나 불교 문화유산이 비교적 다양하게 확보되어 이 시기의 백제불교 문화의 실상을 정립할 수 있을 정도이다. 이미 앞에서 사서상의 백제불교 유적에 대한 기록은 대부분 사비시대에 집중되었음을 보았다. 아울러 지금까지 드러나 있는 백제의 불교유적도 대부분이 사비시대와 사비지역에 밀집되어 있으며, 불상 등의 백제 불교관련 유물도 시기나 출토지역이 대부분이 사비로 집중되는 것을 알 수 있다.

이처럼 백제 불교유적 종합 전시장이었던 사비도읍기는 전체 백제불교

---

34) 沈相六, 2005,「百濟時代 印刻瓦에 關한 研究」, 公州大學校大學院 碩士學位論文.
35) 예컨대 정림사지에서 定林寺의 이름이 있는 기와나 왕흥사지 출토의 王興寺 이름이 있는 기와는 어골문이 있는 고려시대의 기와에 한정된다.

002 왕흥사지의 현황과 출토유물

사로 보면 긴 시간이 아니다. 그럼에도 짧은 기간에 불교문화의 정립이 이루어졌기에 상당한 복합성이 있을 것이란 추정도 가능할 것이다. 나아가 백제시대에 성립되었더라도 백제의 멸망 이후에도 유적은 기능하면서 영속될 수 있기에, 사비지역 백제 불교유적의 속성 판단에 이점도 유의하여야 할 것이다. 물론 이러한 환경에도 불구하고 기왕에 살펴진 사비지역 백제 불교유적의 현황은 매우 구체적이면서 타당한 검증을 거쳤다고 볼 수 있다. 다만 불교 유적·유물을 고고학적으로 종합할 경우 시·공간적 불일치가 나타나고, 부분적이지만 사지의 시대판단의 혼란과 관련 유물의 불확실성 등도 엿보인다.

먼저 사비도읍기의 불교유적은 대부분 사비지역에서 발견·조사된 사지가 중심을 이루고 있다. 불교 관련유물도 출토지나 수습지역도 사비지역이 대부분이란 것은 앞서 언급한 바와 같다. 이는 백제의 사비도읍기 불교문화의 성행을 단적으로 보여주는 것이다. 사비지역의 백제불교 유적의 대부분은 사지인데 이들은 기왕에 백제시대의 것으로 알려졌거나 확인된 것들이다. 사비지역 백제사지는 이후의 발굴조사를 통해서 백제적 진정성을 갖춘 것으로 판단되고 있어 아직 미조사된 사지도 추후 발굴조사를 통해 불확실성이 극복될 것이다. 그러나 백제사지로의 분류는 우선적으로 백제적 진정성이 담보된 다음에 이루어져야 할 것으로, 사비지역의 잔존 불교유적을 무조건적으로 백제로 편년하는 문제를 지양하여야 할 것이다.

또한 주목할 것은 백제사지로 발굴조사된 유적이라 하더라도 백제만이 아니라 통일신라나 고려시대까지 중복 존속된 유적이 적지 않다는 점이다. 백제 불교유적으로 상징성을 갖는 정림사지라던가 왕흥사지, 미륵사지 등이 대표적 사례들이다. 이들 사지는 백제시대에 창건되었음이 분명하지만 사력을 거듭하여 고려시대까지 존속된 경우도 있고, 그 과정에 유적의 속성에 어느 정도의 변천이 있을 것이란 추정도 가능할 것이다. 따라서 개별 유적의 성격 판단에 초기적 속성의 인지는 물론 후대적 변천양상과 결과의 제시도 함께 이루어져야 할 것으로 여겨진다.

그동안 백제 불교유물로 제시된 불상은 약 26점 정도가 집계되는데, 이들 대부분은 6세기 후반이나 7세기 무렵의 사비시대로 편년되는 것들이다. 그러나 출토위치는 뚝섬출토품 이외에 대체로 금강유역 일원에서 수습된 것이면서 일부는 김제 등의 원거리 출토품도 있다. 불상의 수습이나 출토지가 금강유역 일원, 그것도 도읍지였던 웅진과 사비 즉 공주와 부여 그리고 익산 지역에 한정됨을 알 수 있다. 즉 불상의 출토지가 알려진 경우를 종합하면 부분적으로는 백제적 진정성이 담보된 사지에서 출토된 경우도 있지만, 대체로 시대판단이나 성격이 불분명한 유적에서 수습된 경우가 많다는 특징이 있다. 여기에 백제 유물로 전하는 불상 가운데 유적으로 존재하는 마애불이나 사면석불 그리고 일부 석조불을 제외하면 소형의 금동불

이 중심을 이루지만, 발굴조사가
이루어진 백제 사지에서 수습되
는 경우가 상대적으로 적다는 한
계가 나타난다. 이는 백제 유물
로 알려진 많은 금동불상이 백제
라는 시대적 속성이 분명한 것이
라 하더라도 백제 이후의 유적으
로 편년될 수밖에 없는 유지에서
수습되거나 출토된 배경의 이해
가 필요하다.

003 군수리 출토 불상

　　백제석탑의 시원문제도 사비
지역 불교유적 이해과정에 여전
한 의문으로 남는 것이기도 하
다. 한국 고대불교유적으로 불탑
이 목탑에서 석탑으로 전환되었
고, 그것이 백제에서 비롯되었다
는 것은 부인할 수 없는 사실이다. 그러나 백제에는 서로의 상이점이 크게
나타나는 미륵사지 석탑과 정림사지 석탑 2기만이 잔존한다. 목탑에서 석
탑으로 전환이란 전제에 목탑과 매우 유사한 미륵사탑을 백제 석탑의 시원
으로 보면서 그것이 정립되어 정림사지 석탑이란 정형의 백제 석탑이 탄생
한 것으로 봄이 일반적이었다. 이러한 일반적 인식은 부여 정림사지의 발
굴 이후 이 사찰은 출토 유물로 미루어 6세기 중반 무렵에 창건된 사찰이
란 의견이 제시되면서[36], 정림사지의 창건시기의 추정과 함께 석탑도 중

36) 尹武炳, 1992, 「扶餘 定林寺址 發掘記」 『百濟硏究叢書』, 忠南大學校百濟硏究所.

004 미륵사지 전경 005 미륵사지의 석탑

건된 것이 아닌 초창의 유구와 관련된 것으로 보았음은 물론이다. 이에 7세기 전반 무렵에 창건된 미륵사지의 석탑보다 정림사지 석탑이 선행된 것으로 볼 수밖에 없다는 것이다.

그런데 백제석탑의 시원 문제는 석탑자체의 비교편년이라던가 석탑이 자리한 사지의 성격이나 종합적 편년을 통한 대비를 통해 선후가 판단된 것이 아니라는 점이 주목되어야 할 것이다. 오히려 정림사지의 발굴로 얻어진 소조불과 숫막새 기와 일부의 편년관에 기초한 것임을 유의할 필요가 있다. 백제사지의 발굴조사가 적지 않음에도 시간성에 기초한 백제적 양식의 정립과 변천상에 대해서는 아직 미진한 부분이 많은 것이 사실이다. 그러나 일탑일금당을 특징으로 하는 백제 가람의 속성에 대한 인지가 어느 정도 이루어지고 있을 뿐만 아니라 6세기 무렵의 백제 사찰은 목탑중심의 가람구조였다는 것은 확인된다. 이러한 현황은 적어도 정림사지 외에 사비지역에 석탑의 흔적을 확인할 수 없다는 사실이 긍정적으로 인식될 수 있다. 나아가 기왕에 조사된 군수리사지나 왕흥사지, 나아가 능사 등을 토대로 6세기 후반 무렵까지 백제사찰은 목탑이라는 결론도 가능할 것이다.

현재로서는 정림사지가 6세기 중반이나 후반 무렵에 창건되었다는 편

006 정림사지의 전경과 석탑

년에 대한 가부를 논하기는 어렵다. 그러나 적어도 6세기 후반 무렵에는 백제사찰은 목탑이 중심이었음이 분명한데 정림사지의 석탑이 등장할 수 있는 배경이나 가능성의 검토는 필요할 것이다. 무엇보다도 최근의 백제사지의 조사결과를 종합하면서 정림사지 창건시기의 재추정에 활용되었던 유물이 과연 창건시기를 추정할 진징성이 있는가의 반문도 필요할 것이다. 여기에는 정림사지가 비록 백제시대에 창건되었다 하더라도 고려시대까지 사력이 유지되었다는 점도 고려되어야 할 것이다.

4. 百濟佛敎遺蹟의 特性

고대국가 백제의 성장은 다양한 동인이 있었을 것이나 그중에 불교가 차지하는 비중도 결코 무시할 수 없을 것이다. 앞서 살핀 것처럼 백제사회에 불교가 널리 성행하였음을 보여주는 자료는 적지 않다. 이는 불교가 백제의 국가 성장에 적지 않은 비중을 차지하였다는 것을 상징하는 것이기도 하다. 그러나 고등종교로서 불교의 성행은 나름의 정치·사회 환경의 성숙이 전제된 다음에나 가능할 것이다. 특히 불교는 속성상 고대국가에서 왕권의 강화에 매우 긴요한 기능을 가졌던 것으로 평가한다. 때문에 동아시아의 고대국가들은 국가성장 동력의 확충을 위해 불교를 적극적으로 이용하였다. 따라서 불교에 당대의 정치 사회 환경이 그대로 반영될 수밖에 없으면서 그러한 환경은 잔존된 유적에도 그대로 반영되었을 것이다.

앞서 언급된 것처럼 백제사회의 불교 흔적은 4세기 후반의 공인으로 미루어 적어도 그 즈음에 신앙으로서 불교의 존재를 인정할 수 있다. 그리고 공인에도 불구하고 웅진도읍 후반 무렵에 보이는 대통사의 창건이나 흥륜사와 연계된 겸익의 활동 등으로 미루어 시기적으로 6세기 전반 무렵에 불교관련 기록이 다시 나타난다는 특이성이 있다. 즉 사서상의 백제불교는 공인 후에 약 140여년의 공백 기간이 존재한 것인데 유적에도 그러한 공백기가 그대로 나타나는 것이다. 따라서 불교가 공인된 4세기 후반 무렵에서 6세기 전반 무렵에 불교관련 유적이 나타나는 기간까지, 즉 불교유적 공백기간의 존재는 백제의 정치·사회의 환경에서 그 이유를 찾아야 할 것이다.

불교가 공인되던 4세기 후반 무렵의 백제가 근초고왕에 이르러 고대국가 체제가 완비된 시기로 고대국가의 정립은 곧 통치기반이 마련된 것으로 볼 수 있다. 사서편찬 등으로 미루어 적어도 안정된 국가체제 유지를 위한 제반 조치는 물론 그에 전제된 왕권의 확립도 이루어졌다고 볼 수 있다. 나아가 백제는 보다 왕권의 강화를 비롯하여 진일보한 국가체제 확립을 위한 조치로 불교가 공인되었다고 봄에 문제가 없을 것이다. 그러나 4세기 말에 고구려의 본격적 남진정책, 특히 광개토왕의 남하가 진행되면서 일차적 피해가 백제로 고스란히 이어졌을 것이다. 그 결과 국가적 위기가 초래되고 나아가 확립되었던 왕권의 추락도 불가피하였을 것이다. 이는 불교의 공인이 이루어졌다 할지라도 불교활동의 전개나 활동기반 조성의 어려움에 부닥치면서 불교 자체가 기능을 발휘할 수 없었기에 불교유적이나 활동기록이 공백상태로 남았던 것으로 판단할 수 있다.

백제 불교유적의 존재가 웅진도읍 말기나 사비도읍기에 한정되어 조성되었는데 대부분이 백제의 중심지역에 집중되어 있다. 살핀 것처럼 웅진

007 백제의 예산 사면석불, 태안·서산의 마애불

지역에서의 불교유적의 분포는 매우 영성한 반면에 사비지역에 집중되어 있지만, 대부분이 도읍지역에서 그 존재현황이 언급되고 있음에서 그러하다. 다만 익산을 비롯하여 서산이나 태안의 마애불도 존재하고 나아가 외곽지역에 존재하는 유적도 있기에 백제시대 불교유적이 도읍시에 한성 분포한다는 결론을 주저케 한다. 그런데 서산이나 태안의 마애불, 예산 사면석불도 백제의 불교 흔적으로 인정되는 것이므로 전체 백제 불교유적의 분포정형에 이질성을 드러내지만, 그것도 마애불이나 사면석불이란 특성, 그리고 존재 이유에 나름의 예외성을 인정하여야 할 것이다. 여기에 천도설의 대상지인 익산지역의 불교유적도 많은 논급이 있는 것처럼 7세기대의 백제 정정 속에서 武王이란 특정인물과 관련할 경우 익산지역의 불교유적도 사비도읍지역의 불교유적과 같은 범주에서 이해될 수 있을 것이다.

다만 기왕에 백제의 불교유적으로 알려졌던 성주사지나 보원사지 등의 일부 사찰은 검토가 필요하기는 하다. 보령 성주사지는 자체의 사적기에 백제의 오합사와 관련된 것이 기록되어 있음을 기회로[37] 백제 사찰로 널리

---

37) 『崇嚴山聖住寺事蹟』, 聖住禪院者本隋陽帝大業十二年乙亥百濟國二十八世惠王子法, 王所建烏合寺戰勝爲寃魂 願昇佛界之願刹也.

인정되었고, 발굴조사에서도 백제사찰이라고 입증된 바가 있다. 또한 서산의 보원사지는 출토된 금동불이라던가 인근의 삼존 마애불과의 관련하여 오랫동안 백제 사찰로 인정되었던 것이다.

성주사지는 통일신라시대 구산선문의 하나로 사역 내에는 동시기의 유구와 함께 조선시대까지 사력이 계속되었음을 보여주는 유구와 유물이 있다[38]. 일찍이 삼천불전지에 대한 발굴조사가 이루어진 바가 있고[39], 이후에 다시 일부 범위지만 전면 발굴조사가 진행되면서 수습된 연화문 숫막새 기와를 근거로 백제 사찰, 특히 기록상에 제시된 오합사가 분명하다는 결론이 제시되었다[40]. 이 사찰은 최근도 발굴조사가 이루어지고 있는데, 기왕의 조사에서 이 유적을 백제시대로 판단한 근거의 빈약상이 나타날 뿐만 아니라 최근의 조사에서도[41] 백제시대로 분명하게 판단할 추가 자료는 알려진 바가 없다. 특히 백제시대 유적으로의 편년에 가장 보편성을 갖춘 토기나 기와 등의 유물은 전혀 수습되지 않는다. 여기에 그동안 성주사지를 백제시대 유적으로 보는 절대적 징표였던 숫막새 기와도 계속 수습되지만 이 기와가 오히려 성주사지에서만 수습될 뿐이라는 한계가 있다. 따라서 성주사지가 백제의 오합사나 어떤 백제유적으로 판단되기에는 보다 적극적 자료가 있어야 할 것이다.

보원사지의 경우도 금동불이 수습되었고, 그것을 백제시대의 것으로 판단하면서 유적도 백제시대 사지로 보았지만[42] 이를 보완할 수 있는 자료는 더 이상 발견되지 않는다. 현존 사역내의 탑파 등의 양식은 빨라야 통일신라를 벗어나지 못할 뿐만 아니라 최근 진행된 발굴조사 결과에서 백제시대

38) 洪思俊, 1968, 「百濟 烏合寺考」『考古美術』100, 韓國美術史學會.
39) 黃壽永, 1974, 「新羅 聖主寺의 沿革」『佛敎美術』, 東國大學校博物館.
40) 保寧市, 忠南大學校博物館, 1998, 『聖住寺』.
41) 百濟文化財硏究院, 2009-2011, 『保寧 聖住寺址發掘調査槪略報告書』.
42) 李殷昌, 1968, 「瑞山龍賢里出土百濟金銅如來立像」『考古美術』97, 韓國美術史學會.

의 자료는 전혀 확인되지 않는다[43]. 이러한 정황은 그동안 도읍지역인 부여 이외의 지역에 백제유적으로 알려졌던 유적의 조사에서 자주 산견되는 현황이기도 하다.

따라서 기왕에 알려진 백제사지 중에 편년적 검토에 문제가 없는 자료는 대체로 사비지역이나 익산지역에 국한되어 있음을 알 수 있다. 예외적으로 서산과 태안의 마애불, 그리고 예산의 사면석불이 도읍지와 이격된 채 잔존한다. 그러나 이들은 마애불과 석불이란 특성과 함께 백제의 대중국 교통과정의 산물이란 추정이[44] 용인될 수 있다면 백제 불교유적으로서 입지환경의 예외성이 인정될 수 있을 것이다. 이에 백제의 불교유적은 도읍지에 한정되어 조성되었다는 결론에 문제가 없다. 나아가 그러한 환경은 결국 불교가 국왕을 중심한 국가권력의 비호 속에 운영되었고 때문에 도읍지에 국한되어 그 흔적을 남긴다는 특성을 지적할 수 있을 것이다. 이는 불교가 왕권의 확립과 이를 통한 국가 중흥의 계기에 중앙권력의 비호아래 각종의 불교유산이 마련된 것과 무관치 않음을 알 수 있다.

한편 백제 불교유적의 존재현황은 불교공인 후에 상당기간 침체기를 거쳐 다시 재현·성행하는데, 실제 불교가 성행하여 유적이 조성된 기간은 단기간으로 볼 수 있다. 그럼에도 백제 불교유적은 양적인 면은 물론이고 질적으로 매우 우수하다는 특징이 있다. 삼국시대 각국의 불교문화 유산을 조감할 경우 백제의 불교유적이 갖는 질·양면에서 결코 손색이 없기 때문이다. 고구려의 불교 공인은 백제보다 약간 이르지만 불교가 크게 성행하지 않았다는 것을 잔존 유적이 많지 않다는 점, 나아가 고구려 사회에 성행하였던 도교의 존재로 추정할 수 있다. 그리고 신라는 공인자체가 늦을 뿐만

---

43) 국립부여문화재연구소, 2010, 『瑞山 普願寺址』.
44) 李南奭, 2005, 「考古學 資料로 본 百濟時代의 瑞山地域」『瑞山春秋文化』1, 瑞山文化發展研究院

아니라 지정학적 조건으로 문화발전의 지체가 크기에 신라 불교는 삼국말기의 황룡사 창건 등의 일부 정황으로 이해될 뿐이다. 반면에 백제는 사서상에 불교에 대한 잦은 언급 외에 많은 불교문화 유산을 남겼으며, 잔존된 불교문화유산에서도 우수성이 크게 드러난다. 불교유산의 핵심인 사찰이나 탑파는 물론이고 불상 등은 한반도만이 아니라 동아시아에서 그 예술적 우수성이 인정될 수 있기 때문이다.

물론 이러한 백제 불교문화 유산은 나름의 백제적 특성을 갖추고 있다. 이는 백제불교가 상당한 공백기를 거친 다음에 사비도읍기라는 단 기간에 정립되고 성행되었음을 고려하면 매우 주목되는 현상이다. 백제 불교의 기반은 대부분 중국에 연원한 것으로 속성에 따라 직접 이식된 것도 적지 않을 것이다. 이는 일탑일금당의 백제 가람이 낙양의 북위시대 영녕사와 대비된다거나 각종 불상이 남조나 북조의 양식과 대비하면서 이해함이 그러하다. 그러나 백제사회에 유입·정착된 중국의 불교문화 속성은 백제사회에 유입된 후에 점진적으로 백제적 속성을 갖추어간 것으로 봄에 문제가 없다. 백제 가람의 일탑일금당 양식이 비록 중국적 속성이라지만 오히려 백제적 정형성을 갖춘 가람양식으로 정착되고, 나아가 미륵사지 형태의 소위 삼원식 가람으로의 원용이 이루어지는 것이다. 거기에 불탑으로 조성된 목탑에 안치된 사리장엄구의 갖춤새, 목탑에서 석탑으로의 전환은 불교문화의 백제적 정착을 의미하는 것이다. 여기에 불교건축에 나타나는 기단조성이나 건축방식에서[45] 백제특유의 전통과 멋스러움이 산견된다. 더불어 불상에 나타나는 백제적 미소 등은 백제인의 숨겨진 예술혼을 엿볼 수 있다. 즉 그들의 함축된 정서를 유감없이 발휘하는 미의식에서 이제 백제적 불교문화가 정립되었다고 볼 수 있을 것이다.

---

45) 조원창, 2008, 「백제 군수리사원의 축조기법과 조영주체의 검토」『韓國古代史研究』51.

008　부여 능사출토 금동향로

이외에도 백제의 사비도읍기 유적·유물을 종합할 경우 상당부분이 불교관련 유적 유물로 드러난다. 물론 매장유적으로 분묘나 성곽 및 관아 등의 관방시설도 있지만 적어도 사비시대에 한정할 경우 오히려 불교관련 유적이 다수를 차지한다. 최근에 조사된 왕흥사지나 군수리 사지는 물론이고 금동향로가 출토된 능사, 오층석탑의 주인인 정림사지가 이를 대변한다. 물론 이러한 유적의 종합적 현황은 오랜 공백기를 지나 중흥된 불교가 어느 정도 성행하였는지를 단적으로 보여주는 것이면서 백제사회 나아가 백제문화에서 불교가 차지하는 비중이 어떠한가를 보여주는 것이다. 즉 불교가 백제문화의 중심에 자리하고 있었음을 불교 유적의 잔존상에서 알 수 있다는 것이다.

백제의 불교유적 중에 능사는 금동향로와 사리감외에 각종 금은세공품이 풍부하게 출토되어 주목될 뿐만 아니라 금당 북단 좌우의 건물지는 공방으로 판단되어 사찰 내에서 금은세공과 같은 수공업이 영위되었음을 보여준다[46]. 목탑지에서 사리감이 출토된 왕흥사지에도 다량의 기와 요지가 함께 있다[47]. 이 기와 요지는 자가 수요를 위한 생산시설로 볼 수도 있겠지만 製瓦産業이[48] 국가적 산업이었음을 고려하면 구태여 자급자족적 조건만을

---

46) 扶餘郡, 國立扶餘博物館, 2000, 『陵寺』.
47) 국립부여문화재연구소, 2009, 『王興寺址』.
48) 백제에서 瓦陶兼業 문제도 擧論되지만 기와가 국가수요품임을 고려하면 陶製品보다 瓦

고려할 필요는 없을 것이다. 이러한 자료들은 불교문화가 백제사회의 중심에 있으면서 모든 문화의 선도적 역할을 담당하였음을 엿볼 수 있게 한다. 이는 불교가 국가 권력의 확립을 기회로 성행되지만 그것이 국왕을 중심한 지배세력의 자기보전 수단으로 자리매김 되면서 신문화 접촉이나 신문화 창조의 입지에 우선하였다는 환경과 무관치 않을 것이다.

5. 結言

삼국시대 역사기록 대부분이 그러한 것처럼 백제불교 관련기록도 편린만 전한다. 여기에 고대국가 백제와 관련된 고고학 자료의 잔존상도 그리 양호하다고 보기는 어렵다. 더욱이 백제는 사라졌지만 불교의 명맥을 이으면서 시대적 중층상을 보이면서 잔존하는 경우가 많기에 확인된 불교유적에서 백제적 요소의 준별이 어려운 것도 현실이다. 그럼에도 그동안의 고고학 활동의 결과 상당한 백제 불교관련 자료의 집적이 있었다는 것은 백제불교 문화재의 위상을 엿볼 수 있는 것이기도 하다. 이들 백제 불교관련 문화유적 자료는 정치한 분석이나 합리적 해석만 전제된다면 백제불교 전개상의 시·공간적 면모를 보다 구체적으로 엿보기에 충분하다고 판단된다.

본 글에서는 백제 불교유적의 문화재적 가치의 탐색을 위해서 불교유적과 관련한 자료를 문헌기록과 유구 및 유물로 구분하여 정리하고, 나아가 이들 유적·유물에 깃든 문제점을 검토하였다. 아울러 불교유적에 깃든 백제의 사회·정치적 정황을 살피면서 백제불교의 위상과 발전정도 및 특성을 제시함으로서 문화재적 가치의 면모를 보았다.

製品이 우선 중요시되면서 기와의 생산은 국가 전략속에 이루어진 것으로 보아야 할 것임에 兼業의 판단은 신중할 필요가 있다.

백제의 불교유적 관련기록은 『三國史記』나 『三國遺事』에서 한산에 창사된 사찰 외에 대통사, 수원사, 칠악사, 왕흥사, 오함사, 도양사, 천양사, 백석사, 대관사, 호암사, 미륵사, 사자사, 자복사, 수덕사라는 14개의 사찰과, 『觀世音應驗記』나 『朝鮮佛敎通事』의 제석사와 흥륜사도 백제 사찰로 볼 수 있기에 16개의 사찰 이름이 사서상에 전하는 것을 확인할 수 있다. 그러나 이들 사찰의 위치나 창건시기, 기능에 대해서 알려진 것이 거의 없는 형편이다. 그리고 백제 고지에서 확인된 불교관련 유적은 사찰터로 공주지역에 4건, 부여지역에 25건, 그리고 익산지역 6건 외에 보령과 서산의 2건 등을 포함하여 37건이 전한다. 그러나 이들 유적이 백제 사찰인가에 대해서는 보다 검토가 필요하기도 하나 대부분 백제의 남천이후의 지역에 밀집되어 있기도 하다. 더불어 백제 불교유물은 석조의 마애불과 불상, 그리고 소형의 금동불 외에 불구가 전하는데 약 30여점이 집계되어 있어 백제 불교의 성행을 유적·유물로 충분히 입증할 수 있다.

그런데 이들 백제 불교유적을 고고학적 측면에서 조감할 경우 문제점도 지적될 수 있다. 우선 주목할 수 있는 것은 한성도읍기의 불교유적의 존재 현황과 관련, 지금까지의 현황으로 미루어 백제 한성도읍기의 불교유적의 부재라는 현실을 인정하면서 그 원인을 불교의 전개상에서 살필 필요가 있다. 아울러 웅진도읍기 백제불교의 전개상에 자주 언급되던 혈사문제도 그 존재를 입증할 고고학적 증거가 전혀 없기에 이를 통한 불교 환경의 이해는 지양되어야 할 것이다. 물론 웅진도읍기 후반 무렵에 불교의 재현은 분명한 사실이고, 그 증좌로 흥륜사 등의 존재나 대통사의 창건은 주목되는 사건이다. 그러나 대통사지로 전해온 유적의 경우 위치는 물론이고 관련 유물에 대한 포괄적 재검토가 필요하다.

한편 사비도읍기 불교 성행은 관련기록이나 유적·유물에서 크게 인식될 수 있다. 그러나 사비도읍기 백제 불교유적의 시대적 중층성의 문제점을 보다 깊게 인식할 필요가 있고, 나아가 동시기로 편년되는 불상 등의 유물에 대한 고고학적 검토 및 석탑기원과 관련한 관련 자료의 재검토가 필요하다는 것도 상기하여 보았다.

그러나 고고학 측면에서 백제불교유적에 포함된 의문도 적지 않지만 자체는 백제사회에 불교의 흔적을 적나라하게 보여줄 뿐만 아니라 불교가 백제 사회 문화의 여러 부분에서 차지한 위상이 결코 작지 않았음도 알 수 있다. 특히 백제불교는 국가 권력의 부침과 병행하여 전개되는 특성이 확인된다. 여기에 삼국시대의 불교문화로서는 단연 우월성이 드러나고 아울러 외부 유입의 종교라는 한계가 극복되어 곧바로 백제적 불교문화로 정착되는 특성도 있다. 특히 백제사회의 중심에는 불교가 있었기에 백제의 찬란한 고대문화가 창출되었다는 추론도 가능할 것이다.

VII 백제 사비도읍기 주거건축의 양상
百濟 泗沘都邑期의 住居建築의 樣相

1. 序言

한국 고대사 상에서 주거문화의 극적인 전환은 선사시대 이래 지속된 수혈주거의 지상화를 꼽을 수 있을 것이다. 아마도 난방문제의 해결이 주된 이유겠지만, 백제 주거건축에서 벽주건물의 등장과 같은 새로운 요소의 등장도 수혈주거의 지상화와 일정한 관계가 있다고 보아진다. 더불어 수혈주거에서 지상 주거로의 전환 시기는 한성도읍기의 어느 즈음으로 판단되는데, 이는 웅진도읍기 이후의 주거지가 수혈이 아닌 지상식이 중심을 이루고 있기 때문이다.

웅진·사비기의 주거지 자료를 종합하고, 그 실상을 토대로 백제의 주거문화가 적어도 웅진기 이후에는 지상식으로 완전히 전환되었음을 증거할 수 있을 것이다. 물론 기왕에 백제의 주거건축에 대한 다양한 이해가 이루어져 있다. 백제 주거건축의 변화라던가[1], 대벽 건물지의 검토가[2] 적지 않을 뿐만 아니라 초석 기와건물지의 현황에 대한 이해도[3] 크게 진전되어 있다고 볼 수 있다. 본고는 이러한 검토결과를 토대로 백제의 지상식 주거건축의 실상이 어떤 정형으로 남았고, 그것이 어떤 방향으로 변천되는가에 대한 이해를 추가하면서, 아울러 백제 특유의 건축양식으로 볼 수 있는 벽주건물지의 현황과 그 의미를 추구하여 보고자 마련하였다.

사실, 벽주건물은 일찍이 일본에서 그 사례가 조사되어 "大壁建物"로

1) 申年植, 2003, 「3~5세기 호서지방 주거지 연구」, 숭실대학교대학원 석사학위논문.
   류기정, 2003, 「사비기 구들시설 건물지에 대한 일고」 『國立公州博物館紀要』 3, 國立公州博物館.
   張智賢, 2005, 「錦江流域 百濟 建物址 研究」, 全北大學校大學院 碩士學位論文.
   馬圓英, 2008, 「熊津·泗沘期 百濟建物址의 構造的 變化樣相에 관한 研究」, 漢陽大學校大學院 碩士學位論文.
   이건일, 2009, 「백제 주거지 지상화과정 연구 -호서지역을 중심으로-」, 충남대학교대학원 석사학위논문.
2) 靑柳泰介, 2002, 「大壁建物 考」 『百濟研究』 35, 百濟研究所, 78~79쪽.
   禹在柄, 2005, 「5世紀頃 日本列島 住居樣式에 보이는 韓半島系 炊事·煖房시스템의 普及과 그 背景」 『百濟研究』 41, 百濟研究所.
   權五榮·李亨源, 2006, 「삼국시대 壁柱建物 연구」 『한국고고학보』 60, 한국고고학회, 160쪽.
   權五榮, 2007, 「壁柱建物에 나타난 백제계 이주민의 일본 畿內지역 정착」 『韓國古代史研究』 49.
   趙仙榮, 2008, 「百濟時代 壁柱建物의 構造와 展開過程에 대한 研究」, 全北大學校大學院 碩士學位論文.
   金憲, 2011, 「韓半島 壁柱建物 研究 : 百濟 熊津·泗沘期 多主柱建物을 중심으로」, 漢陽大學校大學院 碩士學位論文.
3) 소재윤, 2004, 「百濟 瓦建物址의 築造技法과 變遷過程에 대한 研究」, 全北大學校大學院 碩士學位論文.
   조원창, 2007, 「熊津遷都後 百濟 瓦建物 積心土의 編年과 築造技法 變遷에 관한 研究」 『건축역사연구』 16.
   林鍾泰, 2009, 「百濟 瓦建物址 研究 : 泗沘時代를 中心으로」, 公州大學校大學院 碩士學位論文.
   김혜정, 2010, 「百濟 泗沘期 寺刹 基壇築造工程과 位階에 관한 研究」 『韓國上古史學報』 70.

001 공산성 성안마을 2011년도 발굴유적

002 공산성 성안마을 유적 출토 갑옷 명문

202 泗沘時代의 百濟考古學

정리되고, 도래인의 유적으로 판단되면서 연원이 한반도에서 비롯된 것으로 보고 있다[4]. 그리고 백제의 권역에서 같은 유형의 건물지가 발견되어 "壁柱建物"로 검토되면서 이후의 자료집적을 토대로 "大壁建物"의 기원이 백제에서 비롯되었다는 사실도 구체화되고, 이를 기회로 한국 고대사회 건축문화의 다양성을 인식하는 계기가 되었다[5].

따라서 벽주건물은 일본의 '大壁建物'과 대비되고, 그 축조의 주체인 渡來人의 연원을 탐색할 수 있는 증좌라는 점에서 그 중요성이 인정될 뿐만 아니라 한국 고대의 주거문화, 건축술의 변화·변천을 살필 수 있는 핵심적 요소로 간주될 수 있는 유적이다. 특히 삼국시대 백제의 주거양상이 수혈에서 지상으로의 변화되는 시기에 그것도 건축술의 비약적 발전과 함께 건축부재로 기와가 사용되는 환경에서 벽주건물이 출현한다는 특징도 있다. 때문에 벽주건물은 검토여하에 따라 미진한 한국고대 건축문화의 전환기적 모습을 구체화할 수 있는 자료이기도 하다.

백제 주거건축에 대한 관심은 2011년 공주의 공산성내 성안마을의 유적 조사를 진행하면서 기원 475년 백제의 웅진천도를 기점으로 편년되는 건축 유구를 비롯하여 "貞觀十九年" 등의 다양한 명문이 있는 漆甲과 그리고 철제의 扎甲이나 漆皮革製의 馬甲 등이 포함된 백제 멸망기 즈음의 유구가 확인되어 세간의 주목을 받은 바 있으며, 조사된 자료를 토대로 백제의 웅진천도 직후의 관련시설이 벽주건물이라는 사실을[6] 확인한 것이 기회가 되었다. 특히 동시기에 부여 동남리에서 전형적 벽주건물 자료가 새롭게 조사되어[7]

---

4) 青柳泰介, 2002, 앞의 논문.
5) 權五榮·李亨源, 2006, 앞의 논문.
6) 李南奭, 2011, 「百濟 熊津城의 2011年度 發掘資料의 檢討」 『2011年 韓國古代學會 冬季學術會議發表要旨』.
7) 沈相六·李美賢, 2012, 「扶餘 百濟 壁柱式建物址 新出報告」 『2012年 百濟學會 2期 學術發表要旨』.

상호 비교 검토할 수 있는 기회를 가질 수 있었을 뿐만 아니라 2012년에는 평택 세교유적에서[8] 벽주건물을 포함한 다양한 백제 주거자료가 발굴되어 벽주건물 자체에 대한 진전된 이해를 마련할 수 있게 되었다.

이에 동 시기 백제 건축문화 전개상에 대한 나름의 인식을 가질 수 있게 되었는데, 이를 기회로 기왕의 백제유적에서 검출된 벽주건물 자료를 조감하고, 그것이 백제 주거문화의 전개상에서 가지는 의미를 추구하여 본 바가 있다[9]. 본고는 이러한 검토에 더하여 웅진·사비기의 주거건축 실상을 관련자료의 집성으로 이해하여 보고자 마련한 것이다.

2. 熊津·泗沘期 住居建築 資料

웅진·사비기는 서기 475년 한성에서 웅진으로 천도한 것을 기점으로 660년 나당군에 의해 사비도성이 함락되기까지의 시기로, 백제가 금강유역에서 새로운 도약을 실행한 시기이기도 하다. 다만 주거건축 자료를 집성하고 그것을 웅진·사비기의 것에 국한하기 위해서는 조사 자료의 편년을 통한 선별이 필요하다. 그런데 다행스럽게도 백제 주거건축 자료는 편년에 따른 구분이 비교적 선명하게 나타난다. 대부분의 주거건축 자료는 4세기대의 것이 대부분이며, 형태적 특징도 수혈주거로 담보되고 있다. 반면에 5세기를 지나 적어도 6~7세기 무렵의 주거건축 자료는 지역뿐만 아니라 숫자상으로도 많지 않다는 특징이 있다. 이즈음의 주거건축 자료는 대체로 남천 후 백제의 도읍지였던 웅진이나 사비지역, 그리고 익산지역 일원에서

---

8) 嘉耕考古學研究所, 2012, 『평택 세교지구 도시개발사업지역 1·2지역 문화유적 발굴조사 약식보고서』.
9) 李南奭, 2013, 「百濟大辟建物の現況と意味」 『月刊 明日香風』.

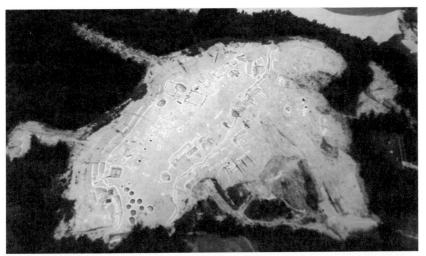

<u>003</u>　정지산 유적의 전경

<u>004</u>　공산성 백제 왕궁지 유적의 건물지들

발견되었을 뿐이다. 특히 웅진기의 도읍인 공주와 사비기의 도읍인 부여지
역에 집중되어 있다.

웅진·사비기의 주거건축 유적으로, 남천 후 첫 번째 도읍지역인 공주에서는 먼저 공산성 유적을 주목할 수 있다. 공산성은 백제 왕성인 웅진성으로 추정 왕궁지에서 수혈건물지 1동외에 벽주식, 굴립주식 등과[10] 함께 최근에는 성안마을 발굴로 벽주식 건물지외에 평지식과 초석식 건물지도 다수 확인되었다. 그리고 정지산 유적의 경우 기와를 사용한 벽주식 건물지가 다수 확인되어 있으며, 그 선행의 유구로 다수의 수혈식 건물지도 잔존된 유적이다[11]. 이외에 공주 산성동 유적은 공산성 남쪽 기슭에 해당되는 범위인데 벽주식 건물지 1동이 확인되었으며[12], 안영리 유적에서도 벽주 건물지 등이 확인되었으나 잔존상태는 불량하다[13].

남천 후 두 번째 도읍지였던 부여지역의 주거건축 유적은 매우 풍부하다. 약 25건의 조사 예를 갖고 있는데, 그중에 9개의 사찰유적을 제외하더라도 관아나 생활유적으로 볼 수 있는 주거건축 유적이 16사례에 이른다. 그중에서 먼저 주목될 주거건축 유적은 관북리 유적일 것이다. 관북리 유적은 대형의 정청 건물지를 비롯하여 초석식 건물지 다수와 함께 도로, 연못, 가마, 저장시설 등이 확인되어 사비도읍기의 왕성유적으로 보는 것이기도 하다[14]. 이외에 용정리 백제 건물지는 2동인데 치석한 석축기단이 있는 초석식의 대형 건물지가 잔존하며[15], 백제시대 건물지 6기가 확인된 화지산의 주거건축 유구는 다량의 기와가 포함된 초석식 건물지와 평지식 건물지 및 장방형 평면의 벽주식 건물지도 확인되어 있다[16].

10) 公州大學校博物館, 1992,『公山城 建物址』.
11) 국립공주박물관, 1999,『艇止山』.
12) 公州大學校博物館, 1998,『各地試掘調査報告書』.
13) 忠淸文化財研究院, 2003,『公州 安永里 새터·신매遺蹟』.
14) 국립부여문화재연구소, 2009,『扶餘 官北里 百濟遺蹟 發掘調査報告』.
15) 尹武炳·李康承, 1985,「扶餘龍井里 百濟建物址 發掘調査報告書」『百濟研究』16, 百濟研究所.
16) 國立扶餘文化財研究所, 2002,『花枝山』.

그리고 부여의 쌍북리는 사비도성의 중심권역으로 인정되는 범위인데 8
개 구역으로 나뉘어 발굴된 현내들 북포유적에서 노출된 벽주식 건물지[17],
조밀한 기둥을 배치하고 있어 벽주식 건물지를 포함하고 있는 두시럭골 유
적[18], 243-8번지의 유적과[19] 함께 초석만 노출된 유구가 확인된 쌍북리유
적이 있다[20]. 반면에 군수리는 부여의 서남쪽 구역으로 2동의 와적기단 건
물지와[21] 벽주식 및 굴립주식 건물지가[22] 확인되었는데, 전자는 규모는 작
으나 출토유물로 미루어 특수한 용도의 건물로 보며, 후자는 부뚜막에서 철
제 아궁이도 확인된 것이다. 그리고 나성의 주변을 발굴하는 과정에서 다
수의 생활유적이 확인되어 있으며, 능산리 동나성 내·외부의 벽주건물 2동
을 포함한 주거건축 유구들[23], 석목리의 벽주건물의 사례가 있다. 능산리
동나성의 집자리는 무른 지반 때문에 기둥에 돌을 고였고, 석목리는 구들시
설을 갖추고 있기도 하다. 이외에도 정동리 유적에서는 7동의 지상식 건물
지, 즉 굴립주식 건물지가 포함된 유구가[24] 잔존하며, 증산리 유적에서[25]
벽주건물 1동도 확인되어 있다. 그리고 구아리의 목주만으로 벽을 만들어
지붕을 받치는 벽주식 건물 2동[26], 동남리 172-2번지의 벽주식 건물 3동
과 굴립주식 건물 3동, 수혈식 건물지 3동이 있고[27], 송학리의 벽주식 건

17) 忠淸文化財硏究院, 2009, 『扶餘 雙北里 현내들·北浦 遺蹟』.
18) 충청문화재연구원, 2008, 『부여 쌍북리 두시럭골유적』.
19) 忠淸南道歷史文化院, 2007, 『扶餘 個人住宅 新築敷地 東南里 702番地遺蹟, 雙北里
     243-8番地遺蹟』.
20) 부여군문화재보존센터, 2012, 『쌍북리유적』.
21) 忠淸文化財硏究院, 2003, 『扶餘 佳塔里·旺浦里·軍守里 遺蹟』.
22) 忠南大學校百濟硏究所, 2003, 『泗沘都城-陵山里 및 軍守里地點 發掘調査 報告書』.
23) 충청문화재연구원, 2006, 『扶餘 陵山里 東羅城 內·外部 百濟遺蹟』.
24) 忠淸文化財硏究院, 2005, 『扶餘 井洞里遺蹟』.
25) 忠淸南道歷史文化院, 2004, 『扶餘 甑山里遺蹟』.
26) 부여군문화재보존센터, 2012, 『부여 구아리 319 부여중앙성결교회 유적』.
27) 忠淸南道歷史文化院, 2007, 『東南里 172-2番地一圓 遺蹟』.

물[28], 왕포리와[29] 궁남지의[30] 초석식 건물지 등이 있다.

마지막으로 익산지역의 경우 가장 대표적인 주거건축 자료는 왕궁리 유적을 꼽을 수 있는데 이들은 궁성관련시설로 판단되는 것으로 대형건물지를 비롯하여 총 33기의 건물지가 확인되어 있다. 건물지는 1동 2실의 구조를 가진 초석식이 대부분인데 일부는 초석이 없는 대형 정전형의 평지식 건물지도 있다[31]. 한편 사덕 유적은 다수의 수혈주거지와 함께 8기의 벽주식 건물지가 잔존하는데 평면이 장방형이란 특징도 있다[32]. 그리고 신동리 유적에서도 수혈식 건물지와 함께 출입시설을 남쪽으로 갖춘 벽주식 건물지 2기, 굴립주건물지 1기 등이 있다[33]. 이상의 공주, 부여, 익산지역에 잔존된 웅진, 사비기로 편년될 수 있는 주거건축 유적의 현황을 살폈는데 그 현황은 다음의 <표 1>처럼 정리될 수 있다.

<표 1> 웅진 · 사비기의 집자리 유적현황

no	유적명	위치	유적성격	내용	수량	대표유물
1	공산성	공주시 금성동·산성동	城	수혈건물	1	
				벽주건물	11	
				초석건물	4	
2	산성동유적	공주시 산성동	생활유적	수혈건물	1	삼족기, 개배 등
				벽주건물	1	
3	안영리 새터·신매유적	공주시 탄천면 안영리	생활유적	수혈주거	1	자배기, 연질토기 등
				벽주건물	7	

28) 한국고고환경연구소, 2006, 『부여 송학리 '가'유적』.
29) 忠淸文化財研究院, 2003, 앞의 보고서.
30) 國立扶餘文化財研究所, 1999, 『宮南池』.
31) 國立扶餘文化財研究所, 1992, 『王宮里遺蹟發掘中間報告』: 1997, 『王宮里發掘調査中間報告』Ⅱ.
32) 湖南文化財研究院, 2007, 『射德遺蹟』Ⅰ, Ⅱ.
33) 圓光大學校 馬韓·百濟硏究所, 2002, 『익산 신동리유적』.

4	정지산유적	공주시 금성동	제사유적	수혈건물	35	연화문수막새, 기와
				벽주건물	8	편 등
5	관북리유적	부여읍 관북리 33외	왕궁지	초석건물	8	北舍명 토기편, 수막새 등
6	구아리 유적	부여읍 구아리	생활유적	벽주건물	2	개배, 완 등
7	군수리유적	부여읍 군수리	생활유적	초석건물	2	삼족기, 기대 등
8	군수리지점	부여읍 군수리	생활유적	수혈건물	2	철제아궁이틀, 삼족기 등
				벽주건물	6	
9	금성산 와적기단건물지	부여읍 동남리 금성산	건물지	초석건물	2	장고형기대편 등
10	궁남지	부여읍 동남리 16-1	池	초석건물	1	시루, 자배기 등
11	능산리동나성 백제유적	부여읍 가탑리·능산리	생활유적	벽주건물	2	-
12	동남리172-2번지유적	부여읍 동남리 171-2	생활유적	벽주건물	3	양이부호, 연화문수막새
13	동남리202-2번지유적	부여읍 동남리 202-2	생활유적	벽주건물	4	토기류
14	동남리유적	부여읍 동남리	생활유적	초석건물	2	납석제불상편 등
15	부소산성	부여읍 관북리 63-1	城	초석건물	1	-
16	쌍북리 두시럭골유적	부여읍 쌍북리	생활유적	평지건물	3	기대, 벼루편, 기와편
17	쌍북리 현내들·북포유적	부여읍 쌍북리	생활유적	벽주건물	2	대부완, 개 등
18	쌍북리 243-8번지유적	부여읍 쌍북리 243	생활유적	벽주건물	1	-
19	쌍북리유적	부여읍 쌍북리	건물지	초석건물	1	기와편
20	석목리 나성유적	부여읍 석목리	생활유적	벽주건물	3	삼족기, 개배, 호 등
21	송학리 '가'유적	부여군 남면 송학리	생활유적	벽주건물	2	연질·경질토기
22	왕포리유적	부여읍 왕포리	생활유적	초석건물	1	토제벽돌, 토기편 등
23	용정리 건물지	부여읍 용정리 소롱골	건물지	초석건물	2	-
24	정동리유적	부여읍 자왕리·정동리	생활유적	수혈건물	5	직구소호, 자배기류 등
				평지건물	5	
				벽주건물	2	

25	증산리유적	부여군 석성면 증산리	생활유적	벽주건물	1	동이류, 시루 등
26	화지산유적	부여읍 동남리 105	생활유적	벽주건물	2	자배기류, 기와류
27	사덕유적	익산시 왕궁면 구덕리	생활유적	수혈건물	105	완, 자배기, 파수, 연
				벽주건물	8	가 등
28	신동리유적	익산시 팔봉동·춘포면	생활유적	수혈주거	14	완, 자배기류, 지석 등
29	왕궁리유적	익산시 왕궁면 왕궁리	생활유적	초석건물	12	수막새, 대부완, 인각 와 등

　　한편 위의 표에서 알 수 있는 것처럼 웅진·사비기의 주거건축 자료 중에 사찰 유구는 제외하였는데, 그 현황은 아래 <표 2>의 현황과 같다. 다만 이들 사찰 유적의 집자리는 내용에서 초석식이란 통일성이 있기에 일단 별도로 정리한 것이다.

<표 2> 웅진·사비기 주거건축-사찰

no	유적명	위치	내용	수량	대표유물
1	군수리사지	부여읍 군수리 19	초석건물	4	인장와, 금동광배 등
2	금강사지	부여군 은산면 금공리	초석건물	3	연화문수막새
3	능산리사지	부여읍 능산리	초석건물	10	금동제광배편, 유리구슬, 연가 등
4	부소산폐사지	부여읍 쌍북리 부소산	초석건물	1	치미, 연화문와당 등
5	왕흥사지	부여군 규암면 신리 48외	초석건물	8	-
6	용정리사지	부여군 부여읍 용정리	초석건물	1	연화문수막새 등
7	정림사지	부여군 부여읍 동남리 254	초석건물	4	
8	미륵사지	익산시 금마면 기양리	초석건물	7	수막새, 등잔 등

　　이상의 총 37건의 웅진·사비기 주거건축 유적을 정리하였는데, 유적의 대부분은 마지막 도읍지인 부여에 집중되어 있다는 점이 주목되고 더불어 도성 내 생활유적으로 비정될 수 있는 유적이 많기에 주거건축의 일반적 정황을 살필 수 있기도 하다. 반면에 공주의 공산성이나 정지산, 그리고 익산의 왕궁리 유적 등은 국가시설로 비정될 수 있기에, 오히려 특수 주거건축

의 정황을 알려주기도 한다.

3. 熊津·泗沘期 住居建築의 類型

웅진·사비기의 주거건축 유적내 개별 건물의 정황은 유적별로 차이가
크다. 이는 각각의 유적이 지닌 기능적 측면과 함께 백제 주거건축의 변화
상을 반영하는 것으로 볼 수 있는 것이다. 그런데 조사된 유적의 기능이 무
엇인가를 정확하게 판단하기 어렵다는 점을 고려하면 이들 건축유구를 유
형화하여 구분하기에 나름의 한계가 있다. 특히 주거건축으로 정리하였지
만 각각의 건축유구가 일상생활 공간만이 아닌 특수한 기능, 예컨대 정청
이라든가 창고나 공회당 등의 기능 추정도 충분할 것이다. 다만 잔존 건축
유구의 대부분이 기능을 알 수 있는 상부구조는 전혀 없고 단지 하부의 기
초시설만 잔존하기에 기능 및 그 의미가 포괄적으로 함축된 명칭을 설정하
기가 어렵다.

따라서 여기에서 사용코자 하는 용어는 기왕의 집자리, 건물지, 주거지
등을 망라하는 총합적 개념으
로 '주거건축'이란 용어를 사
용하면서, 개별 건축물의 경
우 한자로는 '건물지', 한글
로는 '집자리'란 용어를 사용
코자 한다. 한편 백제 집자리
의 경우 조성방식에 따라 지
하식과 지상식으로 구분할 수
있을 것이다. 여기에서 지하
식은 수혈식과 같은 의미로

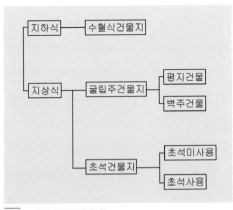

005 건물지의 명칭 분류

기왕의 수혈식 집자리나 수혈식 주거지를 포괄한 개념인데 지상식의 상대적 의미로만 사용하는 것이다. 대체로 지반을 파서 생활면이 지하에 위치시키는데 평면이나 기둥의 배치방법에 따라 유형화가 이루어지는 기왕의 '수혈식'이란 용어가 우선되는 개념임은 물론이다.

반면에 지상식은 생활면이 지상에 위치하는 것이다. 추정컨대 난방문제 등의 개선으로 수혈식 주거방식이 지상식으로 전환되었다고 여겨지는데, 지상식 집자리의 조성방식은 땅에 기둥을 박기 위해 구멍을 파는 굴립주식, 지반을 다지거나 석재를 고이는 초석식으로 구분할 수 있다. 굴립주식의 유적은 기둥구멍만 남는 것이 보통인데, 조밀하게 기둥구멍을 설치하고 이를 아우르는 溝를 파는 소위 '벽주식'도 있다. 따라서 백제의 지상식 집자리는 굴립주를 사용하는 것으로 평지식과 벽주식, 그리고 초석식으로 구분할 수 있다. 초석식의 경우 석재가 아닌 지반을 다져 사용하는 사례도 이에 포함하여 초석이 사용된 경우와 사용되지 않은 경우로 구분하겠다.

1) 수혈식 건물지

웅진 사비기의 집자리로서 수혈식 구조를 갖추고 있는 것은 공주 공산성의 경우 추정 왕궁지에 1기가 존재할 뿐이나 정지산 유적에는 약 35기의 집자리가 확인되었다. 반면에 부여지역에서는 부소산성을 비롯하여 군수리 지점 및 정동리 유적, 쌍북리, 왕포리, 뒷개 유적등에서 발견되어 비교적 다양한 내용을 보인다. 더불어 익산의 경우도 사덕이나 신동리, 월곡에서 확인되어 그 사례가 풍부하게 확인되는 셈이다. 그런데 이들 수혈식 집자리의 존재양상은 나름의 특징이 있다.

공주 공산성 추정왕궁지의 수혈식 집자리는 다양한 굴립주 건물지 및 벽주건물지가 분포된 범위에 1동만 있다. 본디 추정왕궁지내 건물지 잔해는 다량의 굴립주와 함께 1동의 장방형 벽주건물지가 있다. 이들 집자리의

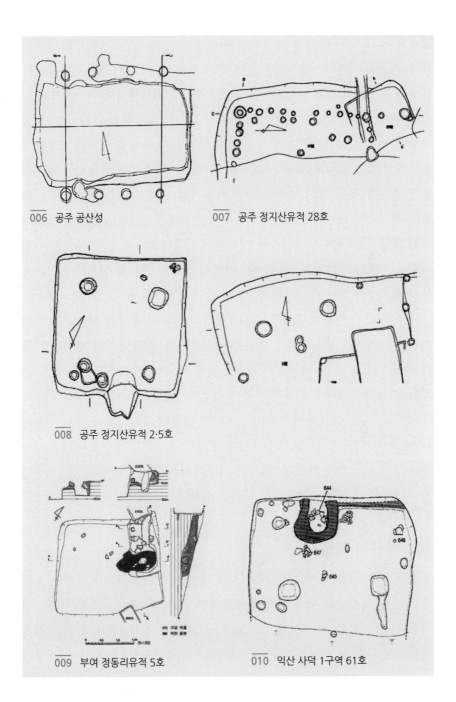

006 공주 공산성

007 공주 정지산유적 28호

008 공주 정지산유적 2·5호

009 부여 정동리유적 5호

010 익산 사덕 1구역 61호

북변에 비교적 큰 규모의 수혈식 건물지 1동이 위치한다. 장방형 평면의 남북 긴 변에 4개의 기둥구멍을 안으로 기울여 배치한 것으로, 건물자체가 특수한 용도의 것으로 판단된다. 더불어 공산성의 백제시대 유적에서 수혈식 건물지는 성안마을에서 소규모 건물지 1동만 있을 따름이다. 반면에 정지산 유적의 수혈식 건물지는 나중에 벽주식 등의 지상식 건물을 조성하기 위하여 대지를 조성하면서 대부분 제거되었고, 단지 외변의 경사에 남겨진 것을 조사한 것들이다. 때문에 잔존된 정지산 유적의 수혈식 건물지는 대부분 경사면에 조성된 것으로, 지반조성을 위하여 L자형으로 삭토하여 대지를 조성하고 거기에 굴립주를 배치하여 건축하였기에 전형적 수혈식 집자리와는 약간의 차이가 엿보인다. 더불어 지상식 건물의 선행유구로 존재하기에 그것이 웅진·사비시대보다는 선행의 유적으로 볼 수 있기도 하다.

부여지역의 수혈식 집자리는 부소산성과 정동리 유적의 사례를 주목할 수 있을 것이다. 부소산성의 반수혈식 건물지의 경우 방형의 평면에 남쪽에 출입시설이 있고, 외부에 목책열을 갖추고 있어, 성내의 특수시설로 추정할 수 있다. 이외에 군수리 지점 유적에서 장방형 평면의 배수시설을 갖춘 것도 있는데 깊이가 매우 낮다. 이러한 정황은 정동리의 수혈식 집자리도 마찬가지이다. 대체로 비사주식의 형태로 불규칙한 말각방형의 평면을 갖춘 것으로 규모가 작은데, 일부는 터널식의 노시설도 갖추고 있다. 부여지역의 수혈식 집자리 대부분은 이러한 정형에서 크게 벗어나지 않는다.

2) 평지식 건물지

굴립주를 사용한 건물지로서 평지 건물지는 공주 공산성내 추정 왕궁지를 비롯한 대부분의 백제 유적에 포함되어 있고, 산성동 유적도 굴립주의 존재로 평지 건물지를 추정할 수 있다. 더불어 부여지역은 정동리 유적을 비롯하여 화지산, 쌍북리 두시럭골 유적, 능산리 동나성 내외부 유적 등지에 적지 않게 산포되어 있으며, 익산지역의 경우도 유적별로 벽주식 건물지 이외는 굴립주만이 존재하는 유구를 평지식 건물지로 볼 수 있다. 웅진·사비기의 백제 주거건축 유적에서 평지식 건물지에 포함되는 것들은 다음의 <표 3>과 같다.

<표 3> 평지식 건물지 현황

건물지 분류			유적명	해당 유구명	출토유물
지상식	굴립주건물지	평지건물	공주 공산성	•굴립주건물지2	–
			공주 안영리 신매유적	•1호~4호 굴립주 건물지	건물지군 위에 퇴적된 토릉에서 회색연질토기, 회청색 경질토기, 기와편
			부여 정동리 유적	•2호건물지	개, 배, 자배기편
				•3호건물지	삼족기, 개, 자배기편, 대각편, 시루편, 대상파수편, 암키와편, 철도자편
				•4호건물지	자배기편, 시루, 용도불명 철기 등
				•5호건물지	자배기편, 토기류
				•6호건물지	호 구연부편
			부여 화지산 유적	•라지역건물지8	연가편, 기와편 다량
			부여 쌍북리 두시럭골유적	•1지역2호건물지	개, 대부완편, 기대, 벼루편 등
				•1지역6호건물지	시루편, 대부완, 파수, 기와편 등
				•2지역1호건물지	개, 연가편, 암키와, 인장와, 수키와 등
			능산리 동나성 백제유적	•II지역 2호건물지	배편, 기대편, 완편, 대부완편, 동이편, 파수편, 암키와편
				•II지역호건물지	삼족기, 완편, 자배기편, 시루편, 파수편
			부여 가탑리·가탑들유적	•1지점2호건물지	연화문수막새, 기와편 등
			부여 동남리 522-8유적	•2호굴립주건물지	토기편
			부여 군수리 지점	•S-5호~10호	–

공주지역의 공산성 추정왕궁지에서 확인된 건물지는 대부분 기둥구멍만 남았지만 결구되는 것은 거의 없다. 오히려 추정왕궁지 북쪽의 백제 건

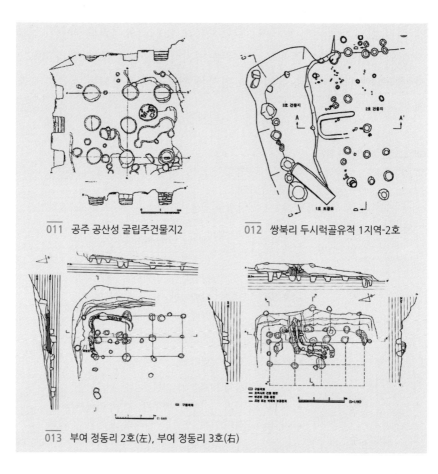

011　공주 공산성 굴립주건물지2　　012　쌍북리 두시럭골유적 1지역-2호

013　부여 정동리 2호(左), 부여 정동리 3호(右)

물지군에 정·측면 2칸 규모의 방형 건물지가 9개의 기둥구멍으로 결구되어
그 실체를 추정할 수는 있다. 다만 건물의 내부시설이나 외형의 복원은 전
혀 어려운 상황이다. 이러한 정황은 부여의 평지식 건물도 마찬가지다. 쌍
북리 두시럭 유적처럼 평지에 입지한 건물지로 기둥구멍만 잔존된 것이 있
는가 하면, 정동리 유적처럼 경사면에 수평으로 대지를 조성한 다음에 거
기에 굴립주를 배치하여 건물을 조성하는데, 건물은 장방형에 측면 2칸에
정면은 3·4칸의 규모로 있고 특히 집자리 내부에 아궁이와 구들시설도 갖
추고 있다.

3) 벽주식 건물지

굴립주를 설치하여 지상식으로 건물을 조성하지만 벽체의 하단에 구를 시설하면서 기둥을 보다 조밀하게 배치하는 소위 벽주식 건물지는 매우 풍부하다. 웅진·사비기의 백제 건물지로 이 벽주식 건물지가 일반적인 것이 아닌가 추정할 수 있을 만큼 공주와 부여 그리고 익산지역의 백제 주거건축 유적에 보편적으로 나타난다. 공주의 공산성내 추정왕궁지는 물론이고 성안마을 유적에 적지 않게 발견되어 있고, 산성동 유적과 함께 정지산 유적의 벽주건물지는 유적으로서 표지적인 것이기도 하다. 벽주식 건물지는 백제 주거건축 유적에서 다수를 차지하는데 그 현황을 정리하면 다음의 <표 4>와 같다.

〈표 4〉 벽주식 건물지

분류			유적명	해당 유구명	출토유물
지상식	굴립주건물지	벽주식건물지	공주 공산성	•쌍수정북쪽건물지	
				•11-1 4호벽주건물지	
				•12-2 7호벽주건물지	
			공주 정지산유적	•와건물지	기와편, 연화문 수막새
				•1·7호벽주건물지	토기편
			공주 산성동유적	•건물지	삼족기, 개배, 토기편
			공주 안영리 새터유적	•1, 2, 3호 벽주건물지	자배기, 용도미상 철기, 연질토기편, 펄기
			부여 동남리 172-2 유적	•나지구건물지2	직구호편, 삼족기편, 기대편
				•다지구건물지7	-
				•라지구건물지9	양이부원저호, 연화문수막새
			부여 동남리 202-2 유적	•1단계1, 2건물지	토기류
			부여 군수리지점	•S-4-1, 2호	아궁이틀, 연통, 기대, 삼족기, 개배, 벼루, 완
				•S-4-2호	-
			부여 능산리 동나성 내·	•1지역1, 2호건물지	-

	외부유적	•1지역2호건물지	–
	부여 쌍북리 현내들· 북포유적	•현내들 1호건물지	대부완, 개, 완, 동이
		•북포N구역 1호건물지	–
	부여 쌍북리 243-8 유적	•백제시대주거지	–
	부여 석목리 나성유적	•주거지2,3, 4호	호, 개배, 삼족기, 와편
	부여 구아리건물지	•1호, 2호 벽주건물	개배, 완, 자배기 등
	부여 화지산유적	•다지구건물지4, 5	자배기편, 기와류
	부여 증산리유적	•Ⅱ지점벽주건물지	동이류, 시루
	부여 송학리'가'유적	•KB-001	–
		•KB-002	연질토기편, 경질토기편
	부여 정동리유적	•1호건물지	직구소호편, 자배기류, 철정편
		•7호건물지	자배기류, 수혜기, 호, 옹, 철도 자편
	익산 사덕유적	•Ⅰ-3구역83호·84호	완, 중, 석제품, 자배기, 방추차
		•Ⅰ-4구역85호~89호	파수, 개, 고배, 자배기, 방추 차, 완, 연가 철부, 철촉, 철도자
		•Ⅱ구역104호	–

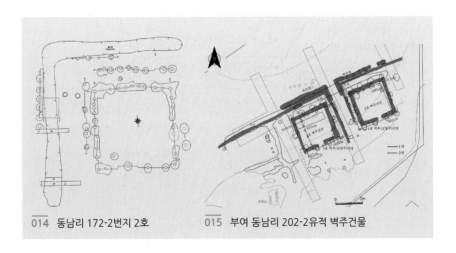

014 동남리 172-2번지 2호   015 부여 동남리 202-2유적 벽주건물

4) 초석식 건물지

　건물 기저부의 기둥 설치를 위해 구멍을 판 것이 아니라 지반을 다져 그 위에 석재를 두고 기둥을 세우는 보다 진보된 건축방식이다. 백제의 주거 건축에서 초석의 사용은 굴립주의 기둥 구멍 바닥에 돌을 고인 사례가 풍납토성에서 발견되어 이미 한성기에 비롯된 것으로 볼 수 있지만, 지반상에 설치한 것은 아무래도 웅진·사비기에 이르러 본격화된 것으로 볼 수 있다. 초석식 건물지는 초석의 설치 여하에 따라 구분할 수 있을 것인데, 발견유적에 초석은 없고 단지 지반만 다진 형태로 있는 것과, 초석이 설치된 것으로 구분할 수 있음이 그것이다.

　초석식 건물지의 선행적 사례는 공주 공산성의 성안마을 유적에 있다. 축석에 의해 대지를 조성하고 방형의 건물지를 조성한 것인데, 건물 외변에서 윤곽선만 나타났을 뿐, 기둥을 고였던 특별한 시설은 발견되지 않고

016　공주공산성 2011-6호

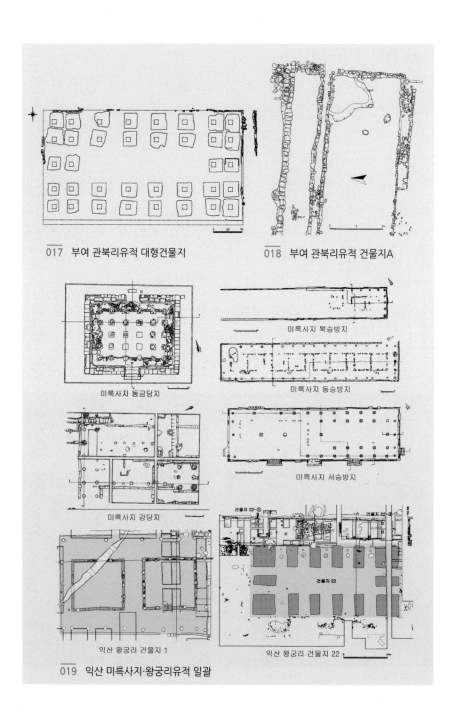

017 부여 관북리유적 대형건물지

018 부여 관북리유적 건물지A

미륵사지 동금당지

미륵사지 북승방지

미륵사지 동승방지

미륵사지 강당지

미륵사지 서승방지

건물지 22-①

건물지 22-②

건물지 22

익산 왕궁리 건물지 1

익산 왕궁리 건물지 22

019 익산 미륵사지·왕궁리유적 일괄

단지 벽체의 윤곽이 발견되었다. 건물의 형태는 방형 건물 2동이 나란히 배치된 1실 2동의 구성으로, 아궁이와 구들시설과 함께 지붕은 기와로 구성하였음을 보여주고 있다.

　　사비도읍기의 백제 건축문화의 중심에 있던 사원건축의 대부분 집자리도 초석식이고, 법당 이외의 시설은 1실 2동의 방형 건물지가 중심인 것으로 미루어 그것이 백제 건축양식의 정형이 아닌가 여겨진다. 다만 부여 관북리 유적이나 익산 왕궁리 유적의 대형 정청형 건물지의 존재는 백제의 건축양식에 다양성도 겸비하였음을 보여주는 것이다. 웅진·사비기의 초석식 건물지의 사례는 다음의 <표 5>와 같이 정리될 수 있다.

<표 5> 초석식 건물지 현황

분류		유적명	해당 유구명	출토유물
지상식	초석건물지	공주 공산성유적	•11-6호기단건물지	
			•11-7호기단건물지	
			•12-1호건물지	
			•12-8호기단건물지	
		부여 관북리유적	•북사명출토건물지	「北舍」銘 대옹기편, 회색토기, 수막새, 와편
			•북사명출토동편건물지	-
			•건물지A	-
			•건물지B	배수로에서 회색토기 다량
			•1987년건물지	-
			•나지구와적기단건물지	-
			•라지구대형건물지	기단 내 연화문수막새
			•라지구와적기단건물지1	-
		부여 부소산성	•서문지주변와적기단건물지	-
		부여 금성산 와적기단 건물지	•하층	뚜껑편, 장고형기대편, 단판연화문수막새, 암키와류
			•상층	
		부여 군수리유적	•제1건물지	연·경질 토기류, 기와류
		부여 궁남지	•제2건물지	병, 접시, 삼족기, 개, 기대편
			•건물지II	뚜껑, 자배기, 호류, 시루, 기와편 등

부여 왕포리유적	•13호건물지	옹, 토기편, 갈돌, 토제벽돌, 청자 동체부편
부여 쌍북리유적	•1호건물지	기와편
부여 용정리백제유적	•남쪽건물지	-
	•북쪽건물지	-
익산 왕궁리유적	•건물지1, 4, 5,10, 11,12, 14. 22. 24. 25. 30	기와류, 수막새, 인각와, 기대편, 개, 대부완

4. 壁柱建物의 檢討

1) 벽주건물은

벽주건물은 굴립주를 사용하여 조성하는 지상식 건물이다. 건물의 평면은 대체로 방형이나 장방형이며, 주주나 동지주 외에 간주를 조밀하게 설치하면서 주간의 범위에 단면 방형의 구를 조성하고, 육교를 두어 출입시설을 선택적으로 마련하는 특징이 있다. 그러나 벽주건물 자료를 집성할 경우 정형화된 벽주건물보다 이질적 형상의 것도 많다. 기둥의 배치라던가 출입시설 외에 벽주건물의 상징처럼 여겨지는 구도 부분적으로 남겨진 것이 있는가 하면, 전혀 시설되지 않은 것도 있다. 여기에 벽체의 구성도 다양성이 엿보이면서 주거방식도 여전히 수혈구조를 갖춘 것도 있다. 이러한 벽주건물의 구조속성 차이는 유형이나 형식구분의 전제가 될 수 있는 것이기도 하다. 다만 그러한 속성 차이가 벽주건물의 시·공간적 변화, 변천의 결과로 볼 수 있다면 다른 유형의 건축물로 구분하는 것 자체가 무의미하기에 여기에서는 벽주건물을 포괄적 의미로 사용하면서 유사한 건축물을 망라하여 살피고자 한다.

백제 벽주건물의 사례는 약 20여개 유적을 상회하면서 60~70여개의 건물지가 알려져 있다. 이들은 백제의 한성도읍기의 것이 집중되어 있는

020 2011년 발굴, 공산성 성안마을 벽주건물지

021 부여 동남리 2012년 조사 벽주건물지

한강유역에서 이미 그 흔적이 보이고 있을 뿐만 아니라 남천 후 웅진과 사비의 도읍지인 충남 공주와 부여 지역, 그리고 인근의 전북 익산이나 완주 지역에 밀집된 형태로 발견되어 있다.

지역별로 초기 도읍지가 있었던 한성지역의 경우는 수혈이면서 철자형 주거지에 벽주건물형상을 갖춘 것이 많다. 그리고 방형의 수혈 주거지 내부의 외변에 구를 시설하면서 간주를 밀집 배치한, 즉 수혈식의 벽주건물도 있는데, 이들은 대부분 풍납토성 유적을 비롯하여 한성도읍기로 편년되는 유적에서 확인되는 것들이다. 평택 세교유적이 한성도읍기의 대표적 유적인데 수혈 계통의 벽주건물 외에 굴립주와 함께 지상식의 벽주건물이 병존하여 백제 건축문화의 초기 정황을 엿볼 수 있게 한다. 한편 두 번째 도읍지역인 웅진 즉 지금의 공주 지역은 공산성과 정지산 유적에 벽주건물이 있다. 공산성은 추정왕궁지내의 세장방형 건물지와 추정왕궁지 북변 지역에 있는 방형

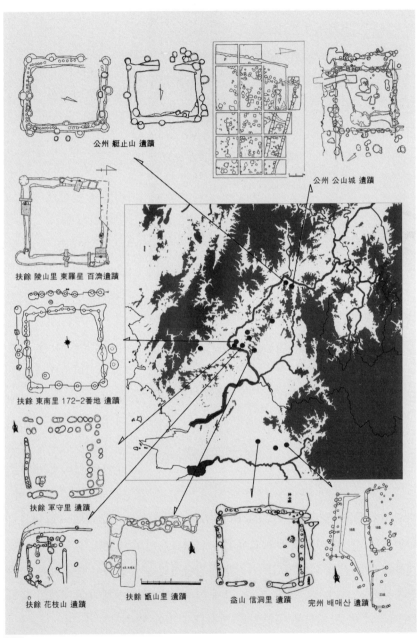

公州 艇止山 遺蹟

公州 公山城 遺蹟

扶餘 陵山里 東羅星 百濟遺蹟

扶餘 東南里 172-2番地 遺蹟

扶餘 軍守里 遺蹟

扶餘 花枝山 遺蹟

扶餘 甑山里 遺蹟

益山 信洞里 遺蹟

完州 배매산 遺蹟

022 웅진·사비의 벽주건물지 현황

의 벽주건물, 그리고 최근에 조사된 성안마을의 벽주건물 자료 등을 들 수 있다. 그리고 정지산 유적은 7동의 벽주건물이 밀집되어 있어 백제 벽주건물의 대표적 유적으로 볼 수 있는데 건물은 모두 지상식이면서 부분적으로 굴립주 건물과 함께 있다. 마지막 도읍지인 사비 즉 지금의 부여지역은 도성 내에 비교적 넓게 산포된 형태를 보인다. 다만 벽주건물의 정형적 형상을 갖추고 있는 동남리나 군수리 등지의 자료 외에 여타의 유적은 기둥의 배치나 구 시설의 유무 등에 차이를 보이기도 한다. 그러나 지금까지 발견된 벽주건물의 잔존 정황은 도성 전역에 동형의 유구가 잔존되었을 것으로 추정되면서 분포밀도도 매우 높을 것으로 추정할 수 있다. 이외에 익산이나 완주 그리고 순천 등지에서 발견된 벽주건물도 정형적 형상보다 오히려 구의 시설이나 기둥의 배치 등에서 상당한 차이를 보이는데 그럼에도 벽주건물의 기본 형상은 갖추고 있다고 볼 수 있다.

백제의 벽주건물은 분포정형에 나름의 특징이 있다. 우선은 도읍 일원에 그것도 국가시설로서 사용되었음을 추정할 수 있다. 한성도읍기의 자료는 구체화할 수 없지만 남천이후 도읍지인 웅진지역의 벽주건물은 왕성이었던 공산성이나 왕실시설인 정지산에 남아 있다. 그리고 사비지역도 도성 내에서 주로 발견되는데, 벽주건물이 확인된 유적들은 지정학적으로 국가시설로 보는 것들이 대부분이기 때문이다. 익산지역도 백제의 別都라는 점을 유의할 수 있으면서 나아가 순천이나 완주의 벽주건물이 잔존된 유적도 산성과 같은 국가시설이라는 점에서 공통성이 있다.

이러한 분포정형의 특징 외에도 벽주건물의 구조속성에서 나름의 지역성이 발견된다. 즉 한성·웅진·사비라는 시·공간적 측면에서 차별화된 형상의 벽주건물이 분포한다. 한성도읍기의 경우 대체로 주거양식이 수혈식이었는데 벽주건물의 경우 수혈식과 지상식이 함께 잔존한다. 반면에 웅진·사비기의 경우는 주거양식이 이미 지상식으로 전환된 것과 관련된 것인지 알 수 없지만, 벽주건물은 굴립주로 조성한 지상식 건물과 병존할 뿐이다.

그러면서 같은 벽주건물이더라도 구의 시설여부에 차이가 나타나기도 한다. 특히 사비기의 벽주건물은 구가 시설되는 비율이 적어진다는 특징도 있다. 이외에도 웅진기는 정형적 벽주건물이 굴립주의 지상건물과 함께 있지만 아직 초석건물은 발견되지 않는다. 반면에 사비기는 벽주건물로 구가 시설된 것과 시설되지 않은 것이 혼재하면서 초석건물도 산견되고 있다. 이러한 정황은 결국 백제의 건축문화의 변화과정에 벽주건물이 자리하고 있음을 보여주는 것이기도 하다.

2) 백제 주거건축의 변화와 벽주건물의 의미

벽주건물의 구조 특성은 앞서 언급한 바와 같이 지상식 건물의 벽체 하단에 구를 조성하면서 여기에 간주를 밀집 배치하는 속성에 있다는 것에 있다. 그런데 벽주건물의 기본적 주거방식에서 평면이 방형이나 장방형이고 나아가 지상식 구조라는 특징도 지적할 수 있는데 자료에 따라서 수혈로 조성될 뿐만 아니라 평면이 凸자형인 경우도 있다. 더불어 벽주건물의 특성인 기둥간에 구를 굴착하는 것도 선택적으로 나타난다. 이를 고려하면 벽주건물은 기둥을 조밀하게 설치한다는 점에서는 공통적이나 주거방식이 수혈과 지상, 기둥의 배치형상 및 내부시설, 구의 유무 등 구조속성에서 나름의 차이가 있다는 것을 알 수 있다. 물론 이러한 차이는 벽주건물이 지닌 건축 기술적 의미와 함께 백제 주거문화의 변천과정을 살필 수 있는 특성이라 여겨진다.

벽주건물에 보이는 기둥의 배치나 내부시설의 차이는 벽주건물의 복원에 긴요한 속성일 것이다. 평면은 크게 방형계와 세장방형계로 구분되면서 다시 방형계는 정방형이나 방형, 나아가 장방형으로 조성되었는데 이러한 평면의 차이는 결국 건물형상이 다른 결과를 가져올 것이다. 여기에 기둥도 주주 및 동지주가 있으면서 주간에 간주를 설치한 것과 주만 밀집되

023 공산성 건물지 溝내 주공

게 배치한 것으로 구분되고, 주주나 동지주를 구내의 간주보다 외부로 돌출시켜 배치한 경우는 물론 구의 존재유무도 차이가 있다. 특히 벽주건물의 내외부에 추가로 굴립주가 배치된 경우가 있으면서 출입시설도 차이가 있다. 결국 이를 토대로 보면 벽주건물은 벽체 구성이나 내부시설은 물론이고 상부 건축구조가 다양하였을 것으로 추정되지만, 이를 구체적으로 복원할 수 없다는 한계가 있다.

그런데 벽주건물의 구조 중에 가장 주목될 요소는 주간에 굴착된 구일 것이다. 조성방식과 함께 잔존형상에 약간씩의 차이는 있지만 기본적으로 동일한 목적하에 조성된 것으로 볼 수 있는 구는 그 기능이나 의미에 대하여 다양한 의견이 제시된 바 있다. 특히 구에 흙을 쌓아 튼튼한 토벽을 구축하기 위한 것으로 본 경우도 있고, 수혈건물이 지상화되기 위한 전제로 벽체보강 과정에서 구가 설치된 것으로 보기도 한다. 다만 토벽의 구축과 관련할 경우 백제의 벽주건물 자료에서는 이를 구체화할 수 있는 적극적 증거가 발견되지 않는다는 한계를 주목하면서 오히려 기술적 속성과 관련된 것이 아닌가 추정하고 싶다.

건물의 벽체 하단에 구의 굴착은 청동기시대 이래로 성행하였던 수혈식 건물지에서 자주 발견되는 속성이다. 이는 벽구로 불리며 배수의 기능도 있었던 것으로 추정하지만 본래의 기능은 수혈주거의 벽면을 보강하기 위하여 토벽 하단에 구를 파고 거기에 목재를 세우기 위하여 굴착한 것이다. 이 수혈 건물지의 벽구는 벽주건물의 구와 흡사하기에 동일한 성격을 지닌 것으로 이해될 수 있다. 그러나 벽주건물의 구는 수혈 건물지의 벽구와는 다른 기능이었던 것으로 보아야 한다. 이는 공주 공산성이나 완주 배미산 성에 남아있는 세장방형 벽주건물지의 경우 간주없이 주주만을 시설하면서 주간에 구를 굴착하였기에 구 자체는 목제 벽면과는 무관하게 시설되었음을 보여주기 때문이다. 여기에 벽주건물 중에서 구를 굴착하지 않고 간주를 밀집 배치하는 경우도 있다. 이는 벽주건물의 구가 벽체 보강과 같은 기능보다는 오히려 건축상의 기술적 문제에서 남긴 것으로 판단케 하는 보다 적극적 증거일 것이다.

한편, 벽주건물의 구조속성 중에 가장 주목되는 것은 주를 매우 밀집되게 배치하고 있다는 점이다. 앞서 언급된 것처럼 벽주건물은 지상식 건물로 굴립주를 설치하나 주주와 동지주 등 외에 간주를 벽구형인 단면 방형의 구를 조성하는 점이 특징이라는 것은 자주 지적한 것과 같다. 더불어 주거 방식이 여전히 수혈식이고 구가 시설되지 않은 것도 주를 밀집 배치한다는 공통점은 발견된다. 물론 이러한 주의 밀집배치를 주거방식이 지상화로 전환되는 전제로 벽체보강의 필요에 기인한 것으로 보기도 한다.

그러나 수혈식 건물지에 벽주식 구조, 즉 구를 조성하고 거기에 주를 밀집 배치한 건물지가 존재하기에 그 타당성을 인정하기가 어렵다. 오히려 벽주건물은 주거문화가 수혈에서 지상으로 전환하던 시기에 등장하였기에 수혈식도 지상식도 존재하는 것으로 보아야 할 것이다. 반면에 벽주건물의 특징인 주의 밀집 배치는 주의 본래 기능 즉, 과중한 지붕의 무게를 견디기 위한 조처였다고 보아야 할 것이다. 나아가 벽주건물처럼 다주건물의 등장은 주의 밀집배치를 필요로 하는 과중한 무게를 가진 지붕의 출현과 관련되었다고 보면서, 그 배경을 백제 건축물에 기와를 사용하는 환경과 관련된 것이 아닌가 추정하여 보고자 한다.

5. 結言

벽주건물은 다주식 건물 조성이라는 새로운 환경이 도래하면서 백제사회에서 새롭게 전개된 건축양식이다. 건물 상부의 증가된 하중을 견디기 위한 柱의 밀집배치가 요구되고, 주를 밀집 배치하는 과정에서 기술적 필요로 인해 溝를 굴착하였다고 판단된다. 특히 벽주건물이란 새로운 건축기법의 등장시점은 백제의 한성도읍 후반 무렵으로, 기와가 건축부재로 사용되기 시작하고 아울러 주거방식이 지상화가 이루어지는 등의 건축문화의 발전이 그 배경이었던 것으로 볼 수 있을 것이다.

웅진·사비기의 벽주건물 자료 현황은 5세기 후반 경의 백제 건축양식으로 벽주건물이 보편적이었음을 알게 한다. 475년 웅진천도 직후에 조성된 건물유적의 중심에 벽주건물이 자리하고 있기 때문이다. 그리고 웅진에 도읍하던 시기는 물론이고 538년 사비로 다시 천도한 이후에도 구의 시설여부나 주의 배치형상에 차이가 있지만 벽주건물이 크게 성행한 것으로 확인되기 때문이다. 결국 이러한 정황은 백제 벽주건물이 이미 한성도읍기에 등장하였고 그것이 충분히 발전되어 남천후의 웅진에 이입되었음을 증거하는 것이다.

백제 한성도읍기의 고고학적 자료 한계로 벽주건물의 초기적 환경을 구체화하기는 어렵다. 그런데 백제의 웅진천도가 정치·군사적으로 위급한 상황에 기인한 것이긴 하지만 한성에서 웅진으로의 고고학적 계기성이 인정되는 것이 일반적이다. 따라서 웅진도읍기의 문화속성은 한성도읍기의 연속선상에서 파악됨에 비추어 건축문화도 결국 한성기 후반의 정황이 이입된 것으로 봄에 문제가 없을 것이다. 즉 웅진천도 후에 전개된 백제의 주거, 건축문화는 이미 한성도읍기에 정착된 것이 이입된 것으로 보아야 한다는 것이다. 따라서 백제 벽주건물의 발생이나 발전은 이미 한성도읍기에 충분히 이루어졌다는 결론이 가능할 것이다.

그와 관련하여 평택 세교유적은 벽주건물 전개상의 이해에 귀중한 단서를 제공할 것으로 여겨진다. 이 유적은 중심연대가 4세기 중반대로 볼 수 있는 것인데 대규모의 취락유적에 벽주건물이 포함되어 있으면서 수혈 건물지 외에 굴립주 등의 지상건물도 적지 않다. 추후 정식보고가 있겠지만, 이 유적은 백제의 벽주건물이 늦어도 4세기 후반경에 이미 존재한다는 사실을 알려주기에 이를 토대로 같은 시기의 백제 주거문화의 변화는 물론 벽주건물이란 실체를 추정하기에 부족함이 없다.

VIII 익산 쌍릉과 백제유적

益山雙陵과 百濟遺蹟

1. 序言

익산의 금마지역이 백제사에서 주목되는 것은 그곳에 미륵사지를 비롯한 다양한 백제유적이 존재하기 때문이다. 특히 금마지역은 서동설화나 미륵사지의 창건 정황으로 알 수 있는 백제 무왕과의 깊은 인연을 토대로, 遷都에 의한 신도읍지였다는 견해가 제기되는 지역이기도 하다. 물론 이러한 정황은 왕궁 유적으로 판단되는 왕궁리 유적의 존재, 백제 최고의 불교 사찰로 분류할 수 있는 미륵사지의 현황, 그리고 무왕릉으로 판단할 수 있는 쌍릉이 존재하는 것과 무관치 않다. 때문에 천도에 의해 신도읍이 조성되었다는 판단의 사실 인식에 어느 정도 설득력을 부여하여야 한다는 당위성을 부정하기 어렵다.

익산지역의 백제유적은 실물자료이다. 미륵사지, 왕궁리유적, 쌍릉처럼 잘 알려진 유적 외에 최근에 조사로 주목되는 제석사지를 비롯하여 각종 신앙유적 그리고 주변의 산성이나 분묘 유적도 적지 않게 확인되어 있다. 이러한 물질자료는 질적으로나 양적으로 미루어 당시의 도읍이었던 사비지역에 견주어 결코 손색이 없는 것이다. 따라서 익산지역은 백제가 사비에 도읍하던 시기에 이러한 물질자료에 걸맞은 위상을 갖추었던 것으로 보아야 하고, 이를 기회로 천도에 의한 신 도읍지로의 인식이 크게 부각되지 않았나 생각된다.

그러나 여전한 의문은 백제의 사비도읍기에 익산천도가 있었는가, 있었다면 관련사서에 전혀 언급되지 않은 이유는 무엇인가라는 점이다. 천도를 언급한 『觀世音應驗紀』란 불교 서적을 제외하면 한국고대사 상의 정형을 적은 것으로 인정되는 『三國史記』나 『三國遺事』에 그것이 전혀 채록되지 않은 것에 대한 의문은 여전하다. 나아가 다소 객관적일 것으로 볼 수 있는 중국이나 일본의 역사기록에도 익산천도의 정황을 유추할 수 있는 내용이 전혀 감지되지 않는다는 것도 널리 알려진 사실이다. 그럼에도 최근의 익산천도에 대한 인식은 오히려 풍부하게 잔존된 백제 유적의 존재에 주목하고, 이들을 결국 천도나 신도읍 조성의 결과로 보는 경향이 강한데, 현재로서 이를 반박할 논거도 거의 없는 상황이다. 다만 여전한 의문은 이처럼 풍부한 고고학 자료를 남긴 사건임에도 불구하고 왜 역사기록에 이를 반증할 내용이 전혀 없는가라는 점일 것이다.

한국고대사 해명의 열쇠는 『三國史記』나 『三國遺事』와 같은 정·야사류라는 점을 부인할 수 없다. 여기에 중국이나 일본의 고대 사서에 간헐적으로 언급된 내용은 백제사만이 아니라 한국고대사의 정황을 이해하는데 필수적인 것들이다. 더불어 이들 국·내외 사서는 우리 고대사상의 중요 사건·사고의 상당부분을 대체로 채록하였다고 봄에도 문제가 없을 것이다. 특히 익산의 천도사실을 방증하는 익산의 왕궁, 왕릉, 사찰 등의 유적을 조감할 때 이들이 천도결과의 유적들이라면 백제의 익산천도는 대규모의 역사였고 중차대한 사건으로 볼 수 있다. 때문에 사서상에 어떤 방식으로든 채록되었을 것인데 단지 『觀世音應驗紀』란 후대의 불교사서에 그 정황만이 언급되었을 뿐이란 점은 여전한 의문으로 남는다.

익산 금마지역의 백제유적 존재를 고려할 때, 사비도읍기 백제와 익산과의 특수한 관계를 부정할 수는 없다. 더욱이 왕릉, 왕궁, 사찰, 성터 등의 유적은 익산을 단순한 백제의 지방사회로 보기 어렵게 한다. 그럼에도 익산의 위상에 대한 고대사서의 기록은 미륵사지와 관련한『三國遺事』등의 불교관련 내용에 한정되었을 뿐이다. 이러한 정황은 백제의 익산천도설을 부정할 수 없게 하는 요인이기도 한데, 특히 익산 금마지역에 산재된 백제 유적이 도성체제에서 이해될 위상을 갖추었다는 점에서 더욱 그러하다.

그런데 한국고대사 해석의 근간인『三國史記』나『三國遺事』의 사료적 가치에 문제가 있고, 나아가 국외 사서에 함유된 편중성을 인정한다 하더라도 이들 사서의 모두에서 천도와 같은 중차대한 사건을 일괄적으로 누락시킬 만큼의 한계를 지적하기는 어려울 것이다. 오히려 익산 금마지역 백제유적들이 천도가 아닌 다른 배경에서 조성한 결과이기에 사서가 주목하지 않았는가의 의혹도 제기할 수 있을 것이다. 이는 미륵사지에 스며있는 익산과 무왕의 인연, 무왕릉으로 인정되는 쌍릉의 존재, 왕궁으로 판단되는 왕궁리 유적 나름의 특성 등을 살필 경우 그것을 반드시 도성체제에서 이해하여야 하는가의 작은 의문을 제기할 수도 있을 것이다.

이 글은 익산의 백제 유적을 종합할 경우 도성체제를 근거할 유적으로 봄에 큰 문제가 없음을 우선 인식하나, 그 배경인 백제의 익산천도 정황이 사서상에 전혀 가늠되지 않는 환경도 무시할 수 없기에 이를 천도가 아닌 다른 배경은 없는가를 살피고자 마련한 것이다. 그리고 익산지역의 백제 유적도 천도의 결과물로 보기에 어색함이 적지 않다. 미륵사지나 쌍릉, 그리고 왕궁리유적 등 대표되는 소수의 유적이 특수하게 그것도 규모 있게 남겨져 있을 뿐, 도시를 연상할 수 있는 다양성이 결여된 상황이다. 나아가 각각의 유적은 존재 특성을 가지고 있는데, 예컨대 쌍릉의 경우 분묘로서 그들만 유일하게 존재하는 것 등이 그것이다. 따라서 이들 유적만으로 익산 천도를 방증하기에 나름의 한계가 있다는 점을 유념하면서 각각의 존재

특성을 추구할 경우, 도읍 혹은 도성의 속성보다는 능원으로서의 면모가 강하다는 점에 착안하여 이 점을 고구하여 보고자 한다.

따라서 본고는 익산의 쌍릉이 무왕릉임을 다시 한번 강조하고, 나아가 쌍릉을 위요하여 산재된 유적을 살펴 그것이 백제 30대 무왕의 능묘인 쌍릉과 관련한 시설로서의 성격을 살핌으로써 금마지역 백제유적의 분포권이 무왕의 능원이란 것을 추론하여 보고자 한다.

2. 雙陵은 武王陵

전라북도 익산시 팔봉면 석왕리에는 쌍릉으로 불리는 분묘 2기가 남아 있다. 이 분묘는 1906년 조사된 이래[1], 대왕묘, 소왕묘로 불리며 왕자의 분묘로 인식되어 왔다[2]. 묘제적으로 쌍릉은 횡혈식 석실묘의 구조를 지니고 있으며, 대왕묘, 소왕묘로 불리듯이 2기는 규모의 차이는 있지만 구조는 동일하다. 지하로 묘광을 파고, 묘광내에 화강석을 다듬어 장방형으로 묘실의 평면을 마련한 다음, 수직의 벽석 위에 안으로 기울인 고임석을 올린 후에 수평으로 천장석을 올렸다. 더불어 묘실 남쪽의 중앙에 문틀시설을 마련한 현문을 갖추었고, 이에 잇대어 연도가 이어지는데 묘실내부에는 각각 1인을 위한 관대시설도 마련되어 있다.[3] 즉 묘제적으로 쌍릉은 2기 모두 평천정 유형이고, 장방형의 묘실에 중앙연도, 그리고 평천정이면서 벽체의 상단에 고임석을 올린 고임식이다. 이러한 형식은 백제가 웅진에서

---

1) 朝鮮總督府, 1917,「大正六年度 朝鮮古蹟調査報告」, 益山郡.
2) 조사후 雙陵에 대한 槪括的 論考는 다음과 같은 것이 있다.
   ● 梅原末治, 1972,「百濟 古墳制」「朝鮮古代노 墓制」, 圖書刊行會.
   ● 有光敎一, 1978,「夫餘陵山里傳百濟王陵·益山雙陵」「疆原考古學研究所論集」4.
3) 朝鮮總督府, 1917, 앞의 보고서.

사비로 천도한 다음 6세기 중·후반경에 나타나 백제가 멸망할 때가지 사용된 것이기도 하다.

결국 쌍릉은 백제 횡혈식 석실묘의 한 형식인 고임식이며, 고임식 구조로는 정형적 형상을 갖추고 있다고 판단된다. 대체로 고임식 석실묘의 경우도 고임석의 규모나 경사도, 나아가 입구 및 연도의 위치, 연도의 길이에서 이전의 터널식 요소가 남겨진 경우도 있지만, 쌍릉은 그러한 선행적 속성이 전혀 없는 충분히 발전된 형식이다. 따라서 쌍릉의 조영 시기는 백제 횡혈식 석실묘로 고임식이 충분히 발전된 7세기대의 것으로 판단할 수 있다. 문제는 이 쌍릉을 왕릉으로 비정할 수 있는가라는 점이다.

쌍릉이 왕릉이란 전언은 일찍부터 있었다. 왕릉일 것으로 추정된 기록은 이미 『高麗史』에 나타나 있다. 즉 이 사서의 지리편에는 金馬郡에 후조선의 무강왕과 왕비의 능이 있음을 적으면서 註로 이 무덤은 말통대왕릉이

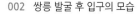

002 쌍릉 발굴 후 입구의 모습

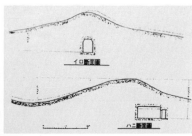

003 쌍릉의 묘실 단면도

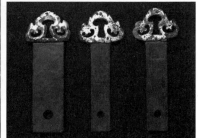

004 쌍릉의 출토유물

며, 말통은 어릴 때 서동이라 불리던 무왕을 일컫는다[4]라는 사실도 전하고 있다. 이러한 기록은 적어도 쌍릉이 고려시대나 조선 초기에 왕릉으로 인식되었음을 알 수 있다. 같은 내용이 조선시대의 기록인 『新增東國輿地勝覽』에 보다 구체적 사실로 인용되어 전하기도 한다. 기록에 따르면 쌍릉은 오금사봉의 서쪽 수백보에 있는데 『高麗史』에 이르길 후조선 무강왕과 그 비의 능임을 적고 細註로 주민들은 말통대왕릉이라 하는데, 백제 무왕의 어릴 때 이름이 서동이었고, 서동이 말통이다[5]라고 하여 이 쌍릉이 무왕과 왕비의 능이란 것을 간접적으로 시사하고 있다.

---

4) 『高麗史』卷第十一地理二金馬郡 "又有後朝鮮武康王及妃陵 俗號末通大王一云百濟武王小名薯童"
5) 『新增東國輿地勝覽』卷第三十三 益山郡 古跡條 "雙陵 在五金寺峯西數百步 高麗史云後朝鮮武康王及妃陵也 俗號末通大王陵一云百濟武王小名薯童 末通卽薯童之轉"

이러한 기록은 이후의 지리서인 『輿地圖書』에도 남겨져 있는데[6], 아무튼 문헌기록에서 비록 전언을 토대로 기록한 것이지만 이 쌍릉이 백제의 30대 무왕과 왕비의 능이란 사실을 기록하고 있다는 것이다. 각종 지리서에 쌍릉의 주인공이 武康王과 그 妃라는 사실을 적고 있다. 아울러 일설은 이것이 말통대왕릉이란 점을 부연하고, 말통대왕이 무왕임을 서동과 관련하여 적고 있다. 사실 무강왕이 백제 무왕을 지칭하는 것임을 삼국유사에서 전하고 있어[7] 武康王=末通大王=武王이 동일인물이란 것도 분명하기에, 전언에서 이 쌍릉이 백제 무왕과 왕비의 무덤이라는 사실을 부인하기는 어렵다.

사실, 익산 쌍릉에 대한 기록은 백제왕릉 관련 기록으로는 매우 이례적이다. 백제 왕릉에 대한 기록은 후술되는 백제의 두 번째 도읍지역인 공주지역의 왕릉소재가 『新增東國輿地勝覽』에 傳言을 토대로 전하는 내용[8] 외에는 찾아보기 어렵기 때문이다. 신라나 고구려의 경우 왕의 사망과 더불어 그의 장지에 대한 기록이 남아 있는 것과는 큰 대조를 이룬다. 백제의 경우는 장지나 장례에 대한 내용을 스스로 밝힌 경우는 전혀 확인되지 않고, 단지 개로왕대에 선왕의 유허를 마련하는 내용이 전할 뿐으로[9], 이를 통해서 왕릉이 조영되었다는 사실만을 근근히 파악할 수 있다.

백제의 왕릉에 대해서는 한성도읍시기의 왕릉의 추정이나 웅진도읍시기 조영된 25대 무령왕릉의 존재, 그리고 사비도읍시기의 왕릉인 능산리 고분군의 존재가 알려져 있고, 이로써 백제 왕실에서 왕릉을 만들었다는

---

6) 『輿地圖書』全羅道 益山(補遺)篇 益山郡邑誌 古跡條의 雙陵.
7) 『三國遺事』卷二 武王條에 古本作武康非也 百濟無武康이라 武康=武王을 전한다.
8) 『新增東國輿地勝覽』卷之十七 公州牧條의 山川條 陵峴:在州東五里有古陵基名諺傳百濟王陵과 學校條 鄕校:在州西三里西有古陵基諺傳百濟王陵未知何王이 그것이다.
9) 『三國史記』卷第二十五 百濟本紀 第四 蓋鹵王 21 : 先王之骸骨權攢於露地-又取大石郁里河作槨以葬父骨

것을 인지하는 정도이다. 그리고 이들은 고고학 조사의 결과일 뿐이다. 따라서 비록 전언에 기초한 후대의 기록이지만 쌍릉이 왕릉으로 전하는 기록 내용은 충분히 주목할 필요가 있다. 문제는 쌍릉이 고고학적이나 지리적 측면에서 왕릉으로 볼 수 있는가의 문제이다.

우선 쌍릉은 묘제적으로 백제 후기에 유행한 횡혈식 석실묘로 고임식에 속하는 것이기에 묘제적으로 백제의 것임은 틀림없다. 아쉬움은 발굴조사 당시 이미 도굴로 인해 관련 유물이 적어 성격의 추정이 어렵다는 것이다. 다만 잔존 관재가 일본산 金松이란 점과 금동 장식품의 존재로 피장자 신분이 범상치 않았다는 것을 인지할 수 있는 정도이다. 더불어 묘제의 유형이 고임식의 횡혈식 석실묘란 점도 주목될 수 있겠지만, 이러한 형식의 무덤은 사비도읍기에 이르면 중앙 및 지방의 보편적 묘제로 자리한 것이기에 묘제형식만으로 왕릉 여부의 판단은 전혀 불가능하다. 그런데 익산 쌍릉은 묘제적으로 보아 왕릉으로 인정될 부분이 없지 않다. 이는 동시기의 왕릉과 대비·검토하여 그 타당성을 얻을 수 있을 것이다. 다만 그것이 왜 익산에 자리하고 있는가에 대해서는 별도의 논거가 마련되어야 할 것이다.

익산 쌍릉을 왕릉으로서 위상을 검토하기 위해서 먼저 주목할 것은 능산리 고분군이다. 능산리 고분군은 백제가 사비에 도읍하던 시기에 조영된 능묘군일 뿐만 아니라 묘제의 구조에서 쌍릉과 직접적으로 대비할 수 있는 것들이 대부분이기 때문이다. 능산리 고분군에 남겨진 분묘는 약 10여기이고, 이를 모두 왕릉으로 보기는 어렵다. 그러나 이중에서 몇 기는 왕릉으로 보는데 문제가 없다. 물론 여기에 있는 무덤의 대부분은 왕실과 관련된 무덤들일 것으로 당대의 최고수준의 고분 조영술이 반영된 것들로 볼 수 있기 때문이다.

능산리의 분묘는 모두 석실묘이면서 터널식과 고임식, 그리고 수평식도 있지만 고임식이 주류를 이룬다. 이는 고임식 구조를 지닌 쌍릉과 대비하여도 문제가 없는 것들인데, 묘실의 형태라던가 장축 그리고 입구 및 연도의 형상에도 대동소이한 구조를 갖추고 있다. 다만 묘실 내에 시설된 관대는 쌍릉이 단인장인 1인용의 관대가 시설되어 있음에 비추어 능산리 고분군은 2인을 위한 관대도 있고 묘실 내에 부석도 이루어졌다는 다양성이 확인된다. 따라서 익산 쌍릉과 능산리 고분군의 석실묘의 차이는 단인장인가 다인장인가의 차이가 크게 주목되지만, 이는 백제말기에 다장에서 단장으로의 묘제변화에 기인한 것으로 볼 수 있다. 백제의 사비도읍기에 조성된 부여의 염창리 고분군은[10] 대규모의 고분군인데, 이 유적을 통해 백제사회의 묘제가 다장에서 단장으로 변화되었음을 보여준다. 따라서 백제묘제에서 단·다장의 문제는 쌍릉과 같은 무덤이 왕릉인가의 여부를 판단하는 기준이 될 수 없는 것이고, 오히려 분묘의 시간성 판단과 피장자의 판단에 유효한 속성으로 볼 수 있다.

한편 익산의 쌍릉은 모두 화강판석을 정제하여 사용하였는데, 이러한 예는 능산리에서 확인되는 보편적 현상이다. 나아가 논산의 육곡리 6호 및 7호 석실묘, 그리고 나주 대안리 5호 석실묘의 예로 미루어 백제사회의 상급 묘제의 축조재료와 축조술과 상통하는 것임도 알 수 있다. 이는 쌍릉이 능산리 고분군의 개별 고분들과 상통하면서 동시기의 무덤 조영술의 일반적 정황을 갖추고 있음을 보여주는 것이기도 하다. 오히려 묘제적으로 구조차이가 거의 발견되지 않는데, 이는 백제후기 묘제 전개의 일반적 범주와 상통하는 것이기 때문이다.

그런데 쌍릉은 규모면에 있어서는 오히려 초대형에 속한다. 대왕묘로 불리는 분묘는 묘실의 경우 길이 380cm에 너비 178cm이고, 높이는 227cm이다. 소왕묘는 길이 320cm, 너비 130cm의 묘실 규모를 지니고 있다. 대왕묘의 경우 지금까지 발견된 동형의 고분 중에서는 가장 큰 것으

---

10) 公州大學校博物館, 2000, 『扶餘 鹽倉里 古墳群 發掘調査 中間槪略報告』.

로, 이들 대왕묘와 소왕묘의 규모의 굉대함은 사비도읍기 조영된 왕릉지역 내의 고분과 비교할 경우 오히려 두드러지게 드러난다. 능산리 고분 중에서 대형급에 속하는 동상총이나 중하총이 쌍릉 소왕묘보다 작은 것에 비하면 규모면에서 왕릉으로 보아도 손색이 없다.

결국 이러한 비교결과를 토대로 쌍릉이 왕릉으로서의 품격을 갖추었는 가의 문제는 긍정적으로 이해하여도 가능할 것이다. 여기에 앞서 언급된 관재가 일본산 금송이란 사실을 인지하면서 기왕의 전언을 고려하면, 쌍릉이 왕릉이란 사실을 보다 확실하게 보여준다. 다만 왕릉이 도읍지가 아닌 익산이란 지역에 자리한 이유가 여전히 문제로 남는다. 주지되듯이 백제는 세 지역에 도읍한 경험이 있고, 각 지역에는 왕릉으로 비정되는 고분군이 남아 있다. 특히 백제 후기에 도읍하였던 사비지역에 능산리라는 왕릉이 있으며, 결국 도읍지별로 하나의 왕릉지역을 갖추고 있음을 알 수 있다. 이러한 정황에서 익산의 쌍릉도 백제 왕릉일 수 있을까라는 의문은 매우 자연스럽다고 할 수 있다.

그러나 기왕에 알려진 이들 백제 왕릉이 전부인가에 대해서는 의문이 없지 않다. 한성도읍시기의 환경은 유적 부재로 자세하지 않지만, 남천 후 웅진이나 사비 도읍시기의 왕릉 조영실상은 나름의 이해가 마련된 듯하나 대부분의 실상이 베일에 가려져 있기 때문이다.

주지되듯이 백제 후기 즉 남천 후 재위한 왕은 문주왕에서 의자왕까지 10명이다. 이중에 의자왕은 중국에서 사망하였기에 그를 제외한 나머지 9명의 왕은 웅진 및 사비도읍시기에 타계하였고, 이들을 위해 만든 왕릉은 남천후의 웅진과 사비지역에 있어야 할 것이다. 즉 도읍지별로 웅진에 문주왕, 삼근왕, 동성왕, 무령왕의 능이, 사비에 성왕, 위덕왕, 법왕, 혜왕, 무왕의 능이 있어야 할 것이다. 여기에 웅진의 경우 당시의 횡혈식 묘제가 추가장에 의한 다장제로 운영되었기에 왕릉은 4기 이내에, 그리고 사비도읍시기에는 다장제가 단장제로 변화된 흔적도 있기에 왕릉은 적어도 5기

이상이 있어야 할 것이다.

그런데 송산리 고분군의 경우 처음 석실묘가 조사된 직후에 오늘날 1~4호분으로 구분된 고분이 외형 정비되면서 이를 웅진도읍기의 백제왕들의 무덤으로 추정한 감이 없지 않다. 이후 6호 전축묘나 5호 석실묘, 29호 석실묘가 조사되면서 피장자의 추정은 유보되고 단지 6호 전축분 피장자만 추론되었으나 그것도 무령왕릉의 발견으로 원점으로 돌아갔다. 능산리 고분군도 1917년 조사되면서 중하총이 규모나 내용으로 미루어 성왕이나 위덕왕으로, 중상총은 규모나 유물로 미루어 단명의 군주인 법왕일 것으로 추정한 바 있을 뿐이다[11]. 이러한 이해는 비록 왕릉 구역을 확인하였지만 개별 피장자의 성격 파악은 미진한 부분이 많다는 것을 알 수 있다. 더불어 이들 분묘가 전부 왕릉인가의 문제와 함께 기왕에 발견된 것들이 유일한 왕릉일 것인가의 의문도 없지 않다. 이와 관련하여 주목될 수 있는 것은 송산리 고분군이다.

송산리 고분군은 전축묘 2기와 함께 횡혈식 석실묘로 궁륭식의 유형 6기, 그리고 수혈식 2기 등으로 이루어져 있다. 이들은 1925년에 1~4호분으로 구분된 횡혈식 석실묘를 조사하고 그 자체를 왕릉으로 보았지만, 이후 새로운 유형의 분묘가 순차적으로 발견되면서 결국 1971년 무령왕릉의 발견으로 기왕의 분묘 피장자의 성격은 불명인 상태로 남기게 되었고, 단지 무령왕릉만이 왕릉으로 분명한 성격을 인정하였을 뿐이다. 그런데 이 송산리 고분군내의 묘제를 검토한 결과 왕릉으로 구체성을 지닌 것은 무령왕릉 1기뿐이고, 이외 무덤은 왕릉보다는 오히려 무령왕과 혈연적으로 관련이 있는 인물들이 피장된 것으로 볼 수밖에 없다.[12] 사실 고고학적으로 검토된 웅진도읍기의 왕릉은 송산리 고분군이 유일한 것이

---

11) 朝鮮總督府, 1917, 앞의 보고서.
12) 李南奭, 1997, 「公州 宋山里 古墳群과 百濟王陵」 『百濟研究』 27, 百濟研究所.

다. 그리고 백제가 사비에 도읍할 시기에 조영된 능역도 능산리 고분군이 유일한 것으로 보았는데, 상기의 송산리 고분군의 검토결과는 각 도읍지역에 왕릉군이 하나의 지역에만 있다는 이해의 수정이 필요하지 않은가 여겨진다.

백제의 웅진 천도후 재위 및 사망한 왕은 문주, 삼근, 동성, 무령의 4명이다. 이중에 무령왕의 능만이 송산리 고분군에 있을 뿐이다. 따라서 나머지 왕들의 무덤은 아직 미확인 상태로 있는 셈인데, 적어도 송산리 고분군 내에서 그 흔적을 찾기는 어렵다. 오히려 송산리 고분군이 아닌 다른 지역에 위치한다고 보아야 한다. 이는 송산리 고분군 외에 능현에도 또 다른 백제왕릉이 있다는 『新增東國輿地勝覽』의 기록을[13] 상기케 하는데, 전언을 토대로 마련된 기록이지만 송산리 고분군이 무령왕의 가계와 관련된 자들만의 무덤이란 사실이 인정된다면 그 신빙성이 한층 높일 수 있을 것이다. 참고로 백제와 동시기에 존재하였던 고대왕국인 신라나 고구려의 경우는 능묘자체의 위치가 왕계나 왕별로 별도로 조영하였던 것으로 추정됨은 그 좋은 증좌일 것이다. 특히 신라의 경우 삼국사기에 의하면 초기의 기록이지만, 박혁거세와 유리 이사금은 운암사 북쪽에 있는 사릉원에 장사지낸데 반해서 석탈해는 성 북쪽의 양정구에 장사지냈다. 더불어 김씨왕인 미추왕은 소장릉이라는 대릉에 장사지낸 것으로 미루어[14] 왕계마다 별개의 왕릉 구역이 있음을 보여준다. 이외에 고구려도 하나의 권역을 왕릉지구로 설정한 것이 아니라 왕마다 별개의 지역에 능묘를 조성한 것으로 삼국사기는 전하고 있어[15] 오히려 왕릉이 한군데에 밀집되기보다는 여러 지역에 산재되

---

13) 『新增東國輿地勝覽』앞의 기록 참조.

14) 『三國史記』新羅本紀의 王別 薨年 記事에는 赫居世=葬蛇陵在曇嚴寺北, 儒理尼師今=葬蛇陵園內, 脫解尼師今=葬城北壤井丘, 婆娑尼師今=葬蛇陵園內--味鄒尼師今=葬大陵(一云小長陵) 등의 內容이 發見된다.

15) 『三國史記』高句麗 本紀의 王別 薨年에 부가하여 朱夢은 葬龍山, 琉璃明王은 葬於豆谷

어 있음을 보여주는 것은 참고될 수 있는 사안들이다.

결국 지금까지 백제시대의 왕릉 유적은 발견 자체가 전언을 토대로 이루어진 것이 대부분이다. 따라서 도읍지별로 하나의 무덤군만 확인된 것은 어쩌면 우연일 수도 있다. 때문에 백제의 남천 후 능묘의 조영환경을 총체적으로 나타내는 것으로 보기는 어렵다. 오히려 능묘 조영은 왕실계보에 따라 서로 다른 지역에서 진행되었을 수도 있을 것이고, 그것이 고고학적으로 입증되지 않았을 뿐일 수도 있다. 이로서 백제사회에서 왕릉 조영이 왕계나 왕별로 각각 능역을 설정하여 진행되었음을 부인하기는 어려울 것이다.

백제의 왕릉조성환경은 사비기에도 지속되었을 것이고, 쌍릉도 그러한 환경에서 이해될 수 있지 않은가 여겨진다. 즉 쌍릉이 왕릉이라면, 묘제적으로 보아 이는 백제가 사비도읍기의 것으로 편년될 수 있는 것이기에 당시에 재위한 왕의 무덤 중 하나여야 할 것이다. 이를 토대로 백제 사비기 왕들은 성왕에서 법왕까지는 단일 혈계로 인정하는데 큰 의문이 없다. 그러나 법왕과 무왕과의 血系는 석연치 않은 부분이 많기에 반드시 동일 혈연관계에서 이해할 필요는 없을 것이다. 더욱이 무왕과 익산과의 인연, 나아가 무왕이 서동설화의 주인공이라면 이전의 왕들과는 혈연상의 어느 정도 차별화가 가능하지 않은가 여겨진다.

결국 쌍릉은 기록에서 확인되는 전언을 그대로 취신 한다면, 백제의 30대 무왕과 관련된 것으로 봄에 문제가 없을 것이다. 묘제적으로 사비도읍기의 것으로 판단할 수 있면서 특히 7세기 전중반대의 것으로 볼 수 있다는 점, 단인장으로 남았으면서 2기가 동시기에 축조된 점 등을 토대로 대왕묘는 무왕, 그리고 소왕묘는 비의 능으로 볼 수 있을 것이다. 나아가 기

東原, 大武神王은 大獸村原--新大王은 故國原, 故國川王은 故國川 등으로 별개의 능역을 표시하고 있다.

록의 취신을 전제로 묘제형식, 관재 등의 잔존유물, 그리고 백제 왕릉 조성 환경의 적극적 해석을 토대로 익산의 쌍릉은 왕릉으로 인정함에 문제가 없고, 그것이 백제 30대 무왕의 능으로 봄에 문제가 없을 것이다.

3. 益山 金馬地域의 百濟遺蹟

익산지역은 도읍지 사비의 남쪽으로 약 100여리의 거리를 둔 지역으로 어떤 형태로도 사비지역과 연계하여 이해하기는 어려운 구역이다. 더불어 여기에서 검토코자 하는 범위도 익산지역 전체가 아니라 그 동쪽에 위치한 금마지역에 국한한다. 금마지역으로 구분된 범위는 익산시 금마면 중에서도 대체로 백제유적이 비교적 집중된 지역에 한정하여 분류한 것으로 지금의 행정구역에 크게 좌우되지 않는 범위이다.

본래 익산지역은 지리적으로 백제의 도읍지역이 위치한 금강권에서 벗어나 보다 남쪽의 만경강의 상류지역에 자리한다. 금강권은 차령산맥의 남향면으로 크게 전개된 산지에 포함되는데 반해서, 만경강 유역은 김제 평야를 남쪽에 두고 그 남북으로 비교적 낮은 평야지가 넓게 형성된 지역으로 금마지역은 그 동단에 위치한다. 특히 금마지역은 동쪽의 완주 일원에 넓게 발달한 산지의 서쪽 말단부에 해당되지만, 오히려 동쪽으로는 낮은 구릉성 산지가 전개되나 서쪽으로 오히려 평야지로 연계되는 지형적 조건을 갖추고 있다.

아무튼 익산지역은 북동부를 제외하면 대부분 낮은 구릉과 저지대가 발달되어 있다. 금마지역은 그 북동지역에 위치하고 있으면서 지형적으로 큰 차이는 없는데, 다만 산지는 여산 금마일대와 금강연안의 남북으로 발달된 함라산 자락에 국한되고, 그 이남이나 이서 지역은 어느 정도 평지가 발달된 지역으로 볼 수 있다. 한편 금마지역에서 발견할 수 있는 선사·역사유적

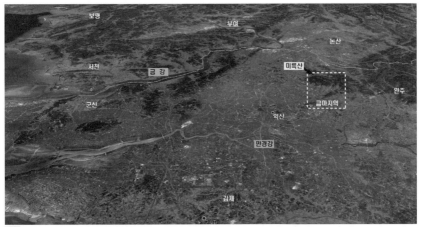

005 익산 금마지역 및 주변 환경(구글지도에 위치표시)

은 비교적 다양한 것으로 볼 수 있다. 그런데 시간적으로 고대 특히 백제시대에 국한할 경우 유적의 내용은 질적인 면에서는 매우 두드러지나 분포밀도로 보면 빈약상이 크게 나타나면서 나름의 특징적 면모가 드러난다.

　금마지역에 잔존하는 고대, 특히 백제시대로 분명하게 판단되는 유적으로 미륵산성, 저토성, 오금산성과 같은 관방유적이 있다. 그리고 사찰로 미륵사지와 제석사지가 확인되어 있으며, 분묘는 쌍릉과 성남리 고분군이 있고, 최근까지 발굴조사가 진행되고 있는 왕궁리 유적을 꼽을 수 있을 것이다. 이외에 백제와 관련된 것으로 전하는 마룡지가[16] 있으나 구체화하기 어렵고, 이외에 유물 산포지 등으로 전하는 내용도 어느 정도 확인되나 그도 구체화하기 어려운 것들이다. 따라서 일단 내용의 검토가 필요한 것은 관방유적과 분묘 그리고 사찰 및 왕궁리 유적을 꼽을 수 있을 것이다.

---

16) 益山郡誌編纂委員會, 1981, 『益山郡誌』.
　　김삼룡, 1996, 「益山文化圈 硏究의 課題」『韓國文化史上 益山의 位置』, 馬韓百濟文化硏究所.

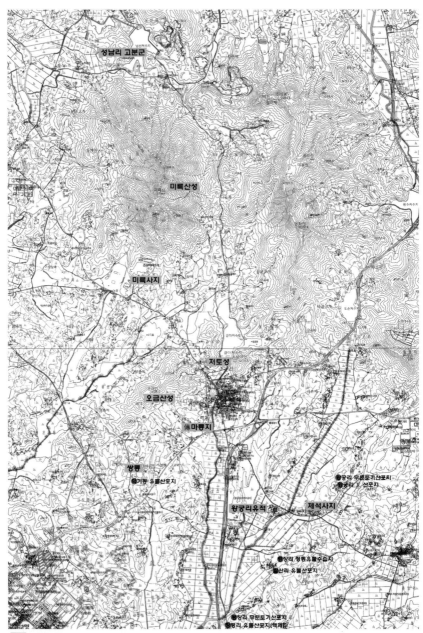

성남리 고분군

미륵산성

미륵사지

저토성

오금산성

(傳)마룡지

쌍릉

기두 유물산포지

왕궁리 무문토기산포지

용화리 (선)유물산포지

제석사지

왕궁리유적

용정리 청동유물수습지

용산리 유물산포지

왕궁리 무문토기산포지

정리 유물산포지(백제)

006 익산 금마면 주변유적 분포도(S=1 : 50,0 00)

우선 금마지역의 백제유적은 전체적으로 분포밀도가 매우 빈약하다는 특징을 앞서 지적하였다. 그럼에도 개별 유적은 나름의 특징적 면모를 갖추고 있다. 다만 그중에서 관방유적인 미륵산성이나 오금산성은 편년 문제, 즉 그것이 백제시대의 산성인가에 대한 문제가 없지 않다. 더불어 저토성의 경우도 기본적으로 고고학적 이해 진전의 필요하면서 입지나 잔존현황에서 사비도읍기의 백제시대 범주에서 볼 수 있는가의 의문이 있기는 하다. 반면에 미륵사지는 백제 불교유적 중에 최고·최대의 것으로 평가할 수 있는 것이다. 제석사지도 편년적 위치에서 그것이 금마지역에 위치한다는 점에서 중요성이 매우 크다. 여기에 쌍릉은 왕릉임에 문제가 없고, 나아가 왕궁리 유적이 실제 왕궁의 여부를 논외로 하더라도 그것이 국가시설로 봄에 문제가 없기에 그러하다.

관방유적으로 미륵산성은[17] 둘레 1,822m로 현재는 문지, 수구문, 옹성, 장대지, 건물지 등의 시설이 잔존하는 일명 箕準城 또는 龍華山城이라고도 불리는 미륵산 동사면을 감은 포곡식 산성이다. 성내에서는 수습기와 중에 '金馬郡凡窯店'이란 명문, 이외의 토기 등을 토대로 백제시대에 축조된 것으로 보기도 한다. 더불어 저토성도[18] 해발 80m, 비고 약 50m의 남북으로 세장된 독립봉의 허리를 테머리식으로 감은 토성이다. 출토유물로 보아 7세기 초반경에는 축조가 이루어지기 시작한 것으로 판단하나 성내에서 고려시대의 도자기와 기와편도 많다. 개축의 흔적이 있어 고려시대의 재축, 그리고 조선시대에 勵壇이 설치된 것으로 보기도 한다. 한편 오금산

17) 馬韓百濟文化硏究所, 1978, 「益山彌勒山城」『百濟古都 益山地域 文化財 現況調査報告書』.
　　　　　　　　　, 2001, 『益山 彌勒山城 東門址周邊發掘調査報告書』.
　　전라북도·한국고대학연구소, 2003, 『全北 古代山城調査報告書』
18) 전라북도·한국고대학연구소, 2003, 앞의 보고서.

성은[19] 보덕성, 익산토
성이라 불리던 것으로
표고 125m의 오금산
에 위치한다. 능선을
따라 축성한 포곡식 산
성으로 둘레는 690m
이며, 산성기슭 평지
부터 수구까지의 높이
는 40m이고, 산봉까
지의 비고는 75m이

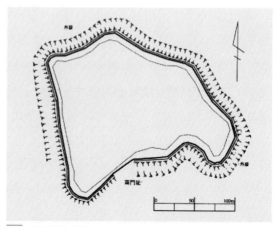

007 오금산성 실측도

다. 1980년과 1984년에 걸친 발굴조사 결과, 성변을 따라 폭 1~1.6m에
높이 0.5~0.6m의 石墻列이 파악되었다. 내부에는 폭 3m의 회랑도가 있
고 지형에 따라서는 20~30m 폭의 대지에 연결된다. 두 차례에 걸친 발굴
조사를 통해 확인된 유물은 대부부분 토기편과 기와편으로, 시기가 백제와
통일신라, 고려시대로 구분되지만 백제 말의 기와류와 토기류가 주종을 이
루는 것으로 보고 6세기말에서 7세기초 무렵에 백제 무왕과 관련하여 축
성된 것으로 판단하는 것이다.

사찰유적으로는 미륵사지, 제석사지를 꼽을 수 있나. 먼서 미륵사지는
[20] 백제 최대의 사찰터로 7세기 백제가람의 구성을 확인할 수 있는 유적 중
하나로서 무왕대의 익산 경영을 근거할 만한 국찰로 주목 받아왔다. 폐사
된 이후, 방치되어 오다 일제강점기에 서탑 및 가람배치 등에 대한 글이 발

19) 馬韓百濟文化硏究所, 1985, 『益山 五金山城 發掘調査報告書』.
   전라북도·한국고대학연구소, 2003, 앞의 보고서.
20) 國立扶餘文化財硏究所 彌勒寺址發掘調査團, 1996, 『彌勒寺』.
   국립부여문화재연구소, 2010, 『동아시아 고대 사지 비교연구』(I)(II).

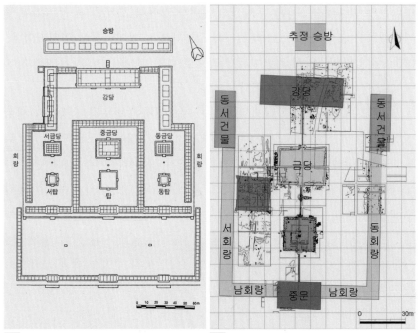

동금당

승방

강당

중금당

서금당

회랑

회랑

서탑

동금당

탑

동탑

008 미륵사지 가람배치도

추정 승방

강당

금당

동서건물

동서건물

서회랑

동회랑

남회랑

중문

남회랑

009 제석사지 가람배치도

표되면서 학계의 관심이 주목되었다. 광복 후인 1962년에 서탑이 국보 제
11호, 1963년에 당간지주가 보물 제 236호, 1966년에는 미륵사지가 사
적 제 150호로 지정되었다. 1970년대에 들어서는 가람의 실체를 규명하
기 위해 소규모의 발굴조사가 이루어졌다. 이후, 유적의 중요성에 따라 연
차발굴을 진행되었고, 2002년부터는 서탑에 대한 해체 조사가 진행되었으
며, 2009년 1층 해체조사를 추진하던 중 심주석 상면 중앙에서 사리공이
발견되기도 하였다. 특히 사리공 내부에서 금동제사리호와 금제사리봉안
기 등이 확인된 바 있다. 금제사리봉안기는 미륵사의 창건목적과 시주석탑
의 건립연대 등을 정확히 밝히지만 미륵사의 건립 계기와 『三國遺事』의 역
사서로서의 사료적 가치에 대해 많은 논란을 불러일으키기도 한다. 아무튼

다년간의 학술발굴조사를 통해 동시대의 가람에서 찾아볼 수 없는 독특한 가람배치와 조영방법을 보여주는 백제 최대의 사찰이었음이 확인되었다. 3개소의 일탑일금당식 가람이 유기적으로 합쳐진 삼원가람은 유래를 찾아 볼 수 없는 독특한 가람배치이다.

그리고 제석사지는[21] 백제 무광왕이 지모밀지에 천도하고 정사를 새로 경영하였는데, 정관 13년(639년) 기해년 겨울 11월에 뇌우로 인해 7급 부도, 불당, 랑방이 모두 불탔다는 기록에 근거하는 사찰이다. 1993년에 금당과 강당의 개괄적 인식 후에 2007 2008년의 발굴조사로유구의 개별적 조사가 산발적으로 진행되다가 2009년 전면적 정밀발굴조사를 통해 목탑, 금당, 강당, 중문, 동건물지, 회랑, 가마터, 승방지를 발굴 조사하여 사찰의 구체적 성격이 확인되었다. 1탑 1금당식의 전형적 백제 가람으로 두 차례에 걸쳐 증축되었음이 확인되고, 그것은 기록의 정관 13년(639년) 소실과 관련된 것으로 본다거나, 일부 건물을 재건하였는데 강당 등은 고려시대까지 운영된 것으로 본다. 연화문수막새와 인동당초문암마새, 인장와, 금동제품 등이 확인되었는데, 대체로 미륵사지보다 먼저 창건된 것으로 봄이 일반적이다.

한편 왕궁리 유적은[22] 본래 오층석탑의 존재를 기회로 주목되었던 것인데, 관련 기록이나 조사결과에 기초하여 백세 무왕기의 천노나 이궁의 설치 결과로 남겨진 유적으로 인정하는 것이다. 1989년부터 발굴조사가 진행되어 2010년 말까지 22년간 전체 약 120,000㎡ 중 2/3에 해당되는 지역에 대해 전반적인 발굴조사가 이루어졌다. 왕궁리 유적은 평면 직사각형 형상으로 사방에 성벽을 돌려 쌓은 궁성 구조를 갖춘 유적이다. 내부는 경사면을 따라 석축 단을 두면서 평탄대지를 조성하고 거기에 다양한 건물지

---

21) 국립부여문화재연구소, 2010, 앞의 책.
22) 國立扶餘文化財研究所, 1992~2012, 『王宮里』.

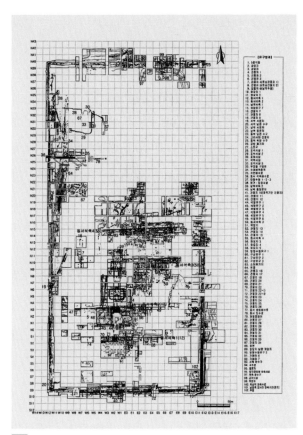

를 조성한 것이 확인된다. 전체 범위 중에 약 2/3에 해당되는 범위에 대한 발굴조사가 이루어졌다. 그 결과 내부의 대규모의 성토층, 동서·남북 방향의 축대를 통해 동서남북의 구획이 이루어졌다는 점, 나아가 독특한 구조의 대형 건물지라던가 와적기단 건물지 등의 현황이 확인되었다. 나아가 서북쪽에 공방이라던가 대형 화장실도 확인하여 내부 공간의 활용 양상도 어느 정도 복원할 수 있는 것으로 본다. 이외에 동쪽에 연지, 수조시설, 배수 및 집수시설과 한 세트를 이루는 정원도 확인되어 백제 정원건축의 전형으로 보기도 한다.

　　마지막으로 분묘유적으로는 성남리 고분군이[23] 있다. 성남리 고분군은

---

23)　圓光大學校博物館, 1997, 『益山 城南里 百濟古墳群』.

1986년 지표조사에서 처음 발견된 것인데, 고분의 대부분이 자연유실과 도굴로 인해 석재가 지표상에 노출되어 있거나, 내부를 들여다 볼 수 있는 상황이었다. 이후 1995년에 22기의 고분에 대한 발굴조사가 실시되었으며, 조사과정에서 중복되는 유구가 발견됨에 따라 총 28기가 실제 조사되었다. 조사결과, 총 28기의 고분 중 유형을 판단할 수 있는 백제고분은 횡혈식 석실묘 12기와 횡구식석실묘 7기로 확인되었다. 대부분의 고분이 자연·인위적으로 파괴되어 1~2매의 석재만이 남아 있거나 바닥의 부석만이 잔존하였다.

이상으로 금마지역의 백제 유적은 쌍릉을 제외할 경우 관방유적인 미륵산성, 저토성, 오금산성과 불교유적인 미륵사지와 제석사지 그리고 왕궁리 유적, 분묘유적인 성남리 고분군을 살필 수 있었는데, 이중에서 미륵사지와 제석사지, 그리고 왕궁리 유적을 제외한 관방유적, 분묘인 성남리 고분군은 거리나 성격에서 다른 유적과 일반화하기는 다소 문제가 있음을 알 수 있다.

4. 金馬地域 百濟遺蹟의 再認識

앞서 살핀 것처럼 금마지역의 백제 유적으로 쌍릉을 살피면서 그것이 무왕과 왕비의 능으로 비정하여 보았다. 이외에 쌍릉을 중심으로 주변에 산재한 미륵사지를 비롯하여 제석사지, 왕궁리 유적과 함께 산성으로 미륵산성, 저토성, 오금산성, 그리고 약간 이격되어 있는 성남리 고분군의 현황도 살폈다. 이들 유적은 대부분 백제시대의 것으로 30대 무왕과의 인연이 언급되면서 익산 천도설의 실증적 자료로 봄이 일반적이다. 나아가 백제의 사비도읍기 금마지역이 어떤 위치를 갖는가를 가장 분명하게 대변하는 물질자료로서 그에 연동된 집단의 위치나 행위를 가늠할 수 있는 것들이다. 따라서 이들 유적의 조영주체들과 관련한 행위가 전개되었음을 증거하는 것이기에 유적의 성격이 무엇인가에 따라 금마지역의 백제시대 사회·정치적 위상도 정립될 수 있을 것이다.

주지된 것이지만 금마지역의 백제 유적의 조성 시기는 아무래도 사비도읍기, 그것도 후반경인 7세기대의 어간에 집중되는 것으로 볼 수 있겠다. 가장 적극적 자료는 미륵사지일 것인데, 적극적 편년자료인 서탑의 사리기가 제시한 630년대 어간의 시간 축은 미륵사지의 창건 즈음으로 봄에 문제가 없을 것이다. 아울러 쌍릉의 경우 그것이 무왕릉으로 인정할 수 있기에 빨라야 640년 이후에 조영된 것으로 볼 수밖에 없다. 한편 제석사지가 『觀世音應驗紀』의 기록이 적시한 사찰이 분명하다면 그것도 639년 이전에 창건된 것으로 볼 수 있을 것인데, 기록의 신빙에 문제가 있다. 다만 제석사지의 경우도 목탑을 갖춘 사찰로 석탑과 목탑의 관련 속에 적어도 미륵사지보다는 선행한 사찰이 아닌가 여겨지나, 그렇다고 7세기를 벗어나는 것으로 보기는 어렵다. 그리고 왕궁리 유적의 경우 조성시기를 구체화할 수 있는 자료가 거의 없어 편년적 위치를 분명하게 가늠하는데 한계가 있다. 그런데 이것도 건축양식에서 대부분 초석건물의 마련이라던가 와당 등의 편년지표가 될 수 있는 것들을 당시 도읍지인 사비지역의 것들과 대비되는 것이 크기 않다는 점에서, 이들도 7세기대를 벗어나는 것으로 보기는 어려울 것이다. 다만 관방유적으로 미륵산성이나 오금산성 그리고 저토성의 편년적 위치를 7세기대로 한정할 수 있을까에는 의문이 있다. 이는 잔존 성체에 대비되는 동시기 자료의 결여와 함께 관련 유물을 통한 편년위치를 적극적으로 마련하기 어렵기 때문이다. 그럼에도 금마지역의 백제 유적은 이들 관방유적을 제외하면 대체로 7세기대로 한정된다는 특징을 보인다.

한편 금마지역의 백제유적이 시기적으로 7세기대 이후에 한정된다는 사실과 더불어 전체 유적을 종합할 경우 분포밀도가 빈약하면서 유적 내용이 지나치게 단순하다는 정황이 발견된다. 물론 유적을 종류상으로 보면 비교적 다양하다. 분묘를 비롯하여 사찰, 그리고 관아나 관방유적 등이 포

금마지역과 미륵사지

함되어 균형적 내용을 갖춘 것으로 볼 수도 있기 때문이다. 그런데 보다 세부적 현황을 살피면 특정한 성격의 유적만이 존재할 뿐이다. 우선, 관방유적으로 산성인 미륵산성과 저토성 그리고 오금산성이 존재하나 성격상 동시기의 것인가에 의문이 있기에 일단 예외로 하여야 할 것 같다[24]. 더불어 분묘의 경우도 쌍릉과 성남리 고분군이 있지만 후자는 지나치게 이격된 거리에 있어 함께 검토하기에 주저된다. 이로 보면 금마지역에서 발견된 백제 유적은 미륵사지와 제석사지의 2개 유적, 그리고 분묘로서 쌍릉, 궁성, 관아 등의 시설로 볼 수 있는 왕궁리 유적만이 존재할 따름이다.

---

24) 미륵산성이나 오금산성의 경우 백제시대 산성으로 판단하나 성체나 관련 유물에서 7세기대 백제산성을 지표할 증좌는 매우 빈약하다는 점에서 그러하다.

그리고 이처럼 소수의 특수한 유적들도 나름의 또 다른 존재특성을 살필 수 있다. 금마지역의 백제유적 중에서 가장 주목되는 것이 미륵사지라는 것에 의문은 없을 것이다. 이 미륵사지는 오히려 백제의 불교유적 중에 가장 대표적인 것으로 볼 수 있는 것이다. 이 불교유적 7세기 전반경에 창건되었다는 시간표와 함께 초기형 석탑의 존재, 무왕과의 관련성, 백제 미륵신앙의 상징물 등의 유적 본래의 속성이 자못 중차대하게 평가될 수 있는 것이다. 그럼에도 고대 불교사찰로 도읍지가 아닌 지방에 자리하고 있다는 점은 매우 특이한 현상이다. 이러한 정황은 제석사지도 마찬가지이다. 제석사지가 목탑을 갖춘 1탑, 1금당의 백제 사찰로서 타당성이 인정된다면 적어도 미륵사지보다 선행의 유적으로 볼 수 있기에, 익산지역에 일찍부터 백제 불교유적의 조영이 있었음을 보여주는 것이다. 의문은 왜 그처럼 중요한 불교사찰이 도읍지가 아닌 금마지역에 만들었을까라는 점이다. 물론 이에 대한 대답은 단지 무왕과 익산과의 인연에서 찾는 것이 현재까지의 정황이다.

쌍릉도 분묘로서 그것이 왕릉인데, 금마지역에 조영되었다는 특이성이 있다. 그런데 더욱 주목되는 것은 분묘유적은 금마지역에서 쌍릉이 유일한 것이란 사실이다. 쌍릉의 분묘군도 그것이 고분군이지만 대왕릉, 소왕릉으로 불리는 단 2기의 무덤만 있을 뿐이다. 즉 금마지역의 분묘유적은 전 지역에 쌍릉의 대왕릉, 소왕릉 2기가 전부라는 특이성이 있다.

주지되듯이 백제시대의 유적 대부분은 아마도 분묘라는 사실을 부정하기 어렵다. 더불어 백제분묘유적의 특징은 다수의 무덤이 대규모로 군집되어 존재한다는 점이다. 물론 묘제라던가 시기에 따른 차이는 있다. 예컨대 한성도읍기에 성행하던 토광묘 계통의 분묘는 수십기나 수백기가 군집되지만, 웅진, 사비기에 성행한 석실묘는 적개는 십여기나 수십기가 군집되어 숫자상으로 차이를 보이기도 한다. 물론 이러한 분포정황은 왕릉도 마찬가지이다. 한성도읍기 왕릉지역으로 보는 석촌동 고분군에 수백여기의 분묘가, 공주 송산리 고분군의 경우도 십여기 이상의 분묘가 군집된 상황이다. 이는 능산리 고분군도 마찬가지이다. 이처럼 백제 고분군은 그것이 일반 분묘군이든 왕릉이든간에 숫자상으로 다수의 무덤이 군집됨이 일반적이다.

그런데 쌍릉은 대왕릉, 소왕릉으로 구분된 2기의 석실묘만 잔존한다. 물론 조사 미비도 문제가 될 수 있겠지만, 쌍릉의 유적범위에서 더 이상의 분묘는 확인되지 않는 것으로 미루어 일단 2기의 분묘만 잔존한 것으로 볼 수밖에 없다. 결국 쌍릉이란 분묘유적은 백제 분묘의 분포정황, 왕릉의 정황과는 상당한 차이를 가진 것으로 지적할 수 있을 것이다. 여기에 주변에서 또 다른 분묘군도 아직은 확인되지 않는다. 적어도 금마지역의 범위에서 쌍릉과 동시기로 판단될 수 있는 분묘군은 미륵산 뒤쪽의 성남리 고분군이 가장 가깝지만 금마지역의 범주에 넣기에는 너무 먼거리에 있다.

한편 왕궁리 유적의 존재 특성도 남다르다. 왕궁리 유적의 경우 단일 유적으로 외곽에 성곽이 돌려져 있고 내부에 중요시설로 판단할 수 있는 건물지 등이 비교적 규칙적으로 배치되어 있어, 이름처럼 그것이 백제의 궁성 즉 왕궁으로 봄이 일반적이다. 그런데 그것이 왕성이나 왕궁과 관련된 시설인가를 구체적으로 입증할 수 있을까에 대한 해답은 아직은 어렵다고 여겨진다. 왕궁으로서 정합성에 발굴된 유적의 내용에서 왕궁에 타당한 품격과 내용이 검증될 수 있는가에 의문이 있기 때문이다. 이는 발굴조사로 드러난 유구, 즉 건물의 배치에서 왕궁을 추정할 수 있는가, 정청이나 왕의 거처 등을 추정할 내용을 설명할 수 있는가 등의 의문이 여전히 미진한 채 남겨져 있기 때문이기도 하다. 오히려 넓은 정원의 존재가 과연 백제의 궁성건축에 부합하는 것인가, 대형 건물이 한쪽에 치우쳐 배치되었는데 그 이유는 무엇인가, 궁성 즉 관아시설이었음에도 후대에 종교 즉 불교의 사찰이 마련된 배경은 무엇인가의 의문도 여전하다.

결국 익산 금마지역에 잔존된 백제시대의 유적을 종합하면서 그 존재특성을 살필 경우, 가장 주목되는 것은 단발적이면서 집중적 형태, 즉 소수이면서 핵심적 기능만을 가진 유적만이 그것도 금마지역이라는 한정된 범위에 존재한다는 점일 것이다.

쌍릉의 존재 특이성은 앞서 살핀 바와 같다. 물론 도읍지에나 성행했을 법한 불교사찰이 그것도 2지역에 만들었다는 특수성이 엿보인다. 여기에 왕궁리 유적도 규모와 내용면에서 나름의 위상을 인정할 수 있지만 섬처럼 고립된 위치에 덩그라니 남겨져 있다는 특징이 있다.

물론 금마지역의 백제 유적의 존재 의미를 쌍릉의 존재를 비롯하여, 무왕과의 관련 설화가 깊게 뿌리하고 있다는 점에서 무왕의 익산과 인연에서 비롯된 물질자료로 봄에 의문은 없다. 쌍릉을 무왕릉으로 볼 수 있음에 왕의 익산과 인연 속에서 무덤을 만들었을 것이 분명하기 때문이다. 그런데 이들 유적의 존재 의미를 무왕의 익산천도라는 정황으로 확대 해석할 수 있을까라는 점이다. 특히 금마지역 백제유적의 고고학적 정황으로 미루어 천도라던가, 도성의 건설 결과로 판단하기는 주저됨이 없지 않다는 것이다.

백제 익산천도 주장의 주된 논거는 물론 관세음응험기의 기록이었고, 논거의 실증자료로 금마지역의 백제유적이 자주 언급되었다. 특히 천도는 도읍의 이전이기에 익산, 즉 금마지역에 새롭게 도읍이나 도성이 건설되었고, 그 잔흔이 왕궁리 유적을 비롯한 백제 유적으로 보는 것이다. 물론 금마지역의 백제 유적이 7세기 전반대라는 특정시기에 국한된다는 점과 왕릉, 궁성, 사찰 등의 고대국가 도성이나 도읍내에 잔존되는 전형적 유적이 있다는 점에서 천도라는 결론에 나름의 타당성을 가질 수도 있다. 그러나 개별 유적의 정황과 함께 존재 특성에 근거할 경우 이들 자료만으로 도읍이나 도성을 추정할 수 있을까는 여전한 의문으로 남기 때문이다.

우선은 금마지역 백제유적의 존재 정황으로 미루어 그것이 도읍이나 도성과 관련된 시설로 판단하기 어렵다는 점에 대해서이다. 그중에서 가장 큰 의문은 쌍릉과 불교사찰, 그리고 궁성 유적으로 보는 왕궁리 유적이 하나의 권역으로 볼 수 있는 범위에 잔존하는데, 분묘와 사찰, 그리고 분묘와

궁성이 함께 조성되어 있는 것은 이를 도성이나 도읍의 범주에서 이해하기 어려운 구성내용이다. 단언은 어렵지만, 사비도읍지의 경우 분묘는 도성의 외곽, 그것도 바깥에 조성한다고 봄이 일반적 인식이다. 그런데 금마지역에서는 쌍릉, 그것도 왕릉이 도성의 범위 내에 함께 있을 수밖에 없는 정황이 연출된다. 이에 대해서는 왕궁리 유적만을 왕성으로 보고, 그것이 도성이었다고 볼 경우에는 문제될 수 없겠지만 이 경우 천도의 구체적 실상을 논거하기가 사실상 어렵다는 문제가 다시 제기될 수 있기도 하다.

　나아가 왕궁리 유적의 경우도 앞서 언급된 것처럼 그것이 왕성이나 왕궁인가는 보다 많은 검토 및 자료가 필요하다. 특히 발견된 유적이나 유물에서 수공업 흔적의 존재처럼 자급자족적 단위 유적으로 평가될 수 있음에서 그것이 왕성인가라는 점에 의문이 없지 않다. 특히 금마지역을 천도된 도읍지로 판단할 경우 도읍을 지탱하고 유지하는 핵심인 주민의 존재를 입증할 수 있는 유적이나 유물이 아직은 전혀 확인되지 않는 것은 금마지역 백제 유적을 익산천도의 결과로 보기 어렵다는 적극적 논거가 될 수 있을 것이다.

그렇다면 금마지역의 백제유적의 존재 의미는 무엇일까라는 의문이 남는다. 물론 앞서 언급된 것처럼 이들의 조성시기가 7세기 전반대인 무왕기에 집중되고, 설화지만 미륵사지의 창건설화에서 무왕과 익산의 인연이 범상치 않음에서 유적의 조성배경을 찾을 수 있을 것이다. 물론 인연이 무엇인가를 구체화하기는 어렵다. 서동설화 관련한 무왕의 탄생지로서 금마지역이 주목되거나, 무왕의 배경세력으로 금마지역을 주목하는 경우도 있지만, 어느 것도 구체화하기는 어렵다. 특히 후자의 경우 금마지역이 무왕을 지지하는 배경세력으로 보고, 이를 위해 관련 유적이 조성되었다는 견해도 있지만, 고고학적으로 그에 상응되는 유적·유물이 아직은 확인되지 않기 때문이다.

그런데 금마지역 유적의 분포정형을 보면 나름의 특징도 있다. 먼저 주목할 수 있는 것이 쌍릉으로, 앞서 언급된 것이지만 이들은 왕릉임에도 대왕릉, 소왕릉으로 구분된 2기만이 존재한다. 무덤의 구조속성상 비슷한 시기의 것으로 봄에 문제가 없기에 무왕과 왕비의 쌍릉으로 분류함에 의문이 없다. 반면에 구역 내에는 이들 2기의 분묘 외에 또 다른 무덤은 존재하지 않는다. 물론 무왕 이후의 왕릉을 조성할 왕계의 단절과 무관치 않겠지만, 무덤구역만이 아니라 일정한 반경의 범위 내에 다른 무덤이 존재하지 않는 특이성도 있다.

이는 쌍릉이 위치한 구역을 능역으로 설정하면서 다른 무덤의 조성을 규제한 결과로 볼 수 있을 것이다. 나아가 이는 백제왕실의 왕릉구역 설정의 새로운 모습이기도 하지만, 나름의 가능성도 없지 않다. 백제의 사비도읍기, 특히 무왕대의 성장 강화된 왕권을 고려할 경우 그에 상응하는 능역의 조성이 이루어졌을 것으로 봄에 문제가 없을 것이기에 그러하다.

금마지역 백제유적으로 쌍릉의 존재는 왕의 존재에 비견되는 것이다. 그런데 사비도읍기 능역이었던 능산리 고분군 곁에 잔존된 능사는 성왕의 기원 사찰로, 능역에는 관련된 다양한 시설이 마련될 수 있음을 보여주는 사례이고, 그러한 정황은 쌍릉에도 적용할 수 있을 것이다. 따라서 일단 쌍릉을 중심으로 금마지역의 일정한 범위를 능역범위로 설정한 다음에 관련 시설을 조성하였을 것으로 봄에 문제가 없을 것이다. 금마지역에는 제석사지와 미륵사지가 존재한다. 이들은 무왕의 익산과의 인연에서 창건한 것으로 전하기에 능역설정의 가정이 타당하다면 쌍릉에 선행하여 조성된 것으로 보아야 한다. 따라서 쌍릉이 거기에 자리한 것은 오히려 이들 불교시설과 관련된 것으로 볼 필요도 있다. 그러나 이들 사찰은 왕릉인 쌍릉의 존재와 무관할 수 없을 것으로 조영의 선후와 관계없이 쌍릉이란 왕묘의 존재에 부속될 수밖에 없었을 것이다.

그런데 이 경우 문제로 남는 것이 왕궁리 유적이다. 쌍릉과 불교사찰인 제석사지와 미륵사지의 관련을 추구할 경우 왕궁리 유적은 전혀 별개의 존재로 남기 때문이다. 그런데 앞서 본 것처럼 왕궁리 유적이 왕성이나 궁성으로 기능한 것이라면 왜 주변에 관련된 동반유적이 전혀 없이 단순히 그것만 독립된 형태로 존재하는가의 의문이 남았는데, 이 왕궁리 유적도 쌍릉과 관련된 시설이 아닌가 추정하여 본다.

왕궁리 유적의 유적내용이나 존재 특성으로 미루어 나름의 어색함이 많다는 것은 앞서 지적하였다. 그런데 그러한 부조화는 왕궁리 유적을 왕성이나 궁성, 즉 도성내의 왕궁시설이란 결론적 전제에서 살핀 결과들이다. 반면에 도성내의 왕성이나 왕궁이 아닌 다른 기능, 즉 쌍릉에 부수된 관련시설이란 전제를 마련한 다음의 이해가 오히려 자연스럽지 않은가 여겨진다.

백제 말기, 그것도 쌍릉이 조성될 즈음의 백제왕실의 상장의례를 구체화할 수 있는 것은 전혀 없다. 다만 상장의례 후에 석실묘로 분묘를 남긴다는 사실은 분명하다. 여기에 시대가 약간 소급되기는 하지만 적어도 성왕대에는 능묘의 곁에 사찰을 조성하여 명복을 기원하는 모습은 확인되는데, 이러한 정황은 능묘에서 관련 의례가 지속되는 것을 알게 한다. 즉 부여 능산리 고분군 곁에, 그것도 도성의 바깥에 왕의 명복을 항상적으로 기원하는 사찰을 조성하였음은 백제왕실이 무덤의 조성 후에 매장지에서 상장의례가 지속적으로 실행되었다고 봄에 문제가 없다는 것이다. 이러한 의례는 쌍릉에서도 예외는 아니었을 것이다. 물론 미륵사지나 제석사지에서 그러한 의례가 이루어졌음을 추정할 수 있을 것이다. 그런데 쌍릉은 도읍지에서 상당한 거리인 금마지역에 있다. 때문에 도읍지와 거리를 둔 금마지역의 쌍릉에서 진행되는 상장의례에 필요한 또 다른 시설이 왕궁리 유적일 가능성은 없는가와, 왕의 명복 기원행위가 반드시 불교에만 국한되었을까라는 의문과 함께 불교 이외의 의례행위가 있었고, 그 주체가 왕궁리 유적은 아닐까도 생각하여 본다.

5. 結言

익산 금마지역은 백제의 미륵사지, 제석사지, 쌍릉, 왕궁리 유적 외에도 관방유적으로 미륵산성, 오금산성, 저토성 등의 유적이 발견되어 있다. 특히 미륵사지는 백제 최고의 사찰로 손색이 없고 쌍릉은 무왕의 무덤이 분명하다. 더불어 왕궁리 유적은 왕성의 형상을 갖추고 있는 것이기도 하다. 금마지역에서 확인된 이들 백제 유적은 나름의 존재 특성이 있지만 관세음응험기의 백제 익산천도를 추정할 수 있는 기록, 『三國遺事』에 남겨진 미륵사지와 무왕과의 인연 등을 토대로 무왕이 금마지역으로 천도를 단행하였고 그 결과 남겨진 유적으로 보기도 한다.

고대사회에서 천도는 중차대한 사건이다. 때문에 천도는 국내뿐만 아니라 국외에도 널리 알려지기 마련이고 반드시 관련사서에 기록됨이 일반적이다. 그런데 백제의 익산천도와 관련한 내용은 정사류에는 거의 남겨져 있지 않고 상당히 후대에 기록된, 그것도 불교관련 기록에 그 정황이 언급되어 있을 뿐이다. 그럼에도 백제의 익산천도가 기정사실처럼 여겨지는 배경은 앞서 익산지역에 백제의 중요 유적이 남겨져 있는 것과 무관치 않다.

그런데 익산 금마지역의 백제유적을 검토한 결과 나름의 유적 특성과 존재의 특성이 파악된다. 물론 그것이 백제의 사비도읍기 그것도 후반경에 집중된다는 시대성은 주목될 만하나, 유적의 내용에서 특정의 유적이 특정지역에 한정된 형태로 존재한다는 것이다. 불교사찰의 경우 다소 이례적이지만 쌍릉인 왕릉이 상당한 능역범위에 잔존한다거나 왕궁리 유적이 독립적으로 홀로 외롭게 남아 있는 것, 그리고 도성이나 도읍을 추정할 여타의 유적즉 도시에 필수적인 생활시설이 전혀 발견되지 않는다는 것이 그것이다.

따라서 익산 금마지역의 백제 유적은 백제 30대 무왕의 익산과 인연에서 왕권의 전위물인 미륵사지 등의 사찰이 조성되고 그로 말미암아 쌍릉이 여기에 조성되어 상당범위가 능역으로 설정되어 陵園이 조성된 결과로 볼 수 있다. 그와 유관한 시설이 갖추어지면서 왕궁리 유적과 같은 시설이 마련된 것이 아닌가 추정하여 보았다.

IX 백제 은제관식과 통치체제

百濟 銀製冠飾과 統治體制

1. 序言

백제사의 구명에 가장 큰 걸림돌은 관련기록이 매우 적다는 것이다. 대체로 삼국사기에 의거한 이해외에 별다른 수단을 마련할 수 없기에 역사의 구체적 실상은 여전히 베일에 가려져 있을 뿐이다. 특히 『三國史記』란 역사서가 함유한 단편적 사실만의 기록은 백제의 700년 역사가 어떻게 변화·변천하였는지를 탐색하는데 어려움을 겪게 한다. 물론 문헌기록의 영성으로 부닥치는 한계는 이에 국한치 않을 것으로 정치·사회상의 구체적 접근에 부닥치는 한계도 적지 않다. 다행히 최근의 활발한 고고학의 활동으로 문헌기록의 한계가 어느정도 극복되고 있다고 볼 수 있을 것이다. 특히 물질자료인 유적·유물을 통해 문헌기록이 창출한 난맥상이 해결되기도 하는데 이러한 정황은 백제사 분야에서 두드러진 현상으로 대표적 사례로 관모·관식을 통한 백제의 통치체제의 이해일 것이다.

필자는 일찍이 백제 은제관식을 검토하면서 백제의 의관제 제정과 실행이 고이왕대라는 삼국사기의 기록과는 달리 물질자료인 관모·관식의 존재로 미루어 그것은 오히려 웅진도읍 후반이나 사비도읍 초반경으로 보아야 하고, 백제는 이즈음에 집권적 통치체제가 구현되었다고 본 바가 있다[1]. 이는 고고학 자료를 통한 백제의 정치·사회의 변천상은 엿본 것이다. 이후 금동관모 자료가 증가한 것을 기회로 금동관모는 한성도읍기 지방통제 방식인 담로체제의 산물이고, 나아가 은제관식은 방·군·성 체제의 산물로 정리한 바가 있다[2].

여기에서는 앞서 제시한 글, 즉 「백제의 관식·관모와 지방통치체제」란 제목으로 발표한 논고에서 사비시대에 해당되는 은제관식과 방·군·성체제의 문제와 관련한 글을 분리하여 정리하고자 한다. 따라서 논고의 기본 줄거리는 「백제의 관식·관모와 지방통치체제」에서 일탈되지 않을 것이지만 후반부에 한성도읍기 담로체제와 관련된 부분을 제외하면서 재정리하여 「백제의 은제관식과 통치체제」라는 별도의 제목으로 제시하였다.

주지되었듯이 은제관식은 금동관모와 더불어 백제의 통치체제에 대한 이해를 제공하는 물질자료이다. 그중에서 보다 주목되는 것은 웅진·사비기의 유물로 판단되는 은제관식인데 이는 한성도읍기의 유물루 편년되는 금동관모와 더불어 백제의 통치체제에 대한 이해에 있어 관건이 되는 유물이다. 사실, 관모·관식은 의관을 갖추는데 사용되는 장착품으로 관모는 전체가 모자의 형태를, 관식은 모자를 장식하는 부속품으로 구분할 수 있다. 그러나 모두 머리를 장식하는 지위의 상징물이기에 이들은 위계에 따라 차별적으로 사용된다. 그리고 백제는 일찍부터 衣冠制[3]가 시행되었음을 『三國

---

1) 李南奭, 1990, 「百濟 冠制와 冠飾-冠制 冠飾의 政治史的 意味考察-」『百濟文化』20, 百濟文化硏究所.
2) 李南奭, 2008, 「百濟의 冠帽·冠飾과 地方統治體制」『韓國史學報』33, 高麗史學會.
3) 衣冠制는 왕이나 관료가 공식석상에서 착용하는 복장과 관에 대한 규정(노중국, 2003, 「삼국의 관등제」, 『강좌 한국고대사』2, 163쪽)으로 기왕의 색복제라던가 공복제와 더불어 관식이나 관색을 포함하는 용어로서의 합당함이 지적된 것을(김영심 2007, 「백제의 중앙지배조직」, 『百濟의 政治制度와 軍事』(百濟文化史大系硏究叢書 8), 충청남도역사문화연구원, 97쪽) 원용하여 따른다.

史記』는 전하며[4], 그러한 의관제의 실상을 보다 심층적으로 실증·이해할 수 있는 은제관식을 비롯하여 금동관모 자료가 풍부하게 축적되어 있다.

이러한 고고학 자료의 현황은 나름의 백제사 해명에 의미가 있다고 여겨져 이미 그 개괄적 현황에 대한 검토가 있었다[5]. 아울러 최근 자료가 증가하면서 그 유용성의 인식 속에 보다 확대된 검토도 이루어져 있다[6]. 나아가 최근에는 은제관식 뿐만 아니라 금동관모의 자료가 보다 크게 축적되어 이를 종합할 경우 시간·공간적 측면에서 이들의 존재의미를 보다 확대하여 이해할 수 있을 뿐만 아니라 이를 통한 통치체제의 변화까지도 재음미할 수 있게 되었다고 본다.

여기에서는 새롭게 증가된 백제의 관모·관식자료의 존재를 주목, 이들 자료가 백제사회의 位階性 구현의 산물이었다는 점을 염두에 두면서, 제도로서 시행된 의관제와의 부합문제를 다시 한번 검토하고, 이를 토대로 백제의 중앙과 지방간 통치체제 변화의 실상을 살피고자 한다. 특히 금동관모에 이어 등장하는 은제관식을 토대로 백제의 통치체제 변화의 단면을 살펴보고자 한다. 논고의 진행은 자료의 실상을 정리하고, 이어 이들의 의관제의 부합문제를 검토한 다음에 그 자체의 존재의미를 살피도록 하겠다. 관모·관식의 존재의미는 백제의 중앙과 지방간의 관계, 그 변화상을 추론할 수 있는 전제가 될 수 있을 것이다. 특히 백제 관모·관식은 제도나 실물상으로 성격이 분명하게 구분되기에 이들의 선·후간의 시간성, 그리고 분

---

4) 唐書云百濟 其王服大柚紫袍 靑錦袴 烏羅冠 金花爲飾 素皮帶 烏革履 官人盡緋爲衣 銀花飾冠 庶人不得衣緋紫(『三國史記』卷 第三十三 雜誌 第二 色服條).

5) 李南奭, 1990, 「百濟冠制와 冠飾」, 『百濟文化』 20집, 공주대학백제문화연구소, 5~20쪽.

6) 백제 관모·관식의 검토는 朴普鉉(1999, 「銀製冠飾으로 본 百濟의 地方支配에 대한 몇 가지 問題」, 『科技考古研究』 5)이 은제관식의 형태와 그 의미가 추가로 논급된바 있으며, 최근에 금동관모가 발견되는 것을 기회로 노중국(2005, 「금강유역의 백제 영역화와 문화적 변화」, 『4~5세기 금강유역의 백제 문화와 공주 수촌리유적』, 충남역사문화원 5회 심포지엄)이 지방통치 측면에서 검토가 이루어진 바가 있다.

포에 따른 공간성의 탐색은 제도로서 의관제의 정립이나 변천, 그리고 백제의 중앙과 지방간의 관계를 살필 수 있는 것으로 이를 통한 백제의 지방통제의 면모도 추론할 수 있을 것이다.

2. 百濟 衣冠制와 冠帽·冠飾

(1) 관모·관식자료

백제의 관모·관식자료로 관모는 공주 수촌리, 서산 부장리, 익산 입점리, 나주 신촌리, 고흥 안동 고분 출토품이 있다. 그리고 형태가 모호하지만 천안 용원리 출토의 금동제품도 관모 장식으로 판단한다. 관식은 무령왕릉 출토 왕과 왕비의 금관식 외에 은제관

001 나주 신촌리 출토 금동관모

식 다수가 존재한다. 은제관식으로는 부여 하황리 출토품을 비롯하여 염창리, 능안골 등의 유적과 논산 육곡리, 남원 척문리, 나주 흥덕리 등지의 자료가 있는데 이들은 모두 분묘 출토품이다. 이외에 최근 익산 미륵사지 서탑의 해체과정에서 사리장엄과 함께 은제관식이 출토되어 주목된 바 있기도 하다. 이들 관모·관식은 일단 용원리 유적 출토 관모 장식을 관모에 포함하여, 금동관모로 정리한다. 이외 무령왕릉의 왕과 왕비 관식 및 은제 관식을 관식으로 구분하면서 그 현황을 살피는데 은제관식중에 미륵사지 서

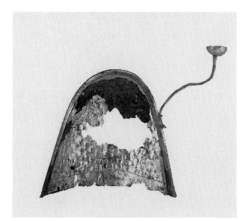
002 익산 입점리 출토 금동관모

003 수촌리 출토 금동관모

탑 출토품은 일단 예외로 하고, 분묘 출토품을 중심으로 살펴보겠다.

금동관모로 가장 일찍 알려진 자료는 나주 신촌리 9호 옹관고분 출토품이다[7]. 유적은 하나의 봉분 안에 11개의 옹관이 자리한다. 그중에서 乙棺으로 분류된 것에서 금동관모 외에 금동신발, 단봉문환두대도, 은제 삼엽문환두대도를 비롯하여 토기와 구슬 등이 출토되었다. 금동관모는 내부의 고깔모양 관모와 외부의 입식 관으로 구성되었다. 관모는 좌우 측판과 이를 고정하는 대륜과 함께 외부 관을 금동판을 구부려 타원형 관테를 만들고 전면과 좌우에 투각 초화문 입식을 세웠다. 입식의 선단에는 보주형의 형상에 화형의 작은 가지가 좌우로 3개씩 내어 만든 것이다[8].

7) 國立文化財硏究所, 2001, 『羅州 新村里 9號墳』.
8) 申大坤, 1997, 「羅州 新村里 出土 冠, 冠帽 一考」『고대연구』 5호, 5~50쪽.

익산 입점리 출토 금동관모는 횡혈식 석실묘 출토품이다[9]. 금동관모 외에 금동신발, 중국제 청자사이호와 각종 토기 등이 있다. 청자 사이호는 무령왕릉 출토품과 유사하고 금동관은 일본 후네야마 고분출토 관모의 후면 장식과 유사한 것으로 평가된다. 금동관모는 관대와 입식, 관모로 구성되었다. 관모는 2매의 반원형 金銅板을 좌우에서 맞붙인 부분에 대륜을 돌려 마무리한 고깔 모양이다. 한편 입식은 3점으로 얇은 금동판인데 타출 점선문에 의한 외연장식이 있고, 초화형 입식으로 추정되는 흔적도 있다[10].

수촌리 금동관모 출토 고분은 6기의 백제무덤 중에 1호와 4호로 구분된 토광묘와 석실묘이다.[11] 1호 토광묘는 유물로 목관 안에 금동관모와 금동신발, 금제 귀걸이, 환두대도, 금동허리띠, 중국제 청자 사이호가 있고, 목관밖에 등자, 재갈, 교구, 살포, 철부 등의 철기와 함께 직구호, 대호, 호형토기, 광구호, 발형토기 등 각종 토기류가 있다. 4호 석실묘은 관대 위에 금동관모, 금동신발, 금동허리띠, 환두대도, 청자잔, 유리구슬, 중국제 흑갈유 양이부병, 광구장경호 등이, 관대와 벽면 사이에 중국제 계수호, 흑갈유도기, 살포, 등자, 재갈, 교구, 기대, 직구단경호, 유개합, 대형옹, 꺾쇠, 관정 등의 유물이 있었다. 1호 토광묘 출토 금동관모는 내관과 전면·후면의 입식으로 구성되었다. 내관은 반원형 금동판 2장을 맞대어 만들고, 외연에 윤곽선을 돌리고 후면에 긴 대롱이 부착되었다. 한편 4호 석실묘 출토 금동관모도 1호 토광묘의 금동관모와 크게 다르지 않은 상단부가 둥근 고깔모양의 관모를 중심으로 전면과 후면에 입식을 갖추고 있으면서 후면에 수발을 세운 것으로 무늬도 1호 토광묘 출토와 대동소이한 것

9) 文化財研究所, 1989, 『益山笠店里古墳發掘調査報告書』.
10) 百濟文化開發研究院, 1992, 『百濟 彫刻·工藝圖錄』.
11) 忠淸南道歷史文化院, 2007, 『公州 水村里遺蹟』.

004　서산 부장리 출토 금동관모

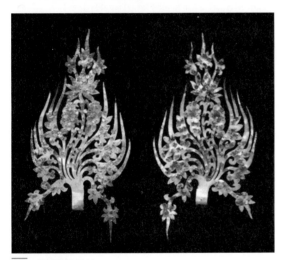
005　무령왕의 관식

으로 보고되어 있다[12].

　부장리 금동관모 출토 유적은 13기의 분구묘로 구성된 것으로 5호분에서 금동관모가 출토되었다. 동반 유물은 철제의 초두 및 환두대도, 반부 철모, 철도자, 철겸, 모시톱, 철부 외에 광구호 4점과 발 1점, 그리고 곡옥 등의 구슬이 있다.[13] 금동관모는 반원형에 가까운 내관을 중심으로 전면과 후면에 입식을 세우고 하단에 테를 두른 형태의 것이다. 관모 안에서 백화수피제가 남아 있음이 주목되기도 하였다.

　이외에 고흥의 안동고분은 1기만 조사된 것으로 석곽묘이다[14]. 금동관

12) 이훈, 2006, 「공주 수촌리 백제금동관의 고고학적 성격」 『한성에서 웅진으로』, 제6회 충청남도역사문화원 정기 학술심포지엄, 忠淸南道歷史文化院 國立公州博物館, 15~43쪽.
13) 忠淸南道歷史文化院, 2005, 『瑞山 富長里 遺蹟 略報告書』.
14) 임영진, 2006, 「고흥 안동고분출토 금동관의 의의」 『한성에서 웅진으로』, 제6회 충청남도역사문화원 정기 학술심포지엄, 忠淸南道歷史文化員 國立公州博物館, 45~56쪽.

모와 식리, 그리고 갑주 등의 유물만 있다. 토기는 없다는 사실이 특이하며, 금동관모도 앞서 살펴 본 수촌리나 서산 부장리 출토품과 매우 유사하다는 것만 알려져 있다. 그리고 용원리 9호 석곽묘 출토품은 장식의 일부만 남아 있어 정확한 형상의 복원이 어렵다. 관모는 귀걸이와 함께 머리부분에서 수습된 것으로 금박이 있는 유기질만 남아 있다. 다만 전면 모서리를 장식한 것으로 추정되는 금동금구와, 관모의 정상에 매달았던 것으로 볼 수 있는 방원형의 금판금구가 있어 관모로 추정하는 것이다. 함께 수습된 유물은 환두대도와 귀걸이, 성시구, 마구, 흑색 마연토기, 중국제 흑유계수호 및 심발형토기와 난형의 항아리 등 다수의 토기가 있다.[15]

관식 자료 가운데 무령왕릉의 왕과 왕비의 관식과[16] 나주 복암리 7호분의 자료는[17] 金製이다. 그리고 부여 하황리 전세품과[18] 부여 능안골의 33호분과 45호분 출토품[19], 부여 염창리 42호분 출토품[20], 논산 육곡리 7호분[21], 남원 척문리 폐고분[22], 나주 복암리 5호분과 16호분[23], 나주 흥덕리 석실묘 출토품은[24] 銀製이다. 이들 금·은제 관식도 부여 하황리 출토품 이외는 모두 무덤, 그것도 평천정의 횡혈식 석실묘에서 출토된 것이다.

금제관식이 출토된 무령왕릉은 백제 묘제로는 특이한 전축분으로 왕릉의 품격에 걸 맞는 다량의 유물과 함께 관식은 왕과 왕비의 것 각 1쌍이 있다. 또 다른 금제관식으로 나주 복암리 3호분 7호묘 자료는 금제로

---

15) 李南奭, 2000, 『龍阮里 古墳群』, 公州大學校 博物館.
16) 文化財管理局, 1973, 『武寧王陵』.
17) 국립문화재연구소, 2001, 『羅州 伏岩里 3號墳』.
18) 國立夫餘博物館, 1977, 『扶餘博物館陳列品圖錄』圖版 125.
19) 국립부여문화재연구소, 1998, 『陵山里』.
20) 공주대학교박물관, 2003, 『塩倉里 古墳群』.
21) 安承周·李南奭, 1988, 『論山六谷里 百濟古墳發掘調査報告書』, 百濟文化開發研究院.
22) 洪思俊, 1968, 「南原出土 百濟飾冠具」『考古美術』제9권 1호.
23) 국립나주문화재연구소, 2006, 『羅州 伏岩里 三號墳』.
24) 朝鮮古蹟硏究會, 1940, 『昭和十三年朝鮮古蹟調査報告』.

구분할 수 있지만 형태에서 다른 백제 관식과는 다르다. 즉 백제 관식은 대부분이 입식인데 반해서 7호묘 자료는 관모에 부착한 장식이란 차이가 있다[25]. 이외의 은제관식은 형태적 공통성이 돋보인다. 모두 화형이 기본으로 17-20cm정도의 중앙줄기에 좌우로 가지를 내어 보주형 꽃잎 장식을 가진 수식형으로 만든 것이다. 다만 전면의 좌우 가지의 숫자나 장식 정도에 차이만 있을 뿐이다. 대표적 사례를 육곡리 출토의 관식을 통하여 살펴보면 관식은 두께 0.06cm의 銀板을 접어 透刻으로 문양을 조성한 것으로 모양은 반으로 접힌 기본줄기를 18cm 높이로 만든 후, 좌우에 각기 2개씩의 花枝를 낸 양상이다. 관식의 끝부분에 花峯 形態의 草花를 표현하였다. 花峯은 기본줄기 상단에도 반으로 접힌 상태로 표현하여 모두 5개를 배치하였다. 또한 반으로 접은 기본줄기의 하단에서 7cm의 높이에 돌기형태가 돌출되어 있다[26]. 이러한 관식의 형태는 남원 척문리 관식, 복암리 5호묘 출토 관식 등에도 그대로 적용되는데, 특히 크기나 문양의 형태, 표현 수법이 동일한 틀에서 만든 것처럼 일치하는 점이 주목된다.

요컨대 백제의 관모·관식은 재질로서는 純金製, 金銅製, 銀製의 3종으로 구분된다. 이중 金銅製는 그 재질의 외형적 속성에서 보면 金製로 분류할 수 있다고 여겨져 크게 보면 金製, 銀製의 분류가 가능하다. 또한 형태는 무령왕릉의 관식이 草花形인 것을 비롯하여 銀製冠飾도 초화형인 것은 마찬가지이다. 다만 금동제 관모로 구분되는 자료는 관식자료와는 형태상 차이가 있으면서, 무령왕릉 관식과 은제관식이 전형적 前立飾이라는 사실과 차이가 있는 것으로 보아야 할 것이다. 그리고 관모는 금동제품으로 형상에 차이가 발견되지만 부장리나 수촌리, 그리고 길두리 출토품에서 알

25) 김낙중, 2000, 「5~6세기 영산강유역 정치체의 성격-나주 복암리 3호분 출토 위세품 분석」『백제연구』32, 충남대 백제연구소, 43~79쪽.
26) 安承周·李南奭, 1988, 『論山六谷里 百濟古墳發掘調査報告書』, 百濟文化開發研究院.

수 있듯이 형태적 유사성도 크게 나타난다. 더불어 무령왕릉 금제관식과 은제의 관식은 모두 관모와 형태가 다른 관식으로 구분된다. 이들은 유기질의 관모에 장식하였던 것으로 추정된다. 재료는 금제와 은제의 구분 외에 형태상으로 화형이란 공통점, 은제의 경우 기본 도안의 공통성과 더불어 장식의 추가에 따른 차별성도 인정된다.

(2) 의·관제 규정

관모나 관식은 머리에 장착하는 장식물로서 일종의 치장물이긴 하지만 고대사회에 있어서 의관제의 규정이 통치 질서의 확립과 표리관계에 있어[27] 관식이 의관제의 범주에 포함되면서 질서체계의 상징으로 사용된 것을 알 수 있다. 그리고 『三國史記』 잡지의 색복조를 보면 신라, 고구려, 백제의 색복규정을 적기하는데, 특히 백제는 복색 규정 외에 관식 규정도 남기고 있다. 즉 백제는 왕은 금제의 화식을, 관인 중 육품인 나솔 이상은 은제의 화식을 장식한다고 적혀 있음이 그것이다. 이를 보다 구체적으로 살펴보면 백제는 왕과 관인의 의관에 구분을 두었는데, 특히 冠制에서 왕은 오라관에 금화식을, 관인은 은화식을 사용하는데 은화식도 다만 육품인 나솔 이상의 관인만이 착용할 수 있다는 것이다[28].

기록내용을 그대로 取信할 경우 복색뿐만 아니라 관식도 관등이나 신분에 따라 차등 있게 서로 다른 것을 착용할 것을 분명하게 규정하였음을 알 수 있다. 나아가 이러한 내용은 의관제가 신분이나 관등 차에 따른 차별규정으로 존재함을 알게 한다. 특히 이러한 제도는 통치체제의 확립 즉 고대국가의 중앙집권적 절대왕권의 확립과 더불어 제정, 시행된 것으로 보아야 하기에 그 중요성은 적지 않다. 따라서 이러한 제도가 언제 마련되었고 그

---

27) 이종욱, 1977, 「백제왕국의 성장」 『대구사학』 12, 대구사학회, 55~86쪽.
27) 이종욱, 1977, 「백제왕국의 성장」 『대구사학』 12, 대구사학회, 55~86쪽.
28) 『三國史記』 卷 第三十三 雜誌 第二 色服條.

것이 구체적으로 어떻게 실행되었는가의 문제는 국가 성격의 검증에 중요한 사안이 될 수 있다. 특히 백제는 앞서 살핀 것처럼 관모와 관식의 자료가 존재하고 이들은 백제사회에 제도로서 의관제가 실행되었음을 분명하게 보여주는 것이기에 더 더욱 그러하다.

먼저 주목하여야 할 것은 백제에 의관제가 언제 마련되고 실행되었는가의 문제이다. 이와 관련하여 백제의 衣冠制 내용은『三國史記』잡지의 색복조 외에 본기에도 제정한 기사를 구체적으로 남기고 있다. 즉 백제의 衣冠制란 규제조항이 고이왕대에 이루어진 것으로『三國史記』의 백제본기에 전한다. 고이왕 27년에서 28년의 어간에 일종의 개혁이라 부를 수 있는 관등제정, 관직임명과 함께 의관제의 제정이 이루어진 것이 그것이다. 동 사서에는 27년 정월에 六佐平制를 마련하고 그들의 임무를 규정함과 동시에 관등을 제정하고, 2월에 六佐平을 포함한 十六官等 중 六品, 十一品을 계선으로 하여 관인의 복색과 관식을 규정한 것이 그것이다[29]. 이는 본기의 내용만으로 보면 대단히 체계적으로 일목요연한 의관제가 이미 고이왕대인 3세기 후반경에 마련되었다고 보아야 함에 전혀 의문을 가질 수 없게 한다.

그런데『三國史記』잡지 색복조의 문두에 있는 고구려나 백제의 衣冠制에 대한 전문에 따르면[30] 백제 의관제 제정이 과연 고이왕대에 이루어진 것인가에 대한 커다란 의문을 가질 수밖에 없게 한다. 삼국사기 잡지 색복조의 기사는 삼국의 복색규정에 대해 적고 있지만 어느 시기에 마련된 제도인지에 대해서는 전혀 추론할 수 없다. 정황도 "不可得而考"라는 내용과 함께 백제 의관규정은 중국의 歷代史書를 참고하여 고찰하였다고 전하고 있

---

29) (古爾王)27年 春正月 置內臣佐平-- 以上服紫 以銀花飾冠 十一品以上服緋 十六品以上服靑. 28年 春正月初吉 王服紫 帶踝袍 靑衾皁 金花飾烏羅冠(『三國史記』卷 第二十四 百濟本紀 第二 古爾王).

30) 高句麗 百濟衣服之制 不可得而考 今但其見於中國歷代史書(『三國史記』卷第 三十三 雜誌 第二 色服條).

을 뿐이다. 이와 관련하여 백제의 의관제 제정 시기나 내용은 본기의 내용을 그대로 취신하기 어렵다는 것을 사서 찬술경위나 내용 검토를 통해 이미 살펴본 바 있기도 하다[31].

그에 따르면『三國史記』本紀와 雜誌에 백제의 의관제와 관련된 기사가 존재한느데, 이를 통해서 백제의 의관제를 규정하는 규칙이 존재한다는 것은 인정된다. 그러나 제도로서 의관제가 마련된 시기의 경우 삼국사기 본기에 고이왕대로 알려져 있지만 이에 대해서는 상당한 의문을 가질 수밖에 없다. 적어도『三國史記』本紀의 古爾王代 제정기사의 타당성을 인정하기가 어렵다는 것이다.

반면에『三國史記』잡지의 색복조에 제기된 백제의 의관제 기록에는 중국사서의 인용이 적지 않다. 그리고 중국사서중에『周書』『北史』『隋書』에도 마찬가지의 백제 의관제 관련 기록이 상세하게 남아 있다. 그런데 이를 삼국사기의 것과 비교할 경우 큰 차이를 발견하기 어렵다. 따라서『三國史記』의 백제 의관제 관련 기록을 토대로 그 세정 시기를 살필 경우 본기보다는 잡지의 색복조 기사가 오히려 신빙성이 있는 것으로 보아야 한다.

이는 삼국사기의 의관제 관련기록의 찬술이 비록『古記』나『舊三國史』와 같은 국내 逸失 사서를 인용하지만[32], 중국사서의 인용도 적지 않음을 주목할 필요가 있다. 특히 의관제에 관한 기록은 중국사서의 기록을『三國史記』가 상당부분 채록하였다고 봄이 타당할 것이라는 전제도 있다. 이를 통해 백제의 의관제 제정 시기는 현재로서는 구체화할 수 없는 사안이다. 다만 삼국사기 등의 문헌기록에 남겨진 내용은 대체로 6세기 전반경의 사실이 반영된 것일 뿐이라는 점도[33] 유념할 필요가 있다.

---

31) 이남석, 1990, 앞의 글.
32) 『三國史記』雜誌의 官制, 色服의 내용 뒤에 "又見古記"라 명기하고 있음이 대부분이다.
33) 이남석, 1990, 앞의 글.

한편 백제 의관제와 관련된 사실 중에 이의 제정 시기에 대한 것은 구체성이 결여되었다 하더라도 그것이 제도로 실행되었다고 보는데 문제가 없다. 이는 관제시행을 실증할 수 있는 실물자료로서 관식이 존재한다. 더불어 관식 중의 일부를 기록의 내용과 대비할 경우 그 부합성에 나름의 특성이 나타나기 때문이다. 예컨대 앞서 언급된 것처럼 백제의 의관제의 핵심은 王은 烏羅의 冠에 金製花飾을 裝着하고 官人 중 奈率인 六品이상 官人은 銀製花飾을 장착한다는 점이었다.

그런데 백제의 관모·관식의 자료를 살피면서 이들을 재질로 구분할 경우 금·은제로 구분되고, 형태적으로 花飾의 형상을 갖추고 있음에서 그것이 의관제의 관련 기록과 상당히 일치하고 있음을 알 수 있다. 특히 공주 무령왕릉의 금제관식이라던가 각종의 은제관식은 왕과 관인이란 구분이 가능한 것도 알 수 있다. 다만 백제 의관제는 제도로서 시행된 것이고, 더불어 그 엄격성이 전제된다면 왕과 관인의 구분은 철저하게 이루어졌을 것으로, 이는 금제와 은제 관식의 존재로 충분하게 입증할 수 있을 것이다. 특히 금·은제 관식은 제도로 시행된 의관제의 내용에 상당히 부합하기에 그 자체로 의관제의 존재의 추정은 물론 물질자료 자체가 의관제의 산물이라는 것도 알 수 있다.

그런데 관모·관식 자료 중에서 금동관모로 분류된 것들은 의관제와 거의 부합되지 않는 것도 분명한 사실이다[34]. 그럼에도 금동관모는 실물자료로 존재하고 그것도 백제사회에 널리 유포되어 있음이 확인된다. 이는 결국 제도로 실행된 의관제로는 설명할 수 없는 사회 환경이 존재한다는

---

34) 금동관모는 재질별로 금제로 보아야 하고, 규정에 의하면 왕만이 소유할 수 있는 것으로 의관제 규정과는 상치된다. 따라서 더불어 이 금동관모는 백제의 지방사회에서 출토된 것으로 의관제 규정의 왕과는 전혀 무관한 것이기에 금동관모는 의관제 규정의 내용과는 상반되는 자료로 볼 수밖에 없다.

것을 암시하면서 이의 해명은 의관제의 제정 시기나 실행의 시기와 관련될 것이고, 이의 해명은 관모·관식자료의 시공간적 성격과 관련될 수 있을 것이다.

요컨대 백제 관모·관식자료는 금제와 은제, 그리고 금동제가 관모·관식의 형태로 다양하게 축적되어 있다. 이는 백제사회에서 실행된 제도로서 의관제의 범주에서 이해될 수 있는 물질자료이다. 그러나 백제의 의관제는 삼국사기의 기록과는 달리 구체적 제정 시기를 확인할 수 없다. 반면에 관모·관식 자료는 의관제도와 부합하는 것과 부합되지 않는 것이 존재하는데 특히 관모·관식의 구분 속에 관식자료는 제도적 틀 속에서의 이해가 가능하나 상당수의 금동관모 자료는 제도인 의관제와 전혀 무관한 상태로 존재한다. 이는 의관제란 제도의 실행시기와 관련된 것으로 볼 수 있고, 그 구체성은 관모·관식의 시공적 존재양상에서 검토될 수 있을 것이다.

3. 百濟 冠帽·冠飾의 時空間的 存在 特性

(1) 시간적 존재 특성

백제 관모·관식의 시간성 탐구는 그 자체가 지닌 특수성으로 각각의 편년문제를 가늠하기가 어렵다. 반면에 이를 출토한 유적이 분묘라는 공통점이 있어 백제묘제의 전개 틀 속에서 출토물인 관모·관식의 시간적 위치가 추구될 수 있다고 본다. 앞서 살핀 것처럼 백제의 관모·관식을 무령왕릉 출토 금제관식 외에 은제관식, 그리고 금동관모로 구분된다. 이들을 출토한 유적인 분묘의 묘제를 보면 다음과 같다. 금동관모는 토광묘로 수촌리 1호분, 석곽묘는 용원리 9호분, 고흥 길두리 안동고분을 꼽을 수 있으며, 신촌리 9호분과 부장리 5호분은 분구묘, 그리고 수촌리 4호분, 입점리 1호분은 석실묘이다. 여기에 금제관식이 출토된 무령왕릉 전축분으로 절대 년대의 추정이 가능한 것이다. 나머지 은제관식도 출토지가 불분명한 하황리 자료를 제외하면 모두 횡혈식 석실묘란 묘제적 공통성이 있다. 이들 각각의 묘제는 편년적 위치를 가늠할 수 있는 것인데[35] 이를 토대로 관모·관식의 시간적 위치도 결정될 수 있을 것이다.

먼저 토광묘에서 출토된 수촌리 1호분 출토 금동관모에 대해서이다. 본디 수촌리 유적은 백제무덤 6기로 구성되었다. 이중에서 1호와 2호가 토광묘이고, 3호는 횡구식 계통의 석곽묘, 그리고 4호와 5호가 석실묘이다. 이들 수촌리 유적의 백제 무덤은 토광묘에서 석곽묘, 그리고 석실묘으로의 변화가 추정되었고, 가장 이른 것이 토광묘로 대체로 4세기 후반에서 늦어도 5세기 전반경으로 편년된다. 물론 백제 토광묘에 대해서는 개괄적 이해 외에[36] 아직 구체적 검토가 이루어진 바 없다. 하지만 수촌리 토광묘는 석촌동 대형 토광묘, 천안 화성리 토광묘, 용원리 토광묘, 청주 신봉동 토광묘 및 공주 취리산 토광묘와[37] 대비하여 축조시기를 4세기말에서 아무리 늦어야 5세기 전반으로 보는데 문제가 없다고 본다.

한편 금동관모가 출토된 석실묘은 수촌리 4호분과 입점리 1호분이 그것이다. 그리고 수촌리 석실묘은 횡혈식 구조를 지녔지만 초기적 속성이 그대로 있어 한성도읍기인 5세기 중반이란 편년관이 마련되어 있다[38]. 수촌리 4호분은 백제 웅진도읍기의 횡혈식 석실묘과 대비될 수 없다. 묘실평면이나 연도 및 입구의 형태 및 장축이 등고선 방향으로 있는 점 등에서 횡

35) 이남석, 2007, 「백제 금동관모 출토 무덤의 검토」, 『선사와 고대』 26, 한국고대학회, 216~241쪽.
36) 권오영, 1991, 「중서부지방 백제토광묘에 대한 시론적 검토」, 『百濟硏究』 22, 충남대 백제연구소, 71~110쪽.
37) 公州大學校博物館, 1998, 『就利山』.
38) 이남석, 2005, 「수촌리 고분군과 백제묘제」, 『4~5세기 금강유역의 백제 문화와 공주 수촌리유적』, 충남역사문화원 5회 심포지엄, 27~52쪽.

혈식 석실묘의 초기적 속성이 그대로 노출되어 시기적으로 5세기 중 후반을 벗어날 수 없다고 보는 것이다[39]. 그리고 익산 입점리 1호 석실묘도 횡혈식 구조를 갖춘 것으로 산 경사면에 묘광을 굴착하여 지하 묘실을 안치하고, 우편재의 긴 연도를 갖추면서 벽체의 네면 상단을 오므려 궁륭식 구조를 갖추었다. 여기에 묘실 내부 바닥에 할석을 부석하였고 그 아래에 배수로를 시설하는 등 백제 횡혈식 석실묘의 전형적 형상을 갖추고 있는 것으로 평가된다[40]. 그러나 이 무덤도 천정을 궁륭식으로 완벽하게 조성하지 못한 점이나, 묘실 장축이 등고선 방향에 맞추어져 있는 점, 그리고 동반 출토 유물 등을 토대로 5세기 후반경이란 편년이 이루어져 있다.

신촌리 9호분은 저평한 구릉 상에 흙을 쌓아 높은 분구를 조성한 분구옹관묘이다. 분구에 11개의 옹관을 매납되어 多葬的 성격을 갖추고 있다. 옹관이 상하로 나뉘어져 있어 埋納이 순차적으로 이루어졌다는 추정도 가능하다. 나아가 고총의 분구는 옹관의 반복적 매납으로 형성된 것이다. 이 신촌리 9호분은 영산강 유역 옹관묘 문화의 중심에 자리하는 것으로, 4세기 후반[41], 5세기대[42]나 6세기 전반까지의[43] 편년관이 제시되어 있다. 그러나 신촌리 9호분은 동형의 분묘가 존재하는 나주 반남면 일원에 이미 백제의 석실묘가 유입됨에도 여기에는 석실묘의 영향이 전혀 없는 것으로 미루어 조성시기가 5세기대를 크게 벗어날 이유는 없다고 판단된다[44]. 한편

---

39) 수촌리 백제고분군의 편년문제를 다룬 논고(강인구, 2008, 「공주 수촌리 백제고분의 고찰」, 『한국학논총』 제 30집, 국민대학교한국학연구소, 442~478쪽)가 발표되었는데 이에서 수촌리 4호분의 년대를 백제 동성왕기로 보기도 하지만 백제 초기 석실묘의 수용환경에 대한 이해 차이, 특이성이 고려될 금은세공품의 편년 등에 동의하기 어려운 부분이 많아 여전히 이 유적은 백제의 한성도읍 후반기로 편년되어야 한다고 본다.

40) 文化財硏究所, 1989, 『益山笠店里古墳發掘調査報告書』.

41) 안승주, 1983, 「백제옹관묘 연구」, 『百濟文化』 15, 공주사범대학 백제문화연구소, 1~34쪽.

42) 정계옥, 1985, 「한국의 옹관묘」 『百濟文化』 16, 공주사범대학백제문화연구소, 33~70쪽.

43) 國立文化財硏究所 ,2001, 『羅州 新村里 9號墳』.

44) 이남석, 2007, 앞의 글.

부장리 5호 금동관모 출토 무덤은 묘제적으로 분구묘로 구분된다. 이도 지상에 매장시설을 만든 다음에 흙을 덮는 방식으로 축조하였다. 매장시설로 목관을 사용하였고, 외형은 평면 방형을 갖춘 한 변의 길이가 약 30m정도 규모이다. 조성은 지반상을 대강 정지한 다음에 목관을 안치하고 다시금 성토하여 큰 봉분을 조성한 것이다. 그리고 이 유적은 지역 환경, 묘제 및 출토유물에서 적어도 5세기 중반은 넘지 않는 것으로 보고 있음은 물론이다[45].

이외에 금동관모 출토 무덤 중에 석곽묘는 고흥 길두리 안동고분과 천안 용원리 9호분을 꼽을 수 있다. 이들은 묘제를 석곽묘로 구분하였지만 매장주체를 기준한 것이고, 오히려 외형은 나름의 차이가 있기도 하다. 용원리 9호 석곽묘는 구릉상에 묘광을 파고 할석으로 묘실을 구축하였다. 규모가 큰 편인데 출토된 중국제 흑유 계수호를 토대로 4세기말[46]이나 5세기 전반으로[47] 편년하고 있다. 한편 안동고분은 외형이 직경 34m에 높이 5m 정도의 분구가 있어 특이성이 있다. 그러나 매장시설은 전형적 석곽시설로 이루어진 것이며, 편년은 대체로 5세기를 벗어나지 않는다는 점에서 견해가 일치한다[48].

다음으로 관식은 먼저 금제관식으로 무령왕릉 출토품은 6세기 전반이란 분명한 시간적 위치가 부여될 수 있고, 이외에 은제관식은 하황리 자료 외에 부여 능안골, 염창리, 논산의 육곡리, 남원의 척문리, 나주의 흥덕리, 복암리 출토품 모두가 횡혈식 석실묘란 공통된 묘제에서 출토되었음을 앞서 보았다. 그런데 은제관식이 출토된 횡혈식 석실묘은 고임식이라는 구조 형식

45) 忠南歷史文化院, 2005,『瑞山 富長里 遺蹟 略報告書』.
46) 이남석, 1999,「고분출토 흑유계수호의 편년적 위치」『호서고고학』창간호, 호서고고학회, 121~135쪽.
47) 성정용, 2000,『중서부마한지역의 백제영역화과정연구』, 서울대학교대학원 박사학위논문.
48) 임영진, 2006, 앞의 글.

적 공통성도 있어 일단 편년적 위치는 6세기 중반 이후로 보아야 한다.

부여 능안골의 은제관식 출토 석실묘 2기는 전형적 횡혈식 구조를 지닌 것이다. 능안골 고분군은 약 60여기의 분묘로 구성되었고, 사비도읍기의 것이 집중되었는데, 은제관식이 출토된 36호분은 단면 6각의 고임식 구조를 화강판석으로 조성하여 6세기말에서 7세기대에 널리 사용된 묘제임을 알 수 있다[49]. 이는 염창리 은제 관식 출토 무덤도 마찬가지이다. 염창리 고분군은 7세기대 어간에서 시작된 약 330여기로 이루어진 고분군이다. 은제관식이 출토된 무덤은 Ⅲ지역 72호이며 평천정의 고임식이란 횡혈식 석실묘의 전형적 구조를 갖추고 있는 것으로, 7세기대라는 편년관을 벗어날 수 없는 것이다[50].

한편 논산 육곡리 유적도 백제 석실묘 13기가 있는데 모두 횡혈식 석실묘이다. 구조는 평천정의 단면 6각의 고임식이나 단면 4각인 수평식 구조이다. 물론 이들은 6세기말이나 7세기 전반부로 편년되는 유적인데 은제관식이 출토된 7호분도 대형 화강 판석을 조립하여 단면 6각의 고임식 구조로 조성한 것이다[51]. 이러한 현황은 남원 척문리 은제관식 출토무덤도 같은 현황이다. 이 유적은 수습조사로 알려졌지만 묘실은 평천정 구조를 갖추고 있음이 분명하다[52]. 따라서 무덤의 편년은 육곡리 등의 유적 편년관에서 크게 벗어나지 않는 것으로 볼 수 있다. 이는 영산강 유역의 흥덕리나 복암리 고분군도 마찬가지이다. 복암리 3호분의 은제관식이 출토된 2기의 분묘도 모두 횡혈식 석실묘로 평천정 유형이다. 동형의 무덤의 시간적 위치는 앞의 자료들에서 제시된 편년관에서 크게 벗어날 수 없다. 흥

49) 국립부여문화재연구소, 1998, 『陵山里』.
50) 공주대학교박물관, 2003, 『塩倉里 古墳群』.
51) 安承周·李南奭, 1988, 앞의 보고서.
52) 弘思俊, 1968, 앞의 글.

덕리 석실묘은 2실 병존형태로 나름의 구조적 특이성은 있지만 평천정에 긴 묘도를 갖추고 있어 6세기 후반이나 7세기대로 편년되는 묘제라는 점에 이견이 없다.

이상으로 백제의 관모·관식이 출토된 유적을 통해 각각의 시간적 위치에 대한 문제를 살펴보았다. 가장 큰 특징은 관모·관식 자료 중에 금동제 관모로 분류되는 것과 은제관식으로 분류되는 것이 일정한 시점을 기준하여 전후로 뚜렷하게 구분됨을 알 수 있다. 즉 금동관모는 모두 5세기나 그 이전으로 편년된다. 반면에 은제관식은 6세기나 7세기대로 편년되는 것뿐이다. 이는 금제관식이 출토된 무령왕릉을 기준으로 보면 금동관모가 그 이전으로, 그리고 은제관식은 그 이후로 시간적 구분이 이루어짐을 알 수 있다.

(2) 공간적 존재특성

관모·관식의 존재양상은 금동관모가 도읍지를 제외한 백제 지방사회의 전역에서 발견되었음이, 그리고 은제관식은 도읍지는 물론 지방사회 전역에서 광역적 분포양상을 드러내면서 존재한다는 특징이 있다. 특히 금동관모는 백제의 지방사회 각지에 존재하는데 해당지역의 고유한 전통문화 속에 포함되어 있다. 은제관식은 백제문화가 중앙과 지방의 구분없이 통일적 상황이 조성된 환경에 잔존한다는 특징도 발견된다. 이를 유념하면서 각각의 유적 존재현황을 토대로 관모·관식의 공간적 특성을 유추하여 보겠다.

먼저 금동관모가 발견된 유적은 천안 용원리, 공주의 수촌리, 서산의 부장리, 익산의 입점리, 나주의 신촌리, 고흥의 길두리로 지역적으로 백제의 전역에 망라되는 비교적 광역적 분포를 나타낸다[53]. 이는 금강유역, 영산강유역을 넘어 남해안까지를 아우르는 분포권임을 알게 하는데, 앞서 살

---

53) 이남석, 2007, 앞의 글.

핀 것처럼 금동관모의 시간성이 적어도 한성도읍기에 국한된다는 점을 고려할 경우 이러한 분포 양상은 동시기에 백제와 관련된 지역의 범위가 매우 넓게 형성되었음을 알 수 있다는 점에서 시사되는 점이 많다. 그런데 금동관모가 출토된 각각의 유적은 비록 묘제를 통해 추론하는 것이지만 사회·문화적 통일성보다는 해당 지역의 고유한 전통문화가 깊게 잔존된 환경을 유지하고 있다는 점이 크게 주목된다.

먼저 천안 용원리 유적은 토광묘와 석곽묘가 혼재된 4세기대에서 5세기 전반대로 편년되는 것으로 청주 신봉동이나 봉명동 유직, 그리고 화성 마하리 유적과 동일한 성격으로 비교되는 유적이다[54]. 주변에 천안 청당동의 주구 토광묘 유적도[55] 있지만 용원리 유적 일대에 토광묘나 석곽묘 유적이 넓게 분포되어 있어, 적어도 묘제만으로 보면 하나의 문화권을 설정할 수 있을 만큼 특징적 면모도 갖추고 있다. 이는 동시기 백제의 중심권인 서울지역과는 적어도 묘제적으로 차별화되며, 나아가 하나의 지방문화권으로 분류하여도 문제가 없을 징도의 독자성을 갖춘 것으로 볼 수 있다.

이러한 환경은 서산 부장리 유적도 마찬가지이다. 금동관모가 출토된 부장리 유적은 서해안 인근에 자리하는데, 무덤은 이 지역 전통묘제인 분구묘인 것이다. 본디 서산지역은 해안으로 돌출된 형상을 갖추었는데 지정학적으로 백제가 한강유역에 자리하고 있을 즈음, 이 지역이 크게 주목되기 어렵다고 추정되는 지역이다[56]. 그와 관련된 때문인지 묘제도 분구묘와

---

54) 청주 신봉동 유적(충북대학교 박물관, 1982, 『청주신봉동백제고분발굴조사보고서』)은 5세기대 토광묘, 봉명동 유적(충북대학교 박물관, 2002, 『봉명동 유적』)은 4세기대 토광묘, 화성 마하리 유적(호암미술관 마하리 유적)은 4세기대 토광묘, 석곽묘, 석실묘으로 이루어진 유적이다.

55) 서오선·권오영, 1991, 「天安淸堂洞遺蹟發掘報告」『休岩里』, 國立中央博物館.

56) 이남석, 2005, 「고고학자료로 본 백제시대의 서산지역」『瑞山文化春秋』 1, 서산문화발전연구원, 61~90쪽.

같은 전통묘제가 오랫동안 사용되었는데 부장리 유적 외에 기지리 유적,[57] 명지리 고분군[58]등의 존재는 이를 대변하고 있다. 백제의 상징적 분묘인 횡혈식 석실묘이 이 지역에 등장한 것은 웅진천도 이후의 일로 알려져[59] 결국 이 지역도 오랫동안 전통적 환경이 유지되었음을 알게 한다. 나아가 금동관모도 그러한 전통 속에 잔존되었던 것으로 볼 수 있다.

한편 공주 수촌리 유적은 백제의 두 번째 도읍인 공주의 인근에 있어 어쩌면 백제 중심권에 있다고 볼 수도 있다. 그러나 공주지역은 백제의 웅진천도 후에 관련시설이 집중적으로 출현한다. 더불어 이들은 천도 이전에 조성된 유적과는 지역적으로 어느 정도 구분되기도 한다. 즉 공주의 중심을 동서로 가로지르는 금강을 경계로 남쪽은 천도 후의 유적이, 북쪽은 천도 이전의 유적이 잔존되어 있음이 그것이다[60]. 수촌리 유적도 후자의 범주에서 이해될 수 있는 것이고, 토광묘와 석곽묘, 그리고 석실묘으로 구성된 유적은 토광묘가 사용되다가 이후 석곽묘든가 석실묘이 수용된 것을 단적으로 보여준다. 나아가 이는 오랜 전통문화에 기초한 집단이 보다 새로운 선진문화를 수용하는 과정을 적나라하게 보여주는 사례인데, 그러한 주체가 금동관모를 소유하였음도 물론이다. 이러한 정황은 익산 입점리 금동관모 출토 유적도 마찬가지이다.

입점리 유적이 위치한 금강 하류지역은 웅포리, 군산 여방리 유적, 그리고 금강을 건너 서천 봉선리, 추동리 유적으로 미루어 백제가 남천하기

---

57) 이남석·이현숙, 2006, 「서산 해미 기지리 분구묘 검토」『瑞山文化 春秋』 2, 서산문화발전연구원, 35~56쪽.

58) 김영배·한병삼, 1969, 「瑞山 大山面 百濟 土壙墓 發掘報告」『考古學』 2, 한국고고학회.

59) 이남석 2005, 앞의 글.

60) 이남석, 1997, 「熊津地域 百濟遺蹟의 存在意味」『百濟文化』 26, 공주대학교 백제문화연구소, 25~52쪽.

이전에 여러 집단이 있었음을 알게 한다. 그리고 묘제에서 대체로 삼한의 유풍을 간직한 분구묘라던가 토광묘 등이 존재한다거나 이후에 새롭게 유입된 석곽묘나 석실묘도 남았는데, 웅포리 유적이나 서천 봉선리 유적이 석곽묘가 있는 대표적 사례들이다. 특히 금강유역 석곽묘는 논산의 표정리나 모촌리 석곽묘 유적 등의 예로 미루어 금강 중류지역에서 하류지역까지 분포권을 형성하고 있음도 알 수 있다. 결국 금동관모가 출토된 익산 입점리 무덤은 횡혈식 석실묘이지만 본디 금강 하류지역의 석곽묘 사용과정에 금동관모가 출토된 석실묘이 수용되었음을 보여주는 것이다.

한편 나주 신촌리와 고흥 갈두리 유적은 영산강 유역권으로 볼 수 있을 것이고, 이 지역은 특유의 옹관묘 문화가 발전, 나름의 독자 문화기반을 형성한 지역이기도 하다. 특히 금동관모가 출토된 신촌리 9호분은 나주 반남면의 옹관묘 분포권 중심에 포함되어 있다. 이는 고흥 갈두리 안동고분도 크게 다르지 않다. 금동관모가 출토된 무덤은 아직 정확한 내용의 파악이 어렵지만, 인근에 일찍부터 옹관묘가 빈성하던 지역이고 점차 석곽묘나 석실묘이 유입된, 적어도 옹관묘라는 독자적 전통문화가 오랜 기간 유존된 지역으로 봄에 문제가 없을 것이다.

결국 금동관모는 백제 지방사회에서 산포된 형태로 출토되었고, 대부분 유적은 고유의 전통 환경에 기초한다는 공통점이 발견된다. 다만 각각의 유적은 지방사회 나름의 독자적 전통을 함유하였지만 금동관모라는 특이성이 강한 물질자료를 공유하고 있다. 반면에 은제관식은 분포범위에서 광역이란 환경은 금동관모와 동일하나 그 양상에서는 상당한 차이가 있다.

은제관식의 출토위치는 도읍지와 지방으로 구분된다. 그리고 도읍지로 구분하였지만 마지막 도읍지인 사비지역에 국한된다는 특징도 있다. 자료 중에 하황리 출토품은 유적내용이 구체적이지 않지만 도읍인 사비지역에 포함된다. 이외에 부여 염창리나 능안골 유적도 전형적인 도읍지인 사비지역의 유적에 해당된다. 능안골 유적이나 염창리 유적은 백제의 사비도읍기

<u>006</u>　백제 은제 관식들

(① 부여 능산리 36호분 동편 출토, ② 논산 육곡리 출토, ③ 부여 능산리 36호분 서편 출토)

왕릉군으로 분류되는 능산리 고분군의 인근에 자리하고 있다. 무덤은 대부분이 횡혈식 석실묘으로 사비도읍기의 도성내 거주인의 분묘였던 것으로 추정할 수 있는 것이다.

반면에 논산 육곡리는 도읍지와 지근의 거리지만 일단 지방사회로, 그리고 남원의 척문리나 나주 흥덕리, 복암리는 백제의 중앙과는 비교적 멀리 이격된 지방사회에 잔존된 유적이다. 도읍지와 지근거리에 있는 논산 육곡리 은제관식 출토 유적은 횡혈식 석실묘으로 구성된 분묘군으로 도성인 사비에서 동쪽으로 약 50km정도의 거리에 위치한다. 이곳은 백제의 5

방중에 동방으로 추정하는 보는 득안성이 인근에 있다고 보기도 한다[61]. 아무튼 육곡리 고분군은 도읍지와 가깝게 위치한 횡혈식 석실묘이란 단일 묘제로 이루어진 유적이란 점을 주목할 필요가 있다.

나주 복암리 3호분과 홍덕리 석실묘, 그리고 남원 척문리의 석실묘도 묘제적으로 보면 앞서 본 능안골이나 염창리, 그리고 논산 육곡리와 크게 다르지 않을 뿐만 아니라 분묘 조영환경이 횡혈식 석실묘이란 단일 묘제를 사용한다는 통일적 환경이 확인된다. 복암리 3호분의 경우 본래 옹관묘를 위해 성토된 분구상에 매상부를 조성한 것으로 옹관 이외에 석실도 적지 않게 발견된 무덤이다. 다만 이 무덤은 초기의 옹관묘제가 점차 석실묘제로 변화된 것으로, 그 정점에 은제관식이 출토된 평천정의 횡혈식 석실묘이 자리하여 횡혈식 석실묘으로 묘제 통일이 이루어졌음을 분명하게 보여준다. 석실묘은 모두 긴 연도를 갖추고 있지만 장방형 묘실에 평천정의 횡혈식 석실묘으로 사비도읍기에 성행한 형식이란 것도 틀림없다. 이러한 정황은 척문리와 홍덕리 석실묘도 마찬가지이다. 홍덕리 석실묘은 구조는 2실분으로 이루어졌지만, 기본형상은 고임식의 평천정 구조를 지닌 것으로 백제 석실묘으로는 충분한 발전이 이루어진 것이다. 결국 복암리 석실묘 자료를 비롯하여 나주지역에서 발견되는 백제 후기의 석실묘의 예는 옹관묘제를 대신하여 이 묘제가 주류를 형성하였고 은제관식은 그러한 묘제에서 출토되고 있음을 알게 한다.

이처럼 관식, 특히 은제관식 출토 유적은 도읍지는 물론이고 각 지방사회에 넓게 산재되어 있으며, 나아가 관식이 출토된 유적은 모두가 석실묘이란 공통점이 있다. 특히 은제관식 출토 유적이 석실묘 중에서도 사비 도읍시기에 유행한 평천정 구조라는 점은 은제관식의 사용이 특정한 시기를

---

61) 이에 대해서는 노중국, 1988, 『百濟政治史硏究』, 260쪽과, 박현숙, 1996, 「백제 泗沘時代의 지방통치체제 연구」『韓國史學報』 창간호, 295~301쪽이 참고된다.

암시하는 것이기도 하다. 물론 이는 은제관식이 출토된 유적이 백제영역의 여기저기에 흩어져 있다 하더라도 그들은 백제의 중앙과 일정한 관계를 맺은 동일한 성격의 집단에 의해 조성된 것임도 추정할 수 있다.

4. 銀製冠飾과 方·郡·城體制

은제관식은 백제 전역에서 출토되었음을 앞서 살펴보았다. 도읍지인 사비지역은 물론이고 도읍지 인근의 논산 육곡리 출토품을 비롯하여 남원의 尺門里나 나주의 興德里, 伏岩里에서 은제관식이 출토되었다는 것은 분포 자체의 광역성을 나타내면서 그것이 백제 전역에서 출토된다는 것을 단적으로 보여주는 사례들이다. 특히 관식의 형태라던가 성격이 도읍지인 사비지역에서 출토된 것과 지방사회에서 출토된 것을 비교하여도 전혀 차이가 없는 동형·동질로 볼 수 있다. 여기에 은제관식이 출토된 유적이 횡혈식 석실묘란 단일 성격의 공통성은 나름대로 시사하는 바가 크다. 즉 은제관식은 시기적으로 6세기 중반 이후로 편년되는 것들이고, 모두 분묘 출토품이면서 묘제는 횡혈식 석실묘라는 공통성이 있다는 것이다.

은제관식은 이전과는 질적으로 차이가 있는 사회변화의 흔적으로 볼 수 있다. 즉 은제관식이 등장한 것은 이전시기 지방사회에 금동관모가 널리 사여되던 환경에 근본적 변화가 이루어졌음을 단적으로 보여주는 것이다. 그러한 변화의 양상은 은제관식만이 아니라 백제의 묘제 변화에서 보다 분명한 현상이다. 6세기대에 이르면 기왕에 다양했던 묘제가 횡혈식 석실묘란 단일묘제로 통일되는 것이[62] 그것이다. 즉 백제묘제는 6세기에 접어들

---

62) 이남석, 2002, 『백제의 고분문화』, 서경.

면서 기존의 지방사회에서 독자성을 유지한 채 사용되던 다양한 묘제가 점차 소멸되고 대신에 횡혈식 석실묘가 사용된다. 본래 횡혈식 석실묘는 도읍지를 비롯한 중앙세력에 의해 사용되기 시작한 묘제다. 그것이 6세기에 접어들면서 백제 유일의 묘제로 자리 매김된 것이다. 그리고 그 배경으로는 백제의 사회·정치 환경의 성숙을 지적하여야 할 것이고, 나아가 은제관식도 그러한 환경에서 산출된 것으로 볼 수 있다.

은제관식의 존재는 시간적으로 6세기 중반 이후로 국한된다는 특징이 있다. 그리고 금동관모가 4세기 후반에서 5세기대에 국한하여 존재하는 것과 대비되면서, 적어도 5세기말과 6세기 초반의 공백기가 나타나는 특징도 있다. 이 경우 웅진천도 초기의 정황을 염두에 두면, 적어도 웅진 도읍을 기점으로 이전은 금동관모의 사용 시기, 이후는 은제관식의 사용시기로 구분이 가능하다. 여기에 무령왕릉 출토의 금제 관식 형태가 금동관모와 다른 점[63], 나아가 의관제의 관식 규정 등을 참고하면 백제 의관제의 구체적 실행이 武寧王부터 이루어지면서 그 이후부터는 금동관모 대신에 은제관식이 남겨진 것으로 볼 수 있을 것이다.

사실, 6세기 중반의 백제는 남천 후 거듭된 혼란을 수습하고, 이어 새로운 도읍 사비로 천도하는 것을 계기로 새로운 웅지를 펼치던 시기로 봄이 일반적이다. 475년 백제의 웅진천도는 고구려의 한성침공에 의한 불가항력적인 것이었다. 이처럼 웅진 천도는 지방의 유력세력의 역관계속에서 진행되었기에[64] 천도 초기의 백제 政情은 불안의 연속일 수밖에 없었다. 웅진도읍 초기의 정정불안 원인은 천도에 따른 국력약화, 신흥세력의 등장에

---

63) 무령왕릉 출토 관식은 이전의 금동관모와는 달리 유기질의 오라관에 순수한 장식으로 사용된 것으로 이후의 은제관식과 형태적 속성을 공유하는 것으로 볼 수 있다.

64) 李南奭, 1997, 「熊津時代 百濟遺蹟의 存在意味」『百濟文化』26. 공주대학교 백제문화연구소.

따른 갈등과 같은 요소가 다양하게 지적되지만, 대체로 東城王에서 武寧王에 이르면 왕권의 안정과 더불어 국력의 회복이 이루어진다고 봄이 일반적이다[65]. 특히 성왕의 538년 사비천도를 단행하는 것으로 미루어 백제의 왕권안정과 그에 따른 국력중흥이 웅진도읍기의 후반경에 이르면 거의 완벽하게 이루어진 것도 알 수 있다[66]. 다만 웅진도읍기의 왕권안정이라던가, 국력의 회복과 같은 환경이 도래한 배경의 설명은 아직 미진한 부분이 많다는 한계가 있다. 그러나 적어도 성왕의 천도배경은 熊津期에 왕권안정을 바탕으로 국력회복이 이루어졌고, 그에 따른 사비천도후의 백제는 22부사제의 실시라던가 16관등제의 완비, 5부5방제의 실시와 같은 보다 진일보한 통치체제하에서 국가가 운영된 것으로 봄에는 문제가 없다.

결국 은제관식 출토유적이 앞서 살핀 것처럼 대체로 6세기 중반 이후로 편년되는 것이 대부분이다. 반면에 금동관모가 출토되는 유적은 4~5세기대로 편년되어 서로간의 엄격한 시간구분과 함께 공백기가 존재하는 것은 백제의 웅진도읍기 정치상황과 관련된 것을 짐작케 한다. 이는 금동관모 사용시기에 유지되었던 지방사회의 다원성이 은제관식의 사용과 더불어 일원적 환경을 창출되었음을 알려준다. 물론 그러한 변화는 백제의 전역에 파급되어 이전의 담로제로 상징되는 지방사회의 질서체제의 변화를 가져왔다고 보아야 할 것이다. 이는 금동관모 대신에 은제관식이 사여된다거나 묘제변화로 상징되는 백제 사회체제의 일원화에 걸 맞는 지방통치체제인 방·군·성제의 등장을 의미하는 것으로 볼 수 있다.

백제의 지방통치체제로 언급되는 方·郡·城制[67]는 사비천도 즈음에 마련

---

65) 盧重國, 1988,『百濟 政治史 硏究』, 일조각.
66) 백제의 사비천도에 대해서는 김주성, 1995,「사비천도와 지배체제의 재편」『한국사 6-삼국의 정치와 사회Ⅱ : 백제』, 국사편찬위원회 ; 이도학, 2003,「사비천도의 재검토」『동국사학』39 ; 김수태, 2004,「백제의 천도」『한국고대연구』36.
67) 노중국, 1988, 앞의 책.

된 것으로 본다. 즉 백제는 사비천도 전 지방통치는 담로제로 대표되는 방식, 즉 지방거점인 담로를 단위로 통제하였는데, 사비 천도 즈음에 이르면 5방과 그 하위 단위로 군이 설치되었고, 군의 아래에 기초단위인 성으로 편제되었다고 보는 것이다. 여기에서 방과 군의 문제는 중국사서에 방 아래에 대체로 10여개의 군이 존재한다는 등의 기록으로 미루어[68] 구체적 모습을 추정할 수 있다. 적어도 백제의 사비천도 즈음에 이전의 담로제와는 다른 보다 진일보한 지방의 통치체제가 마련되었다는 것을 알 수 있다.

그와 관련하여 주목할 수 있는 것이 제도로서 의관제의 실행이다. 衣冠制의 실행은 고대국가의 통치질서 확립이나 왕권의 강화 차원에서 그 의미가 적지 않을 것이다. 그리고 백제는 의관제로 왕은 금제화식을, 그리고 6품 이상의 관리는 은제화식을 착용한다는 규정을 마련함으로써 위계적 질서체계를 마련하였다고 볼 수 있다. 은제관식은 의관제의 물적 증거로 존재하는 것이다. 그 자체는 衣冠制 실행의 확증과 함께 이를 통해 백제의 통치체제에 대한 구체적 면모의 이해도 가능케 한다. 즉 은제관식은 도읍지역은 물론이고 이외에 지방사회에서 많이 출토되었다. 이러한 존재현황은 통치질서의 일원적 편제만이 아니라 중앙에서 일원적으로 편제된 지방관적 인물도 존재하였다는 유추도 가능하게 한다.

요컨대 은제관식은 고대사회 질서체계인 관등과 같은 제도로 위계가 확립되고, 이를 구체적으로 실현하는 물적 징표로 활용된 유물이다. 그러한 은제관식이 백제의 도읍인 중앙은 물론 지방사회까지 폭넓게 존재하는 것은 이로써 규제되는 질서체계가 중앙은 물론 지방까지 일원적으로 확립되었음을 구체적으로 보여주는 것이다. 물론 이러한 질서체계는 이전의 금동관모로 대표되는 담로제의 운용 시기와는 큰 차이가 있는데, 금동관모는

---

68) 又有五方 若中夏之都督 方皆達率領之 每方管郡 多者至十 小者六七 郡將皆恩率爲之 郡縣置道使 亦名城主(『翰苑』所引 括地志).

의관제라는 강제화된 규정이 실행되기 어려운 환경, 즉 중앙과 지방의 관계가 보다 느슨한 환경에서 남겨진 유물로서, 시기는 대체로 사비천도 이전에 국한된다. 반면에 은제관식은 백제의 중앙과 지방간의 일원적 정치·사회 환경이 조성되고 나아가 이러한 환경에서 구체화된 의관제의 실행결과 남겨진 것으로 볼 수 있다. 따라서 백제사회가 관모·관식이 금동관모에서 은제관식으로 전환되면서 중앙에서 지방의 일원적 통제 시스템이 완비되었음을 알 수 있기도 하다.

5. 結言

문헌사료의 영성과 한계로 백제사의 상당부분이 베일에 가려진 상황에서 최근 고고학 자료의 증가는 백제사에 대한 새로운 접근을 가능케 하였다. 특히 금동관모를 동반한 무덤자료가 지방사회의 각지에서 출토됨으로써 중앙과 지방과의 관계, 지방사회의 잔존실상에 대한 폭넓은 검토가 이루어지고 있다. 본고는 최근 백제지역에서 다수 출토된 금동관모와 은제관식의 자료를 종합하여 백제의 중앙과 지방의 관계를 보다 정치하게 정립할 수 있다는 전제를 마련하였다. 또한 이들 자료의 현황 정리를 토대로 이를 백제의 의관제에 대비하면서 그것의 정치사적 의미로 중앙과 지방의 관계, 즉 백제의 지방통치체제를 엿보겠다는 목적에서 작성한 것이다. 본문의 검토결과를 요약함으로서 글을 맺고자 한다.

백제의 관모·관식을 형태에 따라 구분할 경우 재질은 순금제, 금동제, 은제로 나눌 수 있다. 금동제는 외형적 속성에서 금제로 분류될 수 있기에 크게 금제·은제의 구분이 가능하다. 도안은 무령왕릉 관식이 초화형이고 은제관식도 초화형이다. 그러나 금동제 관모는 관식과 차이 외에 상호간 속성에 나름의 차이가 있지만 부장리나 수촌리, 그리고 길두리 출토품에서 알 수 있듯이 유사성도 적지 않다.

한편 백제의 관모·관식자료는 금제와 은제, 그리고 금동제가 관모·관식의 형태로 구분되지만 위계를 상징하는 위세품으로 존재하며 나름의 제도적 틀 속에서 운영되었음도 확인된다. 이는 백제사회에서 제도로서 의관제가 실행되었음에서 알 수 있다. 그러나 백제의 의관제는 삼국사기의 기록과는 달리 구체적 제정 시기를 확인할 수 없다. 반면에 관모·관식 자료는 의관제도와 부합하는 것과 부합되지 않는 것이 존재한다. 특히 관모·관식의 구분 속에 관식자료는 제도적 틀 속에서 이해가 가능하나 상당수의 금동관모는 의관제와 전혀 무관한 상태로 존재한다.

백제의 관모·관식이 출토된 유적을 통해 각각의 시간적 위치에 대한 문제를 살펴보면, 관모·관식의 자료 중에 금동제 관모로 분류되는 것과 은제관식으로 분류되는 것이 일정한 시점을 기준을 전후로 뚜렷하게 구분된다는 특징이 있다. 즉 금동관모는 모두 5세기나 그 이전으로 편년되는 반면에 은제관식은 6세기나 7세기대로 편년되는 것뿐이다. 이는 금제관식이 출토된 무령왕릉을 기준으로 보면 금동관모가 그 이전으로, 그리고 은제관식은 그 이후로 시간적 구분이 이루어짐을 알 수 있다.

여기에 관모·관식의 공간적 분포 특성을 보면 금동관모는 백제 지방사회에서 산포된 형태로 출토되면서, 대부분 유적은 고유의 전통 환경을 유지하고 있다는 공통성이 있다. 이는 금동관모라는 동질의 위세품을 소유하였지만 각자가 고유의 문화기반에 자리하면서 상당한 독자성을 누리고 있다는 것을 단적으로 보여주는 것이다. 반면에 은제관식의 분포범위가 광역적이란 환경은 금동관모와 동일하나 그 양상에서는 상당한 차이가 있다. 즉 은제관식은 도읍지는 물론이고 각 지방사회에 넓게 산재되고, 관식이 출토된 유구는 모두 석실묘란 공통점이 있다. 특히 석실묘 중에도 사비 도읍시기에 유행한 평천정 구조라는 점이다. 이로써 은제관식이 출토된 유적은 백제 전역에서 중앙과 일정한 관계를 맺은 동일한 성격의 집단에 의해 조성된 것임도 추정할 수 있다.

　백제 지방사회에서 출토되는 관모와 관식은 지방 통치체제의 산물로 볼 수 있다. 그리고 기왕의 백제 지방통치 제도는 담로제와 방·군·성제가 논의되어 왔다. 따라서 백제 후기의 지방통제 방식인 방·군·성제보다 선행하는 지방통제 방식으로 담로제 이외의 대안이 없는 상황에서 금동관모 존속시기의 지방통제는 담로제라는 수단으로 설명할 수밖에 없을 것이다. 반면에 은제관식은 고대사회 질서체계인 관등과 같은 제도로 위계가 확립되고, 이를 구체적으로 실현하는 물적 징표로 볼 수 있을 것이다. 이는 은제관식이 백제의 도읍지인 중앙은 물론 지방사회까지 폭넓게 존재하는 것으로 미루어, 질서체계가 일원적으로 확립 되었음을 보여주고, 따라서 이는 이전의 금동관모로 대표되는 담로제와 근본적으로 차이가 있는 방·군·성제의 산물로 보아야 할 것이다.

찾아보기